市场营销核心课程规划教材

Marketing
Textbooks
Series

国家级特色专业
Marketing

公共关系：
理论、实务与案例

主　编　刘建芬
副主编　杨　俊　邵喜武　陈锦伦　胡建新

厦门大学出版社
XIAMEN UNIVERSITY PRESS
国家一级出版社
全国百佳图书出版单位

前　言

公共关系是一个组织运用各种传播手段，在组织与社会公众之间建立相互了解和信赖的关系，并通过双向的信息交流，在社会公众中树立起良好的形象和声誉，以取得理解、支持与合作，从而促进组织自身目标的实现。

随着公共关系在中国的不断发展和完善，公共关系已被越来越多的社会组织广泛重视。在组织的日常管理中，公共关系已经被提升到一个较高的地位，其在组织中的作用与贡献也日益显现。掌握公共关系相关理论知识与实践能力亦成为当今大学生的广泛追求。

本教材从公共关系学课程的特点和普通高校大学生的实际情况出发，既以理论为指导，又以有说服力的实例为依据，比较全面系统地阐述了公共关系的基本理论、方法、手段、艺术与技巧。本教材以案例导入作为理论的切入点，把最经典的案例引入教材，把最新的案例引入教材，融知识性与实用性于一体，同时配备了联系实际的思考与练习题、实际操作训练和案例讨论题，具有内容丰富、实用性强、时效性强的特点，既可作为各高等院校专业课、选修课的教材，又可供企事业单位经营管理人员学习参考。

按照公共关系理论的逻辑关系和公共关系实践的业务流程，全书涵盖了公共关系基本概念及其历史沿革、公共关系三大基本要素、公共关系工作程序、公共关系专题活动、公共关系危机管理、公共关系礼仪等内容。

本教材最大的特点是：信息量大、所选案例时效性强、内容设计方便教学与阅读。

参加本教材编写的单位有：湖南商学院、上海第二工业大学、吉林农业大学、南京财经大学、湖南师范大学。

全书由刘建芬构建体系框架并制定详细的写作提纲，负责全书的统稿及修改。本书各章撰稿人分别是：刘建芬（第 1 章，第 9 章，第 2、3、4 章），杨俊（第 7 章、第 6 章），邵喜武（第 5 章、第 2 章），陈锦伦（第 8 章、第 2、3、4 章），胡建新（第 6 章）。

本教材在编写过程中，大量吸收和借鉴了国内外公共关系的相关研究成果，包括公共关系相关教材、论文、案例及网络新闻等，主要参考文献已列于书末，在此一并表示最衷心的感谢！

本教材由于时间仓促以及水平有限，还存在很多不足之处，恳请各位读者批评指正。

编者
2014 年 5 月

目　录

第1章

导论

本章知识点：现代公共关系产生与发展的条件及过程；公共关系发展各历史阶段的公关特征及主要代表人物；中国公共关系的引进与发展；公共关系的本质含义及与之相关经营活动的关系；公共关系学科的研究对象、主要研究内容、公共关系的职能与原则。

案例导读

习主席的外交公关

2014年2月6日，中国国家主席习近平在俄罗斯索契会见俄罗斯总统普京。习主席在会晤中丝毫不掩饰自己对于深化中俄友谊的热情与真诚。首先，习主席用"三好"定义中俄关系，即"中俄是好邻居、好伙伴、好朋友"，并盛赞"索契冬奥会是普京总统领导俄罗斯人民走向繁荣富强的一个象征"，充分显示了中国兄弟对兄弟般的俄罗斯人民由衷的祝福和赞赏。其次，习主席把索契冬运会比作邻居办喜事，并将中国春节与索契冬运会相提并论为"双喜临门"。这表明，中国人民把俄罗斯的喜事也当成自己的喜事，这也是只有兄弟才有的感情。习主席说："俄罗斯举办索契冬奥会，中国人民正在欢度马年春节，可谓双喜临门。按照中国习俗，邻居办喜事，我当然要专程来当面向你贺喜，同俄罗斯人民分享喜庆。"最后，习主席对中俄运动员都发出良好祝愿："祝索契冬奥会马到成功，祝中俄两国运动员在赛场上一马当先。"这似乎有了中俄运动员联手角逐冬奥会的寓意。

会晤之后，习主席与普京又一起与护航叙利亚化武的中俄两国舰长进行了视频通话。在通话中，习主席对两国联合护航叙利亚化武给予高度赞扬。他指出："去年年底以来，中俄两国军舰共同参加叙利亚化武海运联合护航行动。这是中俄两国根据联合国宪章和安理会相关决议授权采取的联合行动。我对两舰密切配合、成功完成两批护航任务表示祝贺。祝你们圆满完成任务，为安全顺利销毁叙利亚化武、推动政治解决叙利亚问题作出贡献。"

（资料来源：百度，http://mil. xinjunshi. com/20140210/139042. html）

启发总结：公关无处不在，各行各业都有公关的身影。

第一节　公共关系的产生与发展

公共关系作为一种客观存在的社会关系,自古有之,但作为主体的一种有意识的活动,则有一个萌芽、产生和发展的漫长历程。

一、公共关系的起源

作为一种职业和一门学科的现代公共关系,是在 19 世纪末 20 世纪初才产生和发展起来的,但公共关系作为一种客观存在的社会关系和一种思想与活动方式却早已有之。

在古印度、古希腊、古罗马、古埃及以及古代中国,就有各种公共关系活动的早期形态。这些活动和思想无疑为现代公共关系提供了思想基础。早在 2 300 年前,古希腊著名学者亚里士多德在其《修辞学》一书中就强调传播者的可信性,认为要使用动感情的呼吁去影响听众。西方一些公关学者认为,这是人类历史上最早的公关著作。

在古代,特别是奴隶社会和封建社会,这一时期近似于公共关系的社会行为和思想,不仅在人们的政治生活和经济生活中得到了相当程度的发展,而且在人们的日常交往中也得到较为集中的体现。

首先,在政治生活中,当时的一些比较开明的帝王、统治者或政治活动家,已经懂得如何运用诱导、劝说、宣传等手段来影响民众的态度和社会舆论,尽可能地在民众当中为自己树立良好的形象,以便巩固自己的统治,或达到某种特定的政治目的。在古希腊,据说整个社会都必须推崇沟通技术,一些深谙沟通技术的演说家往往就因此而被推选为首领;据记载,古罗马的独裁统治者恺撒大帝就是一位沟通技术的精通者,面对即将来临的战争,他通过散发各种传单来开展大规模的宣传活动,以获得民众的支持。他为了标榜和宣传自己,甚至还专门写了一本记载其功绩的纪实性著作《高卢战记》。这本书曾被西方一些著名的公关专家称为"第一流的公共关系著作"。

其次,在经济生活中,尤其是在商业活动中,人们也都自觉或不自觉地运用各种传播手段和沟通技巧来宣传自己,树立自己的良好形象,以便招徕顾客或者实现自己的经济目标。中国古代酒店门前的招牌以及"和气生财"的古代经商准则等都是朦胧的公共关系意识的体现。

此外,在人们的日常交往中,自觉的公共关系意识和思想也得到了一定程度的体现。孔子在《论语》中说:"有朋自远方来,不亦乐乎!"这是强调交往的重要性。孟子说:"天时不如地利,地利不如人和。"这些都说明人和人之间关系和谐的重要性,与现代公共关系追求协调一致的目标相一致。

当然,从严格意义上讲,无论古代中国或外国,都只有类似于现代公共关系的某些思想或活动,这些活动还带有一定的自发性和盲目性。这些活动和思想由于缺乏主体意识,因而称不上真正意义上的公共关系,只是处于一种朦胧状态,我们通常称之为"准公共关系"。

二、现代公共关系产生与发展的条件

现代公共关系产生于 20 世纪初期的美国。它是当时美国及资本主义社会的基本矛盾以及经济、政治、科学技术和文化等社会历史条件发展到一定阶段的必然产物。

（一）公共关系产生与发展的社会经济条件

在以美国为代表的西方国家，商品经济的出现是公共关系产生与发展的社会经济条件。当经济按市场规律发展时，市场必然向买方倾斜，卖方必须投买方所好，十分注重用人情关系来维系买卖关系，这就直接促进了公共关系的兴起。具体来说：

1. 商品交换渠道畅通

商品经济的高度发展，使商品的供给大大丰富起来，消费者购买商品的渠道越来越多，可以"货比三家"，这就使得商家之间的竞争不断加剧，商家为赢得消费者就必须加强与他们之间的沟通。公共关系的沟通职能也因此得以体现。

2. 卖方市场向买方市场转变

随着商品经济的发展，特别是当资本主义庄自由竞争过渡到垄断时期，在商品流通和交换中出现了由卖方市场向买方市场的重大转变。买方市场的主要特征之一就是企业生产与经营以消费者需求为中心。

在买方市场的条件下，企业和商品生产者必须根据市场的消费需求来组织生产，适应市场消费需求的变化。这种市场转变体现了公共关系利益一致的基本原则。

3. 消费需求由满足基本需要向满足选择性需要转变

消费者的消费水平也在不断提高，消费者的需要也开始从以满足基本需要为主转向以满足选择性的需要为主。因此，一方面商品生产者即企业和社会组织只有通过各种有效手段在公众中树立自己良好的形象，以赢得广大公众的信任和支持，从而在日益激烈的竞争中立于不败之地；另一方面，商品的生产者和消费者的相互沟通和了解也变得更加迫切和必要，双方都需要通过良好的公共关系来适应这种深刻的变化。

4. 商品经济促进社会分工深化，横向联系加强

社会组织的高度分化以及在此基础上形成的相互协调、融通和整合的发展趋势是公共关系赖以产生和发展的社会基石。社会发展的趋势表现为：一方面社会日益走向多元化与多极化；另一方面，各种社会矛盾和对立又日趋融通和缓和。这就使得任何一个社会组织只有加强与其他社会组织和公众的相互沟通、协调与合作，才能得以生存和发展。所以说，公共关系的产生和进一步发展有赖于商品经济的高度发展，商品经济的进一步发展也同样需要不断发展着的现代公共关系为其提供保障。

（二）公共关系产生与发展的社会政治条件

社会政治生活的民主化是公共关系赖以产生和发展的社会政治条件。

从封建社会进入资本主义社会是人类社会民主化进程中的一个重要里程碑。资产阶级民主政治固然有其虚伪性和欺骗性的一面，但它相对于封建专制的漫漫长夜来说却是一次深刻的历史进步。资产阶级民主政治的建立，破除了君主权力神圣不可侵犯的信条，把政府的合法性奠定在公民认可的基础之上，从而迫使统治者不得不注重自己的施政方针被公众信任和支持的程度，改善与公众的关系。为此，政府和社会组织就必须及时了解

舆情民意，根据民意来制定或调整自己的内外政策，并通过各种传播媒介向公众宣传解释政策，争取公众的理解和支持。

(三)公共关系产生与发展的物质技术条件

传播手段和通信技术的进步是现代公共关系产生与发展的物质技术条件。

在农业社会中，生产规模小，人们几乎处在一种封闭半封闭的与世隔绝的自然状态之中。由于落后的自然经济本质上不要求进行广泛的人与人之间的相互沟通与联系，加之当时还要受到落后的交通工具和信息传播手段的限制，因而人们没有也不可能发生广泛而深刻的社会联系和交往。而在工业社会中，商品经济日益发达，科学技术日新月异，从而促进了交通运输、信息技术、传播手段的飞速发展。从火车、汽车、飞机、人造卫星的出现到电报、电话、广播、电视以及互联网的相继推广和应用，人们相互之间更加广泛而深刻的社会交往和经济交往不仅是迫切的和必要的，而且也具有现实的可能性。于是，人们终于发现运用现代化的传播手段通过对内协调、对外宣传，扩大本组织或企业的社会影响，提高组织的知名度和美誉度，完善组织在公众心目中的形象，为企业和社会组织的自下而上的发展创造良好的舆论环境和社会环境，对一个社会组织获得巨大的发展极为有益。

(四)公共关系产生与发展的文化条件

公共关系作为一门综合性的边缘社会学科，其形成与发展与 20 世纪以来的管理学、人际关系学、大众传播学、市场学、心理学、社会学等学科的发展成果是密切相关的。这些学科的发展成为公共关系学发展的文化条件。

公共关系学的发展是近现代管理科学发展的需要。早期的管理以"泰罗"为典型，强调硬管理，而不重视"软管理"——对人的管理，而仅把人看成机器的附属物，当作纯"经济人"——只要用经济手段刺激，就可以保持劳动的积极性，全然不顾人的心理和情感。

20 世纪 20 年代，美国人梅奥领导了"霍桑试验"，开创了管理史上的新时代。他提出工业中的"新人"不再是"经济人"，而是富有感情和理智的"社会人"，给予"新人"的激励与控制，不能单纯靠物质条件或环境条件的改变，而必须靠社会条件和人际关系的改进，劳动者不再是机器的附属物，而是具有主体意识的、需要受到尊重的"社会人"。因此，就要求管理者要重视对人的管理，重视人际交流与沟通，按照人性的规律进行科学的管理，为组织内部营造一种轻松和谐、积极进取的气氛。公共关系的兴起，正是这样一种"软管理"职能的延伸。

人际关系学中提示的人际交往规律、技巧和方法完全可以为公共关系所运用。很难想象组织与公众之间缺乏必要的人际交往，会使组织保持良好的公关状态。

传播学的发展，对公共关系的发展有着明显的方法论意义，传播学是公共关系学重要的理论支柱。公关活动的目的是为组织塑造良好的形象，要实现这一目的，必然要借助传播手段，建立组织与公众之间的双向沟通，即把外部公众的信息输入组织内部，同时又把组织内部的信息输出给外界，进而影响公众的感受和态度。

公共关系学还综合了其他学科的发展成果。如心理学为公关提供了了解、研究公众心理特征，预测公众心理趋向的理论和方法；社会学所揭示的社会结构；社会发展的动力和特殊规律，社会的一套行之有效的研究程序和方法，组织、社区、社会角色等概念对组织的公关活动都具有重要的理论和方法论意义。

总之,公共关系学综合了许多学科的成果,顺应民众的社会文化心理,发展成为一门包容量巨大、应用性极强的边缘学科。

三、现代公共关系产生与发展的主要阶段

(一)巴纳姆时期——现代公共关系的开端

美国风行起来的各种组织的报刊宣传活动被认为是公共关系的真正源头。19 世纪30 年代,在美国报刊史上由《纽约太阳报》领头掀起了一场以大众读者为对象,大量印发通俗化报刊的"便士报运动",这场"便士报运动"给那些急于宣传自己、为自己制造神话的公司、组织以可乘之机。当时,不少公司和财团雇佣专门人员炮制煽动性新闻,为自己作夸大和虚假的宣传。而报刊为了迎合下层读者的心理,也乐于接受发表。这种配合,便出现了当时的报刊宣传代理活动。当时最具有代表性的人物就是菲尼尔斯·T.巴纳姆。

菲尼尔斯·T.巴纳姆(Phines T. Barnum)是这一时期最有代表性的报刊代理人,因制造舆论宣传、推动马戏演出而闻名于世。巴纳姆的信条是"凡宣传都是好事"。他是一家马戏团的老板,利用报纸为自己的马戏团制造过不少神话。诸如:马戏团里有一位名叫海斯的黑人女奴,161 岁,曾在 100 年前养育过美国第一位总统乔治·华盛顿;马戏团里有一位矮小的汤姆将军,他当年曾率领一批侏儒,赶着马车去觐见过维多利亚女王。巴纳姆编造了许多诸如此类的离奇故事。于是,人们抱着好奇心纷纷到马戏团一探究竟,结果马戏团的票房收入猛增。当这种骗局被揭穿之后,报刊宣传活动就受到了人们的批评。因此,在公共关系发展史上,这一时期又被称为"公众被愚弄的时期"、"公共关系的黑暗时期"。后来,人们以此为鉴,明确了在公共关系活动中必须奉行诚实、公正和维护公众利益的原则和精神。

但不管怎样,这一时期的公共关系活动已带有一定的组织性和较为明确的目的性。

(二)艾维·李时期——公共关系职业化开始

19 世纪下半叶,美国的商品经济得到高度发展,资本主义从自由竞争走向了垄断。百来个经济巨头控制了美国的经济命脉,他们为了巩固这种垄断地位,对内根本无视员工的利益,对外以损害公众利益作为赚钱的重要手段,奉行所谓"只有我能发财,让公众利益见鬼去吧"的经营哲学,引起了社会公众舆论的强烈不满和抨击。一些新闻记者利用大众传播媒介提供的舞台,把焦点对准企业的缺陷,严厉谴责大财团们不顾公众利益的卑劣行径。以至于最后出现了 2 000 多篇揭露实业界、传播界丑闻的文章,形成了近代美国史上著名的"揭丑运动",又称"扒粪运动"。

艾维·李(Ivy Lee)曾经是《纽约时报》和《纽约世界报》的记者,1903 年,艾维·李辞去了《纽约世界报》记者的职务,在美国开办了一家宣传顾问事务所,开始投身于公共关系方面的工作。1904 年,他与资深记者乔治·帕克一起,创立了美国第三家宣传顾问事务所,为一些企业家和政治家进行形象方面的宣传。艾维·李认为,解决企业的形象危机最好的办法是把事情的真相告诉新闻界,采取信息公开的政策,这样不仅可以消除误会,还可以促进企业完善自己。艾维·李坚持自己的信念开展公众工作,使他的公司成为公共关系公司的前身,公共关系从此进入了职业化时期。

1906 年,美国无烟煤矿业发生了工人大罢工,劳资双方尖锐对立。艾维·李临危受

命，负责为煤矿主处理这起严重的事故。他提出了两个先决条件：一是必须有权参加行业最高决策者的相关会议；二是在必要时有权向社会公开全部事实。在这两个条件的基础上，艾维·李公布了一个《原则宣言》，提出了处理企业与公众关系的"公开管理原则"。这一原则的提出，彻底改变了过去企业宣传愚弄公众、欺骗新闻界的传统，为日后公共关系的进一步发展奠定了良好的基础。他一改过去企业界蔑视公众、回避记者的工作方法，积极地向报界提供各种有关的资料，以便公众能够获得和他们利益有关的情报，通过沟通来改变企业在公众心目中的形象。专家认为，《原则宣言》的提出，标志着公共关系进入了一个新的阶段，是现代公共关系真正的开端。

艾维·李的公关实践，为日后公共关系的发展奠定了基础，他从事公关工作的原则是"公众必须迅速被告知"和"向公众说真话"，使公共关系走上了一条正确的道路。艾维·李也因此被称为"公共关系之父"。不过在艾维·李时代，公共关系尚处于开端时期，它仅仅是一种艺术，尚未成为一门科学。艾维·李本人以及他的同事们，大多是从新闻记者改行过来的，他们都是运用新闻记者的经验或直觉去开展工作。

（三）伯内斯时期——公共关系学科化形成

美国学者爱德华·伯内斯曾受聘于美国福特汽车公司担任该公司的公共关系经理。第一次世界大战结束后，他和夫人在纽约开办了爱德华·伯内斯公共关系咨询公司，为许多大公司、政府机构及美国总统提供咨询，直到1965年他退出公共关系第一线。

与艾维·李相比，伯内斯更注重公共关系理论的研究，他逐渐转向了教学和研究工作。1923年，他出版了论述公共关系理论的著作《舆论明鉴》，在该书中，第一次提出了"公共关系咨询"的概念，该书也成为公共关系学的第一部经典性著作。同年，他在纽约大学首次讲授公共关系课程。之后，又于1925年写了教科书《公共关系学》，1928年写了《舆论》，从而使公共关系的基本理论和方法成为一个较为完整的体系。他是公共关系走向正规化、科学化的关键人物。

伯内斯公共关系思想的一个重要组成部分就是他提出的"投公众所好"的主张。他认为：首先应该了解公众喜欢什么，对组织有什么样的期待和要求，在确定公众价值观和态度的基础上，进行有组织的宣传工作，以迎合公众的需要。他明确肯定了公共关系的重要职责之一是要向组织提供政策咨询，而不仅仅是向社会做宣传；他提出公共关系的整个活动过程应当包括从计划到反馈最后到重新评估等八个基本程序，总之，伯内斯在理论上作出的贡献，对公关学科的形成及发展具有划时代的意义。

在伯内斯时期，除了公共关系活动已成为一种专门职业，公共关系理论也正式从新闻领域分离出来，成为一门独立而又系统的管理科学，因此，它既是一种管理艺术，也是一门科学。

（四）现代时期——公共关系理论的进一步完善

20世纪50年代以来，公共关系的实践和理论研究都进入了一个全新的现代发展时期。1955年，国际公共关系协会（简称IPRA）在英国伦敦正式成立，第一批会员包括欧、美、亚、非各大洲的许多国家和地区。这标志着公共关系已作为一门世界性的行业而独立存在。

这一时期，以卡特利普、森特和杰夫金斯为代表的一大批公共关系专家和大师，在理论和实践上把公共关系推向了一个新的历史发展阶段。

在前人研究的基础上,美国的卡特利普和森特提出了一种公关新模式,即"双向对称"模式。在他们看来,公共关系的最终目的,是要在组织与公众之间建立一种良好和谐的关系。因此,这就要求,一方面必须把组织的想法和信息传播给公众,另一方面又必须把公众的想法与信息反馈给组织,唯其如此,一个组织才能求得双向沟通和对称平衡的最佳生存和发展的环境。卡特利普和森特的"双向对称"模式的公关思想集中反映在他们于1952年出版的《有效的公共关系》这部著作中。《有效的公共关系》一书还提出了公共关系"四步工作法",成为公共关系工作中最重要的工作流程,即公共关系活动的一般程序和过程,包括公关调查、公关策划、公关实施和公关评估。至此,现代公共关系学的理论框架基本构成,进入了它的成熟阶段。此后公共关系的技巧虽然不断发展,但体系基本稳定下来。特别难能可贵的是,卡特里普和他的学生们根据全世界公共关系的发展,不断对自己的著作进行修订,成为公共关系领域最具权威性的教科书,被后人誉为"公关圣经"。

弗兰克·杰夫金斯是英国著名的公共关系专家,主要负责科技公共关系,是一名出色的教育家,是英国公共关系协会顾问,早年主修经济学,他写了大量的著作,并曾在伦托基尔公司从事公共关系工作。1968年,他开办了公共关系学校,开设公共关系、广告和市场等方面的课程,他不仅实践经验丰富,而且学识渊博,在许多方面都颇有建树,出版了《公共关系学》等十多部著作。这些著作丰富和发展了公共关系理论,促进了当代公关事业的发展。

与此同时,公共关系的实务活动在全世界不同国家和地区也得到了突飞猛进的发展。公关教育的事业也有了相应的发展。

总之,公共关系在其历史发展过程中,由巴纳姆、艾维·李、伯内斯到卡特利普、森特和杰夫金斯,是一个日趋成熟和不断完善的过程。严格说来,20世纪50年代以后,公共关系的面貌才发生了巨大的变化,才真正走上科学和职业道德规范化的发展道路。

四、现代公共关系的不断发展

(一)公共关系活动的适用领域越来越广

公共关系活动的领域已逐渐由工商界(企业界)扩展到政府、教育、军队、教会等领域,尤其是在政治领域得到了政府领导人的高度重视。如美国总统富兰克林·罗斯福在大规模席卷全球的经济危机之后推行新政,"如何拉近与民众的距离,让民众更能接受、理解他的主张"是他上台之后考虑得较多的一个问题。那时候还没有电视这一媒介,而报纸对民众的文化水平有一定的要求。于是他明智地选取了电台作为信息传播的媒介,利用电台连续12周、每周一次播出"炉边谈话"节目。民众通过电台听到总统亲切的谈话,感受到了总统的真诚,同时从这种娓娓动听的话语当中自觉地接受了总统关于"新政"的一系列措施。后来电子媒介越来越先进,美国各届总统的竞选当中,这些媒介又被充分地运用开来。

(二)公共关系的专业机构、社团不断增多,从业人员也急剧增加

数目众多的公关公司如雨后春笋般应运而生,使公关从业人员越来越多。据1938年美国《商业周刊》发表的一篇公关报告估计,当时全美有5 000多名公关人员,250家公关公司,全美国最大的公司中有20%设有公关部;而到了1960年,公关从业人员猛增至10万人,公关公司多达1 350家,75%的大公司设有公关部;到20世纪80年代,公关从业人

员已超过 15 万人,公关公司有 2 000 家以上。

(三)公共关系学的教育不断走进大学课堂

以美国为例,在 20 世纪 40 年代只有 30 所高校开设该课程,到 20 世纪 60 年代,有 280 多所院校提供各种不同的公共关系课程教学,到 20 世纪 90 年代初,这个数目增至 400 多所,有 60 多所大学设置了公关专业并授予学士学位,其中有 37 所可同时授予学士 和硕士学位,有 13 所大学可同时授予学士、硕士、博士学位。

公关的地域发展也日益广泛,如欧洲的德国、意大利,美洲的墨西哥,大洋洲的澳大利 亚,以及亚洲的日本也逐渐发展起来。

五、公共关系在我国的引进与发展

我国引进公共关系是改革开放和市场经济发展的必然产物,公共关系作为一种全新 的思想理论和社会职业,在我国也存在一个模仿、吸收和消化的过程,主要表现在:

(一)公共关系实务

1981 年开始,沿海开放特区的一些中外合资企业(主要是酒店、宾馆)模仿其国外企 业的模式设立公关部,公共关系服务开始被引入,开始了启蒙的公共关系操作。此后,在 1984 年广州白云山制药厂开了国有企业设立公关部的先河,并以成功的实践促进了公关 行业在我国的未来发展。

相应地,为这些外资企业服务多年的国际公关服务机构也同期进入中国市场。1984 年,成立于 1927 年的全球最早的公关公司伟达公关(Hill & Knowlton)率先在北京设立 了办事处;1986 年,全球最大的公关公司博雅(Burson-Marsteller)与中国新闻发展公司 合资成立了中国第一家公共关系公司——中国环球公关公司。这些专业机构的进入和成 立标志着中国公关行业的出现。

(二)公共关系教育与培训

1985 年 1 月,深圳市总工会举办了国内第一个公共关系培训班。1987 年,国家教委 把公关课纳入教学计划,全国开设公关课的院校有 408 所。这种系统的专业教育和理论 学习,是培养高、中级企业公共关系人才的重要途径。公共关系的理论研究大多也来源于 高校的教育体系。进入 20 世纪 90 年代以后,由各公共关系协会举办的各种公关论坛、讲座 以及公关职业培训也陆续开办起来。1994 年 9 月,经教育部批准,中山大学设立了第一个 全日制公共关系本科专业。到 2010 年,中国大陆已有 16 所大学开设公共关系本科专业。

(三)公共关系理论研究

20 世纪八九十年代初期,我国的公共关系教材基本上处于引进吸收阶段。之后,公 共关系教材和专著的出版才进入深化、提高和拓展阶段,在数量和质量上取得了长足的进 步。我国的公关理论工作者在认真做好系统引进、介绍国外公共关系理论、经验和案例的 基础上,开始注意研究、总结国内公共关系实践过程中出现的新问题、新经验,针对改革开 放、建立社会主义市场经济和精神文明建设的客观需要,发掘民族文化传统中可利用的成 分,努力探索中国公共关系的发展道路、特色和优势,并取得了一些研究成果。

(四)公共关系职业

1999 年,"公关员"被正式列入《国家职业分类大典》,成为一项专门的职业。

第二节 公共关系的含义

作为一门相对独立的学科,公共关系和其他学科一样,其构成的基础也是一些基本概念。因此,要学习公共关系,就要先了解这些概念的定义、内涵及特征。

一、公共关系定义

"公共关系"一词源自英文 Public Relations,中文表述可称为"公共关系",也可称为"公众关系",以"公共关系"为大多数人所接受。

自从公共关系诞生以来,人们就试图给其下一个准确的定义。但由于每个人的认识角度不同,对公共关系内涵的理解也各异,于是就形成了许许多多的公共关系定义。20世纪 70 年代中期,美国著名的公共关系学者莱克斯·哈洛(Rex Harlow)博士就搜集到47 个公共关系的定义;甚至有一个说法:有多少公共关系学者,便有多少种公共关系的定义。

(一)国外具有代表性的五种公共关系定义

国外的公共关系定义众多,归纳起来大致有如下几种类型:

1. 管理职能说

"管理职能说"这类定义把公共关系看作和计划、财务一样的管理职能,其中美国人莱克斯·哈洛博士的定义便是典型代表。他认为:公共关系是一种特殊的管理职能,它帮助一个组织建立并保持与公众之间的交流、理解、认可与合作;它参与处理各种问题与事件;它帮助管理部门了解民意,并对其作出反应;它确定并强调企业为公众利益服务的责任;它作为社会趋势的监视者,帮助企业保持与社会同步;它使用有效的传播技能和研究方法作为基本工具。

2. 传播说

这一类定义强调公共关系是组织一种特定的传播管理行为和职能,认为公共关系离不开传播沟通,公共关系是一个组织与其相关公众之间的传播管理。在国外,持这种观点的学者不在少数。在美国的大学中,公共关系专业往往设在新闻传播学院内。

英国公关专家弗兰克·杰夫金斯(Frank Jefkins)也认为:公共关系是由为达到相互理解有关特定目标而进行的各种有计划的沟通联络所组成的,这种沟通联络处于组织与公众之间,既是内向的,也是外向的。

国外一些大型的百科全书或综合词典也从传播或沟通的角度来定义公共关系。

3. 特定关系说

持这种观点的人认为,"关系"体现公共关系的本质属性,公共关系是一种特定的社会关系,正确认识公众关系、处理公众关系是开展公共关系的出发点和归宿。

美国普林斯顿大学的资深公共关系教授希尔兹(H. L. Chils)认为:公共关系就是我们所从事的各种活动所发生的各种关系的通称,这些活动与关系是公众性的,并且都有社会意义。

4.特征综合说

有的公关学者认为，前面几类定义都只反映了公共关系某一方面的含义或特征，未免失之偏颇，因此他们试图通过一个定义把公共关系的所有内涵或特征都包括进去。

美国《公共关系季刊》曾详细罗列了公共关系的14个特征。1982年11月，美国公共关系学会(PRSA)在其一流成员组成的专家小组的努力下，正式采用了一个"关于公共关系的官方陈述"。这一定义除了概念方面的内容外，还将各种活动、结果和对公共关系实践的知识要求包括在内。

5.经营艺术说

持这种观点的人认为，公共关系还只是一门不精确的学科，许多公共关系问题不存在唯一正确的答案，公共关系在实际运作中要讲究创造性，讲求形象思维，需要从整体上来把握公共关系及其工作。因此，公共关系是一种艺术。

1978年8月，在墨西哥城召开的世界公共关系协会大会上，代表们经过商讨，提出了这样一个公共关系的定义：公共关系是一门艺术和社会科学，公共关系的实施是分析趋势、预测后果、向机构领导人提供意见、履行一连串有计划的行动，以服务于本机构和公众利益。

(二)国内具有代表性的五种公共关系定义

1.形象论

以余明阳为代表的"形象论"认为，公共关系是社会组织为了塑造组织形象，通过传播、沟通手段来影响公众的科学与艺术。

2.传播论

以廖为建为代表的"传播论"认为，公共关系就是一个组织为了达到与它的公众之间相互了解的确定目标，而有计划地采用一切向内和向外的传播管理。

3.协调论

以李道平为代表的"协调论"认为，公共关系主要是协调组织与公众之间的社会关系。

4.关系论

以王召文为代表的"关系论"认为，公共关系是我们所从事的各种活动、所发生的各种关系的通称，这些活动与关系都是公众性的，并且都有其社会意义。

5.和谐论

以丁乐飞等为代表的"和谐论"认为，公共关系是一门和谐、双赢的科学艺术。它通过传播手段实现社会组织与公众关系的和谐、发展、合作与双方的共同受益。

以上这些定义从不同角度揭示了公共关系的本质属性，相互之间并不矛盾，只是侧重点不同。这些定义都有助于我们把握公共关系的本质属性，全面地、深刻地认识公共关系。

(三)本书关于公共关系的定义

本书关于公共关系的定义倾向于"形象论"，即公共关系是社会组织运用传播、沟通手段协调各类公众关系，以塑造良好组织形象的综合管理艺术。这个定义告诉我们，公共关系的直接目标是塑造良好的组织形象，但要达成这一目标，必须综合各种手段与方法。实际上，"形象论"是把"传播论"、"协调论"、"关系论"进行了有机的整合，形成了"合力"。

二、解读公共关系中的"关系"

人类社会关系包含了人与人之间、人与组织、组织与组织之间的关系,所有关系可归纳为法律关系、道德关系两大类,所有法律关系均受法律范畴约束,而道德关系则需要当事人实现道德自律。因此,公共关系中所研究的"关系"对象主要体现的是社会组织与各类公众之间的道德关系,具有非数量性特征。当组织与公众之间缺乏某种程度上的道德互信时,需要组织以社会责任、社会诚信为基本原则,通过公关策划、组织、实施和控制等一系列活动,实现社会组织与组织或者组织与公众之间的道德互信。从某种角度来说,这也是公共关系的本质所在。

三、公共关系与主要经营活动的关系

(一)公共关系与市场营销的关系

1.公共关系与市场营销的联系

公共关系与市场营销有着紧密的关系。在企业中,公共关系工作几乎与市场营销融合在一起。换言之,企业的公共关系工作几乎完全为市场营销活动服务。正如英国公关专家弗兰克·杰夫金斯所说:"销售中的每一个因素都需要公关人员来加强、完善。"因此,公共关系可以涉及市场营销的各个角落。

公共关系与市场营销的联系具体表现在:共同的产生条件——商品生产的高度发展;共同的指导思想——用户第一,社会效益第一;相似的传播媒介——大众传播媒介;市场营销把公共关系作为组成部分。

2.公共关系与市场营销的区别

(1)范围不同。市场营销仅限于企业生产流通领域,最多不过是经济领域内,但公共关系所涉及的是社会任何一类社会组织,包括企业、政府、学校、医院等各种组织,远远超过了经济领域。公共关系比市场营销有更广泛的社会性,学科应用范围也更为广阔。

(2)目的不同。市场营销的直接目的是销售产品,从而进一步扩大盈利,产生企业效益;公共关系的目的是树立组织形象,产生良好的公众信誉,从而使组织获得长足的发展。

(3)活动内容不同。市场营销主要围绕4P(产品、价格、渠道、促销)开展活动。公共关系的活动内容主要包括搜集信息、咨询建议、协调关系、专题活动(如记者招待会、社会赞助、典礼仪式等)、危机处理、公关策划等。

(二)公共关系与广告的关系

我们通常所说的广告,一般是指商品广告,公共关系与广告既有广泛的联系又有本质的区别。

1.公共关系与广告的联系

(1)都以形象为核心,广告重视产品形象,公关重视组织形象。

(2)都以传播为手段,必须研究传播规律。传播作为一种信息交流与沟通的手段,有其自身的规律,广告与公共关系如果不了解和研究传播规律,就无法使传播活动顺利进行,更谈不上有好的效果。

(3)都以公众为传播对象。与新闻学不同,公关与广告都不属于政府的喉舌、官方的工具,公关与广告都是受聘于特定的雇主,向特定的公众传递特定的信息,因此必须对自己的传播对象进行分析和研究,加强传播的针对性,提高传播效果。

2.公共关系与广告的区别

(1)直接目的不同。广告宣传的直接目的是通过向消费者或客户介绍企业产品的品质、价格及服务的特色,提高产品销量,创造经济效益。公共关系是通过传播活动将企业的历史、现状和未来以及企业的经营目标和方针告知消费者或其他公众,提升企业形象,使公众对企业产生信任感和依赖感,从而提升企业市场竞争力。

(2)传播原则和方式不同。广告传播的原则是通过提高信息的刺激强度与重复率,变换信息的对比度和新鲜度,刺激消费者或客户的感觉器官,使其通过感性认识及倾向性的深化,达到产生购买的欲望和行为。因此,广告宣传常常采用虚构和夸张的手段与方法。公共关系活动遵循的则是"以事实为根据"的传播原则,强调真实性与可信度。

(3)传播手段不尽相同。广告宣传所使用的手段主要是传播媒介和各种广告标志;公共关系活动所使用的手段不仅仅是传播媒介,它还可以通过举办公关专题活动(记者招待会、座谈会、展览会、赞助活动等)、出版企业刊物等方式向企业各类公众传播信息。

(4)直接效果的体现不同。广告的效果更直接地体现在企业的经济效益上。企业往往通过对经济效益的直接分析,就可以在短期内测量出企业广告宣传的效果;企业公共关系活动的目的尽管最终也是要提高企业的经济效益,但它更直接地体现在企业的社会效益上,即企业形象的不断提升。而这种效果不是在短期内就能实现的,需要一个较长的过程。

(5)对媒介的使用不同。广告"硬性"使用媒介,公关"软性"使用媒介。广告使用媒介必须付费,公关使用媒介则是通过策划适应媒介需求的公关活动吸引媒介的关注和报道。两者在媒介上的投入成本有较大差距,广告的投入远远大于公关的投入。

第三节　公共关系的研究对象及特点

一、公共关系的研究对象

作为一门学科,公共关系学有自己的研究对象,从总体上看,主要表现为社会组织与其公众互动关系的活动规律。

公共关系学的研究内容主要包括以下方面:

(1)公共关系基础理论。包括公共关系的起源和发展的历史,公共关系的概念、主要职能及原则,公共关系基本要素(社会组织、社会公众、传播沟通)及其相互关系。

(2)公共关系素质技能。包括公共关系从业人员的素质与能力、公共关系专题活动(新闻发布会、展览会、赞助活动、庆典活动等)。

(3)公共关系实践应用。包括公共关系工作程序(公共关系调查、策划、实施、控制、评估)、公共关系危机管理等。

二、公共关系的主要特点

公共关系有三个明显的特点。第一,从性质看,公共关系具有客观性和公众性,即公共关系作为现代管理艺术和公众行为是客观存在的,它已被广泛地运用于组织活动中,发挥了极其重要的作用。第二,从功能看,公共关系具有交流性与传播性,即公共关系具有交流感情与传播信息的功能。第三,从目的看,公共关系具有协调性与服务性,即公共关系的主要目的是协调组织与公众间的关系使其达到平衡,从而为实现组织目标服务。

第四节 公共关系的职能与原则

一、公共关系的职能

公共关系作为一种管理职能,在组织的经营管理中具有明确的职责范围,发挥着特定的功能和作用。而这些功能和作用的发挥,不仅为组织的生存和发展创造了良好的外部环境和内部条件,而且渗透到社会生活的每一方面,对社会产生了积极影响。同时还能使公共关系从业人员不断更新观念,提高公关素质。公共关系职能主要表现在以下方面:

(一)采集信息,监测环境

要实现这种预警功能,就要求组织的公关部门做好以下几方面工作:

1.采集信息

信息是预测和决策的基础,任何组织在决策前必须掌握大量的信息。公共关系采集的信息主要是有关组织信誉和形象方面的信息,包括以下几类:

(1)产品形象信息。产品形象主要通过产品的质量、性能、品种、款式、价格、包装、服务(特别是售后服务)等来反映,因此公共关系人员应认真搜集这方面信息。

(2)组织形象信息。与产品形象相比,组织形象对组织而言可能更重要。因为产品形象是公众对产品这一因素的评价,而组织形象则是公众对组织的整体印象,它更能反映组织的公关状态,对企业公共关系工作的效果的反映也更全面。组织形象信息包括公众对组织机构、管理能力、人员素质、服务水平等方面的看法和态度。

(3)其他社会信息。对于一个成功组织或一次成功的公关活动而言,除了要掌握产品形象信息和组织形象信息以外,还必须对国内外的政治、经济、文化科技等方面的状况和变化,对社会时尚潮流的更替,对人们普遍关注的舆论热点随时进行跟踪。只有这样,才能做到通观全局,立于不败之地。

2.监测环境

采集信息并不是公共关系的最终目的,信息只有在经过加工、整理和分析后,才能在监测环境、做决策时真正发挥其作用。

(1)监测政府决策趋势。通过信息的采集与研究,社会组织可以随时掌握政府决策动态和方向,及早预测与组织有关的各种现行政策可能发生的变化,以及这种变化可能带来的机遇和挑战，以使组织提前准备应对之策。

(2)监测社会环境变化趋势。各种社会环境都可能对组织的公关工作产生或强或弱的影响。如社会需求和市场环境的变化，会从整体上影响组织的经营；公众需求、公众心理的变化将很快对产品开发提出挑战；社区内的重大问题可能引起公关纠纷，也可能使组织的形象在不经意中变得更好；日益兴起的环境主义和绿色主义则将给组织的未来发展带来持久的长远影响。因此，社会组织必须密切注视社会环境的发展动态，以使组织能根据环境变化主动出击，获得更大的发展空间。

(3)监测竞争对手的发展动态。知己知彼，百战不殆。洞察竞争对手的公关状态，借鉴竞争对手的成功经验和失败教训，分析竞争对手的优劣所在，预测竞争对手的未来走向，都是社会组织公共关系的重要工作。

(二)引导舆论，塑造形象

社会组织可以通过公关活动引导公众理解并接受组织，对组织产生认同感。

(1)在组织初创期，由于公众对组织缺乏认识和了解，组织应主动地宣传自己、介绍自己，促进公众的认识和了解。

(2)在组织顺利发展期，公众对组织及产品有了基本的印象及良好的评价，组织仍应继续努力、强化这种良好的舆论态势，使组织形象深入公众心中。

(3)在组织逆境期，根据组织形象受损的不同情形采取相应措施。如果是因组织自身失误危害了公众利益，就应该本着实事求是、有错即改的态度，坦率认错，尽快采取补救措施，将损失减到最小，并把组织处理事故的过程以及整改措施及时告知公众，求得公众谅解，以期重获支持和信赖。如果是因为公众误解，应及时向公众澄清事情真相，消除误会，引导舆论尽可能向有利于组织的方向发展；对于他人陷害，则应尽快揭露其阴谋，并将本组织采取的预防措施向公众宣布，以防事态扩大，然后再逐步恢复公众对组织的信心。

(三)咨询建议，决策参谋

1.咨询建议

公共关系的咨询建议一般包括以下三类：

(1)公众的一般情况咨询。这类咨询主要提供社会组织公共关系状态的一般情况说明。如内部员工的归属感，本组织在社会上的认知度、美誉度，消费公众对组织产品的反应，新闻媒介对本组织的社会舆论，同行对本组织的评估等等。这类咨询是任何组织公关部门的经常性工作。

(2)公众的专门性情况咨询建议。这是指社会组织拟举办某个专题活动，公共关系专业人员提供与该活动直接有关的情况说明和意见，以使专题活动更有效地开展。如社会组织拟举办新闻发布会，公关人员应提供新闻媒介的近期宣传动向、新闻记者对本组织的了解程度等，以及安排邀请名单、会场的布置等等。

(3)公众心理变化和趋势咨询。由于社会环境的变化，公众的心理状态也随之发生变化，这种变化对社会组织的运行影响极大。公众心理变化以及变化趋势的咨询，是公关人员在长期观察和积累的基础上形成的。这类咨询常常能富有成效地为社会组织中长期战略规划的制定和变更提供可靠的根据。

2.决策参谋

公共关系决策参谋一般有四个环节：

(1)帮助组织获取信息——获取外源信息、内源信息,使决策科学化、民主化;

(2)帮助组织确定决策目标——使决策兼顾组织利益与社会利益;

(3)帮助组织拟定决策方案——设计方案、选择方案,注重灵活应变及公关原则;

(4)帮助组织实施决策方案——传达、理解、观察、分析方案,及时反馈方案执行情况,酌情调整方案。

(四)沟通内外,协调关系

1.内部关系的协调

首先,以目标为核心,在协调管理层与员工关系时充当中间人:管理层的目标是否为员工所认同,员工的行为是否与管理层的目标保持一致;通过与员工细致的持之以恒的有效沟通,在组织与员工之间搭起相互理解和沟通的桥梁。其次,在部门与部门关系协调中充当管理的接口:在不同的部门之间出现"权力真空"的情况下,依靠良好的公共关系补位,这是"全员公关"的一个重要组成部分;在"权力重叠"的情况下,则要依靠良好的公共关系去理顺关系、化解矛盾。

2.外部关系的协调

外部公众类型不一,成分来源复杂,这就使得组织不可避免地要与外部公众发生程度不同的利益关联和冲突,一旦发生了冲突和纠纷,则应积极与各方面取得联系,进行协调磋商,消除疑虑,缓解矛盾,不断维持和巩固彼此间的合作关系,促进良好的外部环境的形成。

无论是内部关系的协调还是外部关系的协调,这种公共关系协调都可以通过利益协调、目标协调、态度协调和行为协调来实现。利益协调是基础,目标协调是利益协调的指标化、具体化,态度协调是为行为协调的先导,行为协调是最终目的。

二、公共关系的基本原则

公共关系的原则有很多,这里主要介绍四个方面的基本原则。

(一)真实性原则

真实性原则是指组织在开展公共关系活动时,必须以事实为依据,向公众如实传递有关组织的信息,同时向组织决策者如实传递有关公众的信息。

公共关系是建立信誉、塑造形象的艺术,其塑造良好形象所用的材料就是事实。所以说,真实是公共关系的基本原则,也是对公共关系人员的根本的道德要求,是公共关系的生命。隐瞒、歪曲、推诿是公共关系的大敌。

(二)平等互惠原则

社会组织在开展公共关系活动中,要注意信守平等互惠原则。平等互惠原则是指公关活动要兼顾组织与公众的双方利益,在平等的地位上使双方互利互惠。

公共关系活动必须遵守平等互惠的原则,不能单纯追求组织单方面的利益。只有在公众也同样受惠的前提下,才可能得到公众的支持与合作。事实上,任何一种良好的社会关系要得到维护和发展,都必须对双方有利。公共关系强调主体和客体的平等权利和义务,尊重双方的共同利益和各自独立的利益,谋求本组织利益与相关公众利益的平衡协调并促成组织运作与环境达成自动平衡。公共关系必须信守组织与自己的公众对象共同发展、平等相处、互利互惠、共存共荣的坚定信念。

（三）整体一致原则

整体一致原则是指社会组织在开展公共关系活动时，要站在"社会"的高度，对可能由活动产生的对社会经济效益、社会生态效益及社会精神文明建设等几方面的影响综合起来统一考虑，使诸方面均符合公众的长期利益和根本利益。这种力求使诸因素效益一致的思想和做法，我们称其为整体一致原则。

一个组织所从事的活动，对社会生产的影响是多方面的。以一个企业为例，企业在为社会提供产品和服务的同时，对社会的政治、文化、教育、道德和生态等方面也会产生积极或消极的影响。所以企业对生产经营活动要进行全面的权衡，不仅要从企业本身，而且要从社会角度来评价其经济效益。如有的商业企业为了获取高额利润，竟然经销假冒伪劣商品，严重损害了消费者利益，虽然企业经济效益可观，但其社会效益是十分低下的；有的生产企业只顾生产，而对废气、废水、废渣的排放不认真处理，以致影响附近居民的生活，甚至影响厂区附近农作物的生长、污水污染了河流，造成了极大的社会危害。这些做法只考虑本企业的经济效益而对社会效益和生态效益造成了严重的不良后果，违反了公共关系的整体一致性原则，使社会蒙受损失，最终企业也必将吞下自己酿成的苦果。

在社会文明不断发展的当今社会，越来越多的社会组织认识到坚持社会整体效益的重要性，主动贯彻整体一致思想，严格按整体一致原则办事，在社会上产生了积极影响。

（四）全员公关原则

全员公关原则是指一个组织公关工作的开展，不仅要依靠专职公关机构和公关人员的不懈努力，而且有赖于组织各部门和全体员工的配合，要求组织的全体成员都注意树立公共关系观念，都要关注并参与公共关系工作，都要为公共关系工作作出贡献。

只有全员公关，才能建立和维持组织良好的公关状态。组织形象是通过组织所有人员的集体行为表现出来的，是组织内个人形象的总和。每一个成员与外界发生联系时，其个人形象直接体现了组织的整体形象和风貌。因此组织的每位员工在对外交往时都必须注意自己的形象，从而维护甚至扩展组织的形象。

案例讨论

案例一：公关推动美国大学蓬勃发展

大学是知识的殿堂、文化的高地，总让人感觉与公关有一定的距离。但实际上，在美国大学的早期建立、初期成长阶段，宣传公关就曾发挥着积极的作用。

筹款成为美国大学17世纪早期公关的目的

美国处于早期殖民地的时期，已经出现了一些学校，其中就有大学。当时的大学，规模不大，人数也不多，发展起来很困难，根本原因就是资金少，靠着有限的学费，有的大学能够维持几个月就已经不易。因此，为了生存就不得不通过宣传来推广自己，获得影响，筹集到所需的资金。有记载的最早为大学筹集资金的公关行动，发生在1636年的哈佛大学前身哈佛学院，不过较为著名的一次，则发生在1641年的6月。那年的6月2日，马萨诸塞州的州议会通过决议,派出萨勒姆的雨果·彼得、罗克斯伯里的托马斯·维尔德、波士顿的威廉姆·黑本斯三人前往英国,目的是募集资金来建设哈佛学院,进而教化那些他们认为不开化、野蛮的印第安人。这一带有鲜明殖民色彩的行动后来被称为"维尔德·彼得'乞讨使命'"。三个人领命而去,收获的工作效果则不同。最成功的是黑本斯,竟然筹到了500英镑,这在当时并非小数目,是哈佛学院当年全年财政拨款的一倍多。可是彼得、维尔德两个人却没有什么进展,他俩分析后认为是缺乏宣传所致,于是向殖民地发回了紧急求援信,希望制作最好的材料来宣传新英格兰,吸引英国人的关注。

为了完成这个任务,马萨诸塞州迅速制作了宣传小册子《新英格兰的首批硕果》,并在英国本土成批印刷。小册子共有26页,描绘了美丽的新英格兰、当地的地理风情、富饶的物产,进一步谈到了建立哈佛大学的意义,称这所大学能够让愚昧的印第安人获得他们期盼已久的福音。毫无疑问,这本小册子成为美国大学公关宣传的第一份册子。为了鼓舞人们的信心,这本小册子还宣称哈佛学院绝不会像20年前弗吉尼亚州的学校筹款那样胎死腹中,而是一定会落实下去,建成大学。

小册子所说的弗吉尼亚州筹款这一反面事例发生在1621年,当时有一位叫做帕特里克·科普兰的人想为弗吉尼亚州的查尔斯城筹资修建一所学校,他找到了伦敦的英国东印度公司的老板们,幸运地获得了270英镑的赞助。只不过,由于1622年发生了和印第安人的冲突,这笔钱没有用在建设学校上,而是用在了修建防御工事上,这些赞助款也就打了水漂。

1641年为了哈佛大学进行的小册子筹款的最终结果不得而知,但是这次行动对于北美大陆的大学来说,有着十分重要的意义。如果要筹款,就要进行公关宣传,美国的大学充分感到了增加自己影响力的必要性。1758年,美国哥伦比亚大学的前身国王学院,准备在纽约举办第一届毕业生的毕业典礼,就特别发掘了毕业典礼的公关价值。国王学院的一个人将毕业典礼的消息发给了《纽约公报》《报童》《墨丘利》等报纸,请求他们将毕业典礼的消息内容插入下一份报纸中。这个简单的行动也成为最早的学校公关之一。除了这些公关宣传,处在经济困境中的大学还采取了其他的募捐方法,其中一个主要途径就是通过出售彩票募集资金,这一方法在1745年到1775年大学经济最为困难的时候非常流行。

18世纪的大学公关进入发展阶段,专业机构和专门刊物开始出现

进入18世纪之后,美国大学的发展日趋多样,筹款之外还有着其他多种需求,大学宣传公关随之出现了新的形式。1869年哈佛大学校长查尔斯·埃利奥特在就职演说中,谈到了公关的重要性,他说,大学校长必须在公众知晓事实之前实施影响,大学必须即时应对实际情况的变化,否则一旦脱离了受众,就没有了继续存在的价值。威斯康星大学在校长约翰·巴斯康姆任职时期,在1870年创办了学校新闻处,当年6月出版了第一本月刊。担任编辑的詹姆士·巴斯福德毫不讳言,说这本月刊的使命就是宣传大学诉求,纠正自身谬误,以彻底维护大学的自身利益。这本月刊虽然以私人企业的形式运营,但是受到了威斯康星大学长达17年的扶持。

继任的威斯康星大学校长们继续重视新闻宣传推广工作,1896年的校长查尔斯·肯德尔·亚当在任时,威斯康星大学在小范围内发行了《编辑简报》,并两周一次寄送给当地的报纸,将大学的有关新闻信息提供给媒体。这一方法有了效果,几个月之后,威斯康星州的很多报纸编辑已经开始使用《编辑简报》上的资料了。报纸编辑选择的信息与大学提供的并不尽相同,大部分被选上的内容是普通读者感兴趣的农学院科研情况。不过,尽管如此,这份《编辑简报》没有持续多久就停刊了,直到1904年才复刊。

除了威斯康星大学,还有一些大学有过类似的举动。1897年,密歇根大学曾经考虑过组建大学宣传公关部门,为此开展了一项调查。调查发现:西储大学由校长办公室组织新闻编写,送往本州报社;印第安纳大学鼓励学生给家中写信,让家长了解更多的学校情况,还曾将学校动态提供给记者,印发资料给报社;密苏里大学提供一些大学新闻给本州媒体编辑们,有心想编印大学的周报。

所有上述这些大学的新变化,与当时大学的改革有关,大学的扩张与内部课程教学的调整,需要更多的资金、理解与支持。但是如何向前发展,只能摸索前进,这些大学做了积极的工作,但是相对于实际需求仍然只是一些点点滴滴的尝试之举。而新闻媒体对这个变化是欢迎的。1896年纽约的《科学》杂志宣称希望获得大学的权威消息,欢迎人们在事件曝光的最佳时机之前提供资料。爱荷华州得梅因市的《中部月刊》1896年公开征稿,特意谈到收到过来自威斯康星大学文笔出色的稿件,说这些稿件篇幅不超过4 000字,长短合适,而且配有照片。

芝加哥大学、威斯康星大学等在18、19世纪之交作出了可贵的探索

芝加哥大学创建于1858年,在1886年曾经倒闭过,但是在两位热心牧师的帮助下,他们说服富豪约翰·洛克菲勒捐献了60万美金巨款,后又募集了40万美金,准备在1891年复校。幸运的是,这次芝加哥大学复校后的首任校长请来的是威廉·瑞尼·哈珀,哈珀是著名学者、教育家,他立意甚高,准备将芝加哥大学办成一个有研究生教育的大学,而且他又充满活力,面对各种困境能够尝试多种办法,懂得公关宣传。还有一个幸运的因素,就是那时美国的慈善事业已经起步,有的富豪愿意捐款办学,洛克菲勒的捐款就是因此落在了芝加哥大学。

哈珀组织定期出版《大学纪事》这本册子,目的是为管理者、教职工、学生,包括校外朋友,提供学校重要事件的准确信息,增强大家对芝加哥大学的关注,让芝加哥人乃至更大范围的人们常常意识到芝加哥大学的存在。公开更多的情况是为了获得更多的支持,与外界、媒体保持良好的关系也能获得更多的支持。哈珀对于每一位来访嘉宾都予以最好的官方接待,和媒体人士尽可能保持良好的关系。不过,也有麻烦让他深感头疼,他曾调侃过,希望伊利诺伊州实行一项法律规定,可以对媒体的不实报道进行惩罚,甚至判处相关人死刑。为了降低、消除不实报道,1905年,哈珀任命深受媒体和学校信赖的奥斯卡·斯凯尔顿为芝加哥大学的新闻监督。斯凯尔顿采取的方法之一,就是给当地报纸及纽约报纸投递专题故事。这一方式比较受欢迎,用了4年时间,有关芝加哥大学的报刊文章增加量,就已经位居全美各大学前茅。

哈珀还开创了一个独特的公关方式——校庆。他力排众议,在学校成立的日子、4周年、5周年、10周年都开展过校庆活动。1891年7月1日,他举行了正式的大学成立典礼;4周年校庆是首次校庆,给学生提供早餐,向校友供应午餐,洛克菲勒夫妇还被邀请到了大学,参加了学校特意为这他们举行的招待会、研讨会,以及3个图书馆的开工典礼。5

周年校庆也办成了盛典。10周年校庆,规模更大,洛克菲勒夫妇再次参加,学校举行了一座大楼的捐赠仪式和6座教学楼的开工仪式。逼过花费不菲的校庆活动,哈珀为芝加哥大学赢得了非同一般的影响力。15年校庆本来是哈珀已经做出了宏大策划的,不幸的是,在校庆之前他去世了,为了纪念他,也是为了继续校庆的影响,后继者将这次校庆办得很出色,而且特意加入了纪念哈珀的内容。

与哈珀类似的,还有威斯康星大学校长万·海斯,他通过不懈的努力,将威斯康星大学从一所普通州立大学建成全美有名的大学。哈珀和海斯私交甚好,给海斯提出过很多好建议,自从1903年海斯成为威斯康星校长以后,这些建议不少得以实施。1904年,海斯成功将第50次开学典礼、新校长就职典礼、50周年校庆进行了整合;获得了巨大的反响。海斯还恢复了被撤销的新闻办公室,年轻的英语讲师威拉德·格罗夫纳·布莱尔被任命为主管,获得300美元的特殊津贴。

布莱尔出生于新闻世家,酷爱新闻传播,有杰出才能,他为威斯康星大学制定了明确的新闻公关目标,动用了自己的媒体资源,稳步推进。4年之后的1908年,新闻办公室充满活力,自办的《新闻公报》定期印发,提供的大学正面新闻在《威斯康星日报》《威斯康星周报》等很多媒体陆续出现。《美国杂志》《哈珀周刊》《独立》《世界工作》等报刊陆续发文赞扬威斯康星大学,促进了大学的宣传公关。

布莱尔的特殊之处在于,确立了早期的高等教育公关模式,帮助大学积极获得评价和支持。他常常说,对好奇的记者隐瞒信息是不明智的,因为无效信息经常包含着有害的谣言。

威斯康星大学的这一模式积极有效,吸引了很多大学的关注。从1910年开始,很多大学竞相设立新闻办公室,伊利诺伊大学、密歇根大学、俄亥俄州立大学、华盛顿大学等多个大学向布莱尔求教。其他大学受到鼓舞和启发,也同时跟进。

1897年,密歇根大学在代理校长哈瑞·哈钦斯的推动下,组建了新闻编辑部,一名修辞学教授担任负责人,编辑部每两周提供一份新闻通讯,并为大学校友录提供材料。这些在宣传公关上采取了崭新做法的大学,推动了整个美国高校的变化,1917年美国成立了高校新闻分社。

大学宣传公关的影响是深远的,它使大学的教育管理得以创新,办学资源得以深化,社会网络高度丰富,并因此获得了更好的生源和更多的资金,从而全面提升了高等教育的质量和影响力。

(资料来源:中国公关网,2013.11.21,原文刊登于《国际公关》第53期)

讨论题:公关为什么能推动美国大学蓬勃发展?

案例二:美国总统的公关术

19世纪的美国,媒体和政府的关系相当尖锐,报社的记者们乐此不疲地攻击上至美国总统下至各级政府负责人,以此来满足公众需求,提高报纸销量。即使贵为美国总统,最好的策略仍然是对这些记者敬而远之,但是也有总统想处理好与媒体的关系。19世纪30年代的美国总统安德鲁·杰克逊,是最早聘用新闻发言人的总统;1897年,美国总统威廉·麦金利则任命了专门负责新闻宣传的官员,给记者做简报并与其沟通。

不过,这些只能算是做到部分重要信息的传播,远未达到有效互动的目的,因为由来已久的敌视和警惕依然清晰存在。而在威廉·麦金利之后的美国总统,却突然开始善于处理媒体关系了。

西奥多·罗斯福善用媒体关系

威廉·麦金利总统遇刺身亡后,年轻的副总统西奥多·罗斯福继任,从此美国总统和媒体的关系有了根本的不同。西奥多·罗斯福,常常被称作老罗斯福,以区别于小罗斯福——他的远方侄子富兰克林·罗斯福。由于他是一个善于传播自己理念的人,并且爱读书和写作,所以长期与报业关系密切,懂得与媒体交流的方法。在媒体看来,西奥多·罗斯福也是一个多产的优秀作家,他的著作和翻译作品很多,其中《给孩子们的信》《在西部的胜利》《1812年海战史》等书也是当时的畅销书,有相当的影响力。这种因缘使得他与媒体之间建立了天然密切的关系。

西奥多·罗斯福一直关注着著名的"扒粪运动",对于艾维·李等人的公关成绩和工商业巨头的臭名昭著都有着深刻的印象。他本人也是一个积极的改革者,在早期做纽约州议员、警察负责人、州长等职时就成就卓著。在美国和西班牙的战争中,他曾率领一支560人的志愿兵在古巴和西班牙人血战,成为美国英雄。他敏锐地意识到媒体正在变成一种积极推动社会进步的力量,作为总统,自己不能仅扮演被曝光的角色。他不断巩固自己清新的政治形象,展现自己的写作和演讲能力,用活泼、亲和的"罗斯福语言"来坦率、真诚、令人愉快地与记者们交往。

和从前任总统那里受到的生冷僵硬态度相比,记者们受宠若惊。不仅如此,西奥多·罗斯福还使用了"胡萝卜加大棒"的策略。对于那些支持他的媒体,他会给予最大程度的关照,比如独家专访、消息提前告知、到白宫做客、与总统一同参与活动等等。对于另外一些不支持自己的记者,他不仅不会提供这些便利,而且会设法暗中进行阻碍和告诫。

由此,很多记者和媒体选择支持西奥多·罗斯福的立场。在他们的帮助下,西奥多·罗斯福有力地推动了自己的改革。在其任内,有很多对美国社会形成长远甚至历史性影响的政绩,都离不开媒体的积极支持,比如北方证券公司案实现对工商业垄断的遏制,在劳资矛盾中彻底压制工商业巨头的镇压冲动,铁路立法案实现瓦解铁路垄断集团,推动自然资源保护运动,修建巴拿马运河等。

即使是当时大名鼎鼎的洛克菲勒本人,也受到西奥多·罗斯福的压力。美孚石油公司作为最大的垄断财团之一,让公众忧虑和仇视。西奥多·罗斯福默许甚至纵容了这种仇视,以此争取达到让美国人民认识到工商业巨头正在左右政治、控制美国国会的想法,从而进一步削弱美国国会中党魁的影响力,加大自己的影响力。在他倡导成立商务和劳工部的过程中,工商业巨头是反对的,他们在美国国会里的代表也表示反对,于是西奥多·罗斯福就请媒体透露"美孚石油公司老板对6名美国参议员下达强硬命令"的消息,这个消息致使这6人以及其他人投鼠忌器,不敢触犯众怒,无法投票反对罗斯福的倡议。

为了娴熟地影响并借用媒体进行公关,西奥多·罗斯福还使用了其他方法。比如"放气球",试探性地抛出政策主张,看看社会的反应,给社会制造话题,也为政策的出台和实施创造舆论氛围。又比如不经意地"泄密",既让亲近的记者拥有优先知晓权,又在不知不觉中引导了舆论。另外就是低调处理负面信息。现在的美国白宫,经常会特地选择在星期五发布坏消息,其实这是西奥多·罗斯福的首创,因为星期六没有多少读者会在意这些事情,社会也很难及时做出反应,负面消息的杀伤力就大大变小。

伍德罗·威尔逊加深公关和媒体的联系

西奥多·罗斯福之后的另一位共和党总统威廉·霍华德·塔夫脱,是西奥多·罗斯福积极推荐出来的继任者。他继续了前任的一些做法,包括为加强和媒体的联系,首次安排每周两次定期的记者招待会,不过最后这个制度的执行有了折扣。西奥多·罗斯福后来由于不满威廉·霍华德·塔夫脱的表现,再次出来参选美国总统,虽然最终得票位居第三,不过由于两位共和党人相争分散了票源,最终让民主党人伍德罗·威尔逊获胜。

威尔逊上任伊始就宣布:"这不是一个得胜的日子,这是一个更深奉献的日子。我们的国家所要凝聚的,不是某个政党的力量,不是某种阶层人士的支持,而是全国人民深处的良知、人道与公正的判断。愿这种凝聚燃起一股复兴之火,提升国家的德性。我在这里祈求,所有诚实、爱国、有前瞻性眼光的人,到我这里来,成为我的顾问,成为我的支持者。"

为了做到这一点,伍德罗·威尔逊特别尊重媒体。1913 年,他上任后他举行记者招待会,让记者自由提问并发布消息。恢复了定期的新闻发布会,但没有任命相应人员,总统自己担任了新闻发言人的角色。在美国历史上,伍德罗·威尔逊是首位直接和媒体记者面对面回答问题的总统。这种方法不仅让媒体满意,还使得自己前瞻性的看法,能够以最有效率的方式,传递给社会大众。

但是学者出身的伍德罗·威尔逊也有不足之处。他没有西奥多·罗斯福的口才,相对而言,较为寡言少语的他与媒体的沟通不是特别好,直到发生了"卢西塔尼亚"号邮轮事件,才有了进一步的变化。"卢西塔尼亚"号邮轮是英国一家轮船公司在大西洋航线上最大的客轮,1915 年 5 月在爱尔兰海岸附近被德国潜艇击沉,船上 1 924 名乘客中 1 198 人遇难,其中有 114 名美国乘客。噩耗传来,美国举国震惊,伍德罗·威尔逊应对不力,迫于舆论压力,正式任命其秘书图马尔蒂担任政府的正式新闻发言人。这一制度是现代新闻发言人制度的发端,被后来的美国总统继承了。有专门的新闻发言人负责与新闻界沟通,定期举办记者招待会,不仅仅是一项政府行为,也是搞好公关的基础。

这一时期,美国公关的系统化、科学化也得到了很大的发展。著名的公共关系理论家和实践者爱德华·伯纳斯,在 1913 年任福特汽车公司公关部经理后,为公司策划实施了一系列发展公众福利及社会服务的计划,在美国国内都有影响。1919 年,他和夫人多丽斯·弗莱希曼在纽约开办了公共关系公司,之后在纽约大学首次开设了公共关系课程,并于 1923 年出版了第一本公共关系著作《舆论明鉴》。

爱德华·伯纳斯为公共关系做出了极为突出的贡献,他使公共关系从一种社会现象和活动,上升为一门学科。可以说,不仅美国总统,就连美国整个社会的公关工作、研究,都有着一体化的发展。随着公众对政府信息需求的增加,美国政府开始考虑设立更多的专职机构,运用公关理念为政府塑造形象和推广政策。到 1920 年,白宫下设的许多部门,如国务院、农业部等都纷纷设立了信息办公室,定期向媒体和外界发布信息。

富兰克林·罗斯福推动新公关时代

1933 年,富兰克林·罗斯福上台,作为美国历史上唯一蝉联四届(第四届未任满)的总统,他在 20 世纪的经济大萧条和第二次世界大战中扮演了重要的角色,被美国学者评为美国最伟大的三位总统之一。但在他刚上台的 1933 年,经济大萧条的风暴席卷美国,到处是失业、破产、倒闭等，作为总统，他处在了风口浪尖之上。

为应对危机，富兰克林·罗斯福采用了多种方法来表达自己的决心和轻松愉快的乐观态度，积极推行以救济、改革和复兴为主要内容的"罗斯福新政"。特别还推出了一个独具特色的炉边谈话方式，直接和全国人民交流，做上下一体、点对点的危机公关。

老实说，第一次炉边谈话也是一种无奈之举。富兰克林·罗斯福刚上任就面临了举国上下的银行危机和挤兑风潮，如果银行大规模倒闭，美国就将面临灾难，而普通的宣传和动员都不足以应对这个危局。情急之下，他开始利用当时最为时髦的广播。1933年3月12日晚，富兰克林·罗斯福在白宫楼下的外宾接待室，接受了美国广播公司、哥伦比亚广播公司和共同广播公司的采访。他坐在壁炉旁边，面前放着扩音器，整个场面有些像家常谈话。

但在讲话之前，讲稿却不见了，于是他随手拿起一份给记者准备的油印稿，向全国人民说："我想花几分钟时间同合众国人民谈谈银行的情况。"接着向美国民众就银行业的运作进行了浅显易懂的解释，动员大家"把钱放在经过整顿、重新开业的银行里，要比放在褥子下面更安全"。全国6 000万民众听完这次谈话后信心大增。经过这次危机公关，美国银行竟然躲过了挤兑危机，避免了倒闭的命运。

当时在场的一位媒体人哈里·布彻，给这次谈话起了一个"炉边谈话"的名字。从此"炉边谈话"就成为罗斯福发表广播演说的正式名称，一直沿用下来。此后，每当美国面临重大问题时，罗斯福都要用他所钟情的这种方式与美国人民沟通，而这种方式也受到美国人的欢迎。有人说："华盛顿与我们的距离，不比起居室里的收音机远。"甚至有人将总统的照片剪下来，贴在收音机上。"炉边谈话"产生的巨大影响，成为广播史上的一个传奇，也成为政府公关的特别范例之一。

后来，另一位美国总统约翰·肯尼迪对电视的热衷也源于此。"炉边谈话"的成功并不见得四处受到欢迎，传统的报刊媒体记者就相当嫉恨。不过富兰克林·罗斯福也没有忘记这些人，在"炉边谈话"之前，他就举行了共120名记者参加的记者招待会，就银行业的问题回答了记者的提问。他在台上的12年里，共举行过998次记者招待会，平均每周达两次之多，可以说相当频繁。

富兰克林·罗斯福的成功不仅仅是自己的成功，也是那个时代公关的成功。在他所在的时代，美国的公关业不仅得到了发展，而且其理念也传播到了世界各地。在他执政后期，也就是第二次世界大战期间，美国成立的战时新闻局，培育了7.5万名公关人员，在各地美军及盟军中发挥了重要影响。

美国工商界也进一步发现了公关的妙用，因为战争期间需大量做广告的商品减少了，大家便倾力研究公关，主动配合战时需要，谋求生存发展。第二次世界大战后，美国各种公共关系协会纷纷成立。1948年，美国公共关系理事会与国家公共关系顾问协会合并成立了美国公共关系协会。逐渐地，公共关系开始深入美国绝大部分领域，使其成为世界上公共关系事业最发达的国家，也为世界各国树立了榜样。

（资料来源：中国公关网 2014.4.8 原文刊登于《国际公关》2012 年第 43 期）

讨论题：各届美国总统的公关特点是什么？

本章小结

现代公共关系最早产生于美国,有其产生与发展的社会条件,其间大约经历了四个阶段(巴纳姆时期、艾维·李时期、伯内斯时期、现代时期),每个阶段都有突出的代表人物及公关特点。到 20 世纪七八十年代,美国的公共关系无论是理论还是应用方面都得到了全面发展,并向其他很多国家辐射。中国开始引进公共关系是在改革开放之后的 1981 年,当时,沿海开放特区的一些中外合资企业设立公关部,借鉴国外的公关操作模式。到 20 世纪 90 年代,中国大陆掀起了公关热潮,甚至表现出盲目性和不理智性,进入 21 世纪,人们才渐渐回归理性,对公共关系有了较为客观的认识和评价。

公共关系是社会组织为了塑造良好形象而开展的一系列综合活动,作为一门学科,公共关系有其特定的研究对象、内容和特点;作为一种活动,公共关系有自己的职能和原则,且与相关经营活动(市场营销、广告)既有密切的联系又有本质的区别。

习 题

一、辨析题

公共关系就是拉关系、走后门;公共关系活动是年轻漂亮女孩子的专利。

二、问答题

1.公共关系为何最早在美国产生?

2.公共关系产生的基本条件有哪些?

3.公共关系产生与发展的各阶段有何特征?

4.公共关系与营销、广告有何区别?

5.贯彻公共关系的全员 PR 原则要注意哪些问题?

三、实训题

××企业公关状态监测

[实训目的]

通过本次实训,使学生对公共关系的主要职能有更深入的了解,明确社会组织履行环境监测等公关职能对组织发展的重要作用,掌握公关职能的基本内容及其操作方式,提高学生参与公关活动的实际能力。

[实训要求]

3~5 人为一组,按规范设计某企业公共关系状态监测表,安排学生对某企业进行公共关系状态监测,分析企业公共关系工作存在的问题和解决的措施,并提交一份监测报告。

[效果评价]

教师教学点评、打分,评价表如表 1-1 所示。

公共关系:理论、实务与案例

表 1-1 "××企业公关状态监测"计划实施评价表

专业		班级		学号		姓名	
考评内容	公关状态监测计划实施						
考评标准		项目内容				分值	评分
	准备环节	项目设计是否科学				15	
		任务分配是否合理				5	
		监测对象是否真实				5	
	实施环节	计划实施是否客观				10	
		公关状态监测是否全面				10	
		监测报告是否真实、规范,文字是否准确				30	
	能力测试	沟通协调技巧				5	
		团队合作精神				10	
		应变能力				10	
总　　计						100	

拓展分析

观看电视剧《公关小姐》第 3 集,分析中国早期公共关系发展特点。

第2章

公共关系主体

本章知识点：社会组织的含义、特征和分类；公共关系部、公共关系公司、公共关系社团的含义及职能；公共关系从业人员应具备的基本素质。

案例导读

阿里巴巴公关背后的"弹药库"

双11，一个阿里巴巴自己创造的节日，形成了一年一度的网购狂欢。虽然网络上负面信息明显增多，提醒网友谨慎购物的提示不断增加，但不可否认，阿里巴巴正强力建立自己的"电商"规则，并且不断向相关领域延伸。

这里只谈公关，互联网圈有一个说法，阿里巴巴的公关说是老二，无人敢说是老大，如果单拆公关上市，成绩不会低于蓝色光标。不好直接评价的这个说法，但如果选择的话，360的公关剥离上市优势会更明显，而阿里公关的成功并不是一个部门的成功。

阿里巴巴与其他互联网公司不同，从一开始，就开始了与传统商业的竞争，在中国并没有太多先例可循。要知道传统商家制造"噱头"的能力都很强，要想在此中胜出并不容易。而同时对中国电商（无论B2B还是B2C）关注的其他互联网公司并不少。

阿里巴巴在竞争中取得优势并不断扩大优势，公关的作用不容低估，也有多个经典案例，这里就不一一列举。因为，对于小公司来说，公关的成功具有重大意义，甚至可能是生死之别，但对于一个大公司来说，公关的成功只是短暂的，要想保持持续优势，必须得到其他领域的不断支持，也正是这些领域不断的积累，不断的推进，为公关部门提供了源源不断的弹药。这里简要分析一下支持阿里巴巴公关背后的"弹药库"。

第一肯定是战略。淘宝三年免费培育市场，天猫在自由市场中建立品牌商圈，进军支付、团购、物流，阿里妈妈、阿里软件等为中小商家提供全方位且不断延伸的服务。这些都在不断给公关提供话题。

第二应该是研究。阿里巴巴不断有数据、观点曝出，占传统商业比例，与王健林打赌……背后都是研究部门的支持。阿里巴巴的研究部门不仅懂电商，而且懂心理学，懂得不断制造爆点。

第三是传媒。与浙江出版联合集团倾力打造《天下网商》，曾经的雅虎中国，现在的新浪微博，还有网商大会和西湖论剑，这些都为公关提供了足够多的互动机会及强大的宣传平台。

最后,不得不说管理层的支持,阿里巴巴公关的大手笔如果没有管理层的支持很难做得那么彻底。支付宝发错短信巨额赔偿,可能的负面报道变正面宣传,2012年双11,24小时宣传"垄断"媒体致宣传期内对手几乎无新闻可报,这些都必然来自领导的决策,公关只是操作,让其效益最大化。

（资料来源:@付亮的竞争情报应用 2013-11-12）

启发总结:一个公司公关的成功,不只是公关部门的成功,而是来自整个公司的支持,阿里巴巴很好地说明了这一点。阿里巴巴的战略、研究、传媒、公关一起相互配合,相互支持,成为了推动阿里巴巴不断攻城略地的重要的弹药库。这也是阿里巴巴给对手造成巨大压力的重要原因。

公共关系是由主体,客体和媒体三大基本要素构成的。公共关系三要素之间的关系是相互依存、缺一不可的,缺少了任何一个要素,公共关系活动将不复存在。如图2-1所示。

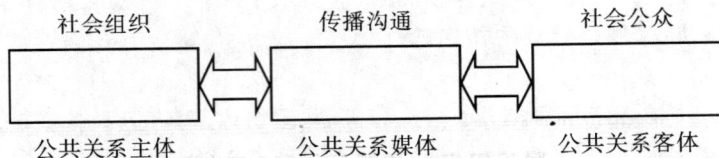

图 2-1　公共关系基本构成要素

第一节　社会组织

社会是由无数不同类型、规模的组织构成的,尽管不同类型的社会组织具有不同的目标、性质和管理方式,也有各自的环境和公众,但它们都必然要与自己的公众发生关系,客观上都需要进行公共关系工作。通常情况下,社会组织重视和运用公共关系的自觉程度与其竞争力的强弱成正比。因此,公共关系工作对社会组织的生存与发展起着重要的作用。

一、社会组织的概念

社会组织是指人们根据社会的分工和需要,为了有效达到特定的目标,按照一定的宗旨、制度和系统而形成的共同活动的社会群体。

社会组织是人类社会的组织方式,是社会构成的基本单位和细胞,是社会关系有组织、有秩序的体现。在人类社会生活中,彼此孤立的个人通过一定的社会活动进行交往,由此建立特定形式的社会联系与组合,这种通过社会活动形成的联系与组合,形式上便表现为社会组织。

社会组织与一般的家庭、邻里等自然形成的社会群体有较大差别,它是一个不断运动的有机体,随社会环境的变化而不断调整自身结构和功能使之与社会相适应。社会组织的发展与变化是现代公共关系产生的基础。随着社会的发展,社会组织也随着不断地调整改变。社会组织必须与外部环境相适应,必须得到外部公众的支持。因此,社会组织必须与外部环境实现互动,相互依赖、相互作用。那么,公共关系也就在社会组织与公众之间产生了。

二、社会组织的特征

公共关系是指社会组织与其相适应的公众对象之间的关系,在这一关系的协调中.社会组织起主导作用。因此,要协调这一关系就必须认清社会组织的特征。社会组织的特征是指社会组织与其他非社会组织区别开来的各种特性的总和,尽管社会组织的存在形式千差万别,但其共同的特征表现为以下几点:

(一)目的性

任何组织都有自己既定的奋斗目标,它决定着组织的性质、职能和类型。社会组织存在的目的往往就是试图通过自身的努力达到所期望的目标,组织的一切工作和机构都是为实现这个目标服务的。社会组织存在的目的对组织的生存与发展具有导向作用,对组织成员具有统一认识、规范行为的作用。

(二)整体性

社会组织一般都具有严密的内在结构和机制,组织内部各部门、各成员之间既有明确的分工,又有机地构成一个整体。组织内各分支系统、各个流程环节、各个成员之间存在着相互依存、相互牵制、相互作用的整体关系,组织成员有着共同的追求目标和利益保障。在社会组织的形象塑造和传播的过程中,应充分认识到组织的整体性,注重组织的全方位、整体性的形象管理,充分调动组织的各部门及各方面成员的积极性。只有整个组织目标形象确立,步伐协调一致,全员积极参与,才能真正搞好组织的公共关系工作。

(三)物质性

任何社会组织都必须具有一定的生产场所或办公场所,都必须具备一定的生产设备和技术条件,这就是社会组织存在的物质性。社会组织必须具备一定的物质基础,这是组织存在的基本保证。如果没有这些物质基础,社会组织的生存和发展将成为"空中楼阁"。

(四)变动性

任何社会组织都是一定社会环境的产物,环境是社会组织生存的社会基础。社会发展及其相应的社会环境的变化对社会组织生存与发展必然产生一定的影响。组织的环境是不断变化的,是一个动态系统,所以,组织应不断地矫正自身行为,进行自我协调、自我改造和自我更新来适应环境的变化需要。只有这样,组织才能更好地在社会上生存。

(五)多样性

社会组织是个统称概念,是对社会上存在的各式各类群体、集合体的统称,社会组织的存在形式千差万别、种类繁多。例如,在日常生活中我们常见的学校是文化组织,企业、工厂是经济组织,政府机关是政治组织。

三、社会组织的分类

众多的组织可以按照不同的标准,划分为不同的类型。对社会组织进行合理的分类,有助于对组织作更为具体、深入的分析。我国的社会学界通常根据组织的性质与社会角色将它们分为以下五类。

（一）经济组织

经济组织即在社会主义市场经济条件下直接从事生产、交换等各种经济活动的组织，如生产领域的工厂、农场，流通领域的各种商业组织等。经济组织是人类社会中最基本的社会组织，它担负着向人们提供衣、食、住、行和文化娱乐等物质生活资料的任务，它要实现其所有者和经营者的经济利益。

（二）政治组织

政治组织是指在社会中从事政治活动的组织，包括从事社会政治活动的政党、政权组织和维护国家安全、社会秩序的武装力量、司法机关等。政治组织是人类社会阶级出现后的产物，它是一定阶级、阶层、集团的代表。在现代社会中，一定的政治组织为向其代表的社会群体及整个社会表明自己的政治见解、主张及方针政策等，争取广泛的社会认同、社会赞誉及社会支持，必须搞好与广大社会民众的关系，处理好本阶级、阶层或集团与社会民众利益的关系，因而它必然成为现代社会中一个重要的公共关系主体。

政治组织的公共关系任务是，力争在人民心目中树立一个良好的领导者、管理者、保卫者和服务者的形象，以便得到广大人民的拥护、理解和支持，完成其政治职能。

（三）文化组织

文化组织是指在社会中从事文化活动、文化事业的组织，如各类学校、文化团体、科研院所、医疗机构等。文化组织以满足人们的文化需求为目标，以从事文化活动为其基本任务。文化组织是社会文明的重要标志，它与社会有着广泛的联系。

文化组织的公共关系任务在于塑造优秀的精神文明建设者和文化教育卫生事业服务者的形象，争取尽可能多的人民群众支持、关心和参与。

（四）群众组织

群众组织主要包括两大类，一类是社会性团体，如工会、共青团、妇女联合会等；另外一类是各类专业性群众组织，如中国美术家协会、中国作家协会、中国科技协会等。群众组织的任务是广泛团结社会各阶层、各领域的人民群众，代表他们的利益，了解他们的意愿，反映他们的需求，组织他们开展多种社会活动。

群众组织的公共关系任务是求得社会和人民群众的支持，树立自己是社会利益和群众利益的忠实捍卫者的形象，日益扩大群众组织活动的规模和范围，促进和谐社会的构建。

（五）宗教组织

宗教组织是以某种宗教信仰为宗旨而形成的组织，如中国佛教协会等爱国宗教团体及其地方组织。为了宣传自己的宗教思想和宗教信仰，争取广泛的社会信仰和支持，宗教组织也必须要开展公共关系活动，处理宗教组织与信教民众、宗教组织与政府、宗教组织与新闻媒体等各种关系。

宗教组织的公共关系任务是，在信教群众和宗教界人士心目中树立一个宽和的组织者的形象，与不同的信仰和平共处，争取得到信教群众和宗教界人士的拥护和爱戴。

第二节　公共关系组织机构

公共关系组织机构是指由专职公关人员组成的、专门从事公共关系工作的专业部门或机构,它主要包括三种:一是组织内部的公共关系部门(一般称公关部),二是公关公司,三是公共关系社团。

一、公共关系部

公共关系部是组织内部设立的、专门从事公共关系活动的职能部门。它的出现是现代管理不断发展的必然结果,其职责、地位、规模则是由组织自身状况和公众特点以及组织与公众之间联系状况决定的;它是组织的"参谋部"、"联络部"、"情报部"、"外交部"和"宣传部",对组织发展起着非常重要的作用。

（一）公共关系部的主要职能

1. 信息收集和处理

通过与组织内各部门、各方面保持接触和联系,对组织外公众进行调研、收集信息并汇总,作出分析和处理,掌握组织内外公众的要求和倾向,为最高领导层的决策提供参考。

2. 新闻传播

公共关系部根据组织的决策,担负对内外公众宣传、阐释、传递信息的职责:(1)编制刊物、画册等宣传品;(2)直接与社会媒体沟通,并提供相关新闻资料;(3)负责其他对内外公众公共关系原理与实务施加影响的广告设计和信息传播。

3. 协调沟通

公共关系部要与组织内外公众(即与组织发生联系的社会组织和个人)保持沟通和协调,并为组织创造上下、内外、左右各方面关系和谐的人际环境和社会心理环境。

4. 处理突发事件和举办专门活动

对突发事件可能给组织的形象与发展带来的影响,公共关系部要及时协助组织最高当局,迅速客观地调查处理。包括与媒体积极接触,传播真相,对公众组织沟通或安抚、释疑,与法律部门打交道等。为使组织形象的发展达到预期目标,公关部门要适时地策划举办各种专门活动,如展览、参观访问、新闻发布会、记者招待会、交流会、联谊会等,有效塑造组织的良好形象,营造有利于组织生存发展的环境。

（二）公共关系部的组建原则

公共关系部是组织内部的一个专门从事公共关系工作的部门,它的组建必须遵循一定的组织原则。

1. 精简原则

这是组建一个机构的基本原则,在组建组织内部的公共关系部时首先要考虑的也是这一原则。这意味着公关部下属的二级机构要精简,不要臃肿,公关部的人员岗位和编制要精简,不要因人设岗而导致人浮于事。

公共关系:理论、实务与案例

组织的公关部的规模可大可小,大者几千人甚至上万人,小者 3~5 人甚至只有 1 人。在确定公共关系部的规模时,一般要考虑组织本身规模、组织内部各职能部门的职能分配、组织对公共关系部的要求、组织的公众特点等情况。

一般说来,公关部的规模与组织规模呈现一种正相关态势。美国公关学者经过调查发现:年产值超过 10 亿美元的大型企业,公共关系部平均人数为 44 人,一般的大中型企业平均为 10 人,其他文教、医疗、基金会等组织为 6~7 人。

在美国,有些企业是以经营额为标准来确定公共关系机构的工作人数的。英国公共关系专家杰夫金斯在他著的《公共关系学》一书中提出了一个参考标准,如表 2-1 所示。

表 2-1 不同规模组织公关部人数表

年销售额(亿美元)	公关部人数(人)
>10	65
5~10	20
2.5~5	13
1~2.5	12
0.5~1	6
<0.5	4

2.效能原则

公共关系部是专门开展公共关系工作的组织机构,它的每一项工作都可能影响组织的声誉和形象。因此在设立公关部时,一定考虑让公共关系部充分发挥其效能,行使其职能。这就要求一方面要界定公关部的职责和权利,要让公关部门拥有其职责范围内相应的人、财、物的决策权,以保证其工作的主动性和积极性;另一方面要合理设置公关部内部的二级机构,使整个公关部能有效地整合起来,形成整体效应,发挥最大威力。

3.灵活机动原则

公共关系部的工作既包括日常性的信息收集和整理分析、公众来访接待、常规公关宣传等工作,也包括一些临时性大型专题活动的组织和临时性突发事件的处理。这就要求组织在设立公关部时,充分考虑这两种不同性质工作的特点,使组织的公共关系部能适应客观环境变化和组织工作的调整,保持高度的灵活性和应变能力。

(三)公共关系部的类型

按照隶属关系可将公共关系部分为以下类型:

1.最高领导直属型(见图 2-2)

最高领导直属型又称总经理直接负责型,这是一种比较理想的机构类型,对公共关系工作的开展最有利。这种机构类型的特点是,公关部直属于决策层,公关部部长具有直接参与决策的权利,甚至由组织主要领导兼任公关部部长,以此保证公关部在管理和决策中的突出地位及权威性。如美国第一花旗银行正是采用这种类型,由副总经理兼任公共事务部主任。

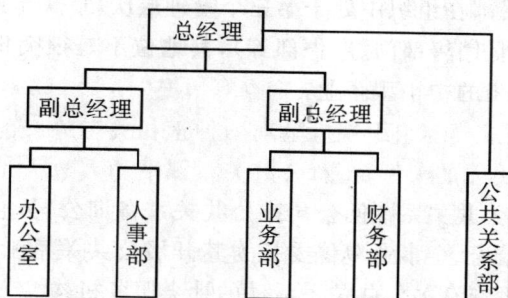

图 2-2　最高领导直属型公关部

2．部门并列型（见图 2-3）

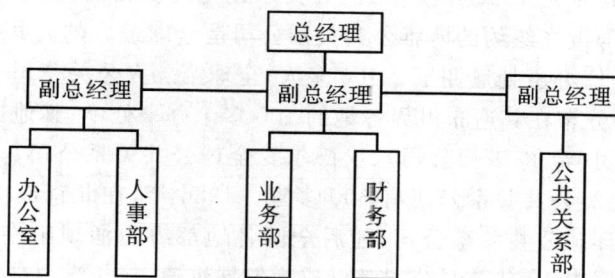

图 2-3　部门并列型公关部

　　这种机构类型的特点是组织的公关部属于第二层管理部门，与组织的其他职能部门处于同一个权力层次，有特定分工和职能，对组织的最高领导人负责。但其工作范围受到一定的限制，要成功地开展工作，必须积极地与其他部门密切配合。与其余几种类型相比，这种类型更为常见。如广州的中国大酒店公关部即属于这种类型。

　　3．部门所属型（见图 2-4）

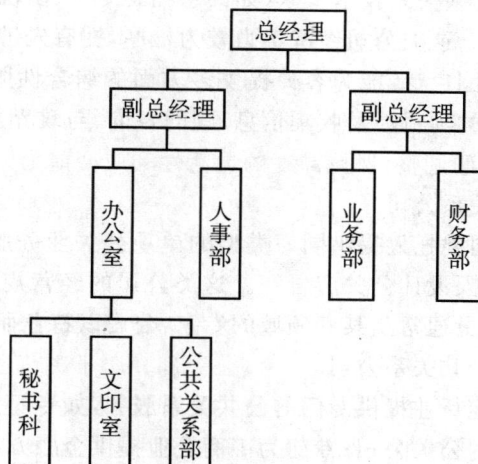

图 2-4　部门所属型公关部

在这种类型中，公关部在组织中处于第三个管理层次，隶属于第二个管理层次的某一个职能部门（如行政部门、销售部门、广告部等），其地位不是很突出。这种类型一般常见于公共关系工作刚刚起步的中小型企业。

二、公共关系公司

公共关系公司又称公共关系顾问公司或公共关系咨询公司，它是专门从事公共关系方面的有关咨询，或受政府、企事业单位委托为其开展公共关系工作提供设计方案、决策参考或直接为其策划、运作有关公共关系活动的社会服务机构。

公共关系公司是随着公共关系作为一种职业的出现而产生和发展起来的，最早的公共关系公司是"公共关系之父"艾维·李创立的公关顾问事务所，而世界上最早的以公关公司名义出现的公司则是 1920 年美国人 N. 艾尔创立的。目前，美国有 2 300 多家公共关系咨询公司。总部设在纽约的博雅公共关系公司是全球最大的公共关系公司，设在 35个国家和地区的 76 家办事处雇佣了 2 100 多人；全球第二大公关公司——尚德威克公司的 1 800 个雇员，则分布在其遍布世界各地的 100 多个办事处中；其他比较有影响的大公关公司还有伟达公司(希尔-诺顿公司)、埃德尔曼全球公共关系公司、奥格威环球公共关系公司。在英国，此类公共关系公司有 600 多家。1986 年，在北京成立了中国首家公共关系公司——中国环球公共关系公司，随后全国各地都纷纷涌现出许多公共关系公司。无论是在国外还是国内，公共关系公司都已成为发展迅速、成长潜力良好的一类服务性公司。

(一)公共关系公司的类型

公共关系公司的类型依据不同的方式可作不同的划分，从国际上看，公共关系公司大体分为三种类型。

1. 综合服务型公共关系公司

这类公关公司以分类公共关系专家(如消费者关系专家、员工关系专家、社区关系专家、媒介关系专家等)和公共关系技术专家(如民意测验专家、演说专家、出版物专家、宣传资料专家等)为主体组成。这类公司经济实力较为雄厚，拥有先进的信息收集系统和信息储存与分析系统，业务范围广泛，能为客户提供多方面的综合性服务。例如，美国博雅国际公共关系公司，其服务的项目涉及收集信息、顾问咨询、与政界及新闻代理人建立联系、广告设计、制作电视新闻等。

2. 专项服务型公共关系公司

这类公关公司为不同委托人提供同一类型的单项公关业务服务，如专门为客户进行市场调查，或专门为委托人设计公关广告等。这类公司的经营规模和业务范围都比综合服务型公关公司小，其人员通常是某一领域的专家，公司以特色而独树一帜。

3. 特定行业服务型公共关系公司

这类公关公司为特定行业提供专门的公共关系服务，如专门为工商企业服务，维护企业合法地位和良好形象的公关公司；专门为工商企业提供金融方面的服务，维护企业正当权利的金融公共关系公司等。

(二)公共关系公司的职能

公关公司的基本职能是帮助客户确立公共关系目标,通过研究,对客户进行准确的形象定位;制订并实施公共关系计划,以帮助客户改善公众形象,在公众中建立良好的信誉。在具体职能上,公关公司可为客户提供以下服务:

1.咨询诊断

咨询诊断即总体的公共关系顾问咨询,如帮助客户分析各种公关问题,为客户进行组织或产品形象研究,制定公共关系规划,为客户设计公众形象,为经营决策作参谋,提供专业化的公关顾问服务等。

2.收集信息

为客户搜集、汇编有关的信息、情报资料,如新闻剪报、市场信息、民意资料,以及各种政治、经济、金融、文化、科技等方面的资料。

3.联络沟通

制订并实施组织对内、对外沟通交流的战略性计划,协助客户与有关的公众或组织联络沟通,建立和维持良好的关系,如与政府的关系、与社区的关系、与名流的关系等。

4.策划活动

为客户策划实施各种专题公关活动,如剪彩仪式、周年庆典、联谊活动、展览会,以及与社区、文化、体育、慈善、福利等有关的大型公众活动。

5.新闻代理

为客户策划新闻传播,包括为客户撰写和制作新闻稿件组织新闻发布会等。

6.广告代理

为客户设计、制作公共关系广告,并作出广告预算、广告成本分析、广告效果检测分析等。

7.推介产品

不同于一般的产品销售广告,而侧重于推广产品的创意、形象、声誉等,为客户的产品制造有利的市场气氛。

8.礼宾服务

为客户安排、组织重要的外交活动,如贵宾和要人的访问参观、大型宴会、签字仪式等。

9.印刷及音像制作

为客户设计、编制、印刷各种文字宣传资料和纪念品,为客户制作录像带、录音带、幻灯片等视听材料,如介绍性书籍,公共关系杂志,宣传画册或活页,宣传招贴、产品或服务介绍以及代表企业标识的微商标、招牌、纪念品等。

10.培圳服务

代客户培训公关人员和传播人员,提高培训人员的公共关系理论知识和实际操作技能,如新闻报道通讯员、组织刊物的记者等。

(三)公共关系公司的职业优势

1.客观性

组织内部的公关部与组织有直接的利益关系,会有意无意地站在组织的立场去观察

公共关系:理论、实务与案例

分析问题。其结论带有主观色彩,可能会有失公允。同时,组织内部错综复杂的人际关系也可能影响公关部对具体问题的看法。公关公司对其委托客户来说是一个旁观者,能够用专业的眼光从外部公众的角度去观察和分析问题,不受组织内部主观因素的干扰。因而,他们的观察和分析更客观,更能敏锐地发现组织的问题所在,也敢于尖锐地提出来而不必瞻前顾后。

2.权威性

公关公司通常是由受过专业训练的公共关系人才和专家组成,实践经验丰富,具有明显的专业优势,其整体专业水平是一般的组织内部公关部无法比拟的。因而其建议、策划具有较强的权威性和说服力,更容易引起委托者决策层的高度重视而被采纳。

3.服务性

公关公司长期从事公共关系业务,已经建立起了多种信息来源渠道,并与社会各类公众建立了密切联系,形成了分布较广的社会关系网络。公关公司作为服务性行业,可以充分利用现代化的技术手段、广泛的信息来源渠道、优胜的人才素质等优势条件,为客户提供多功能的良好服务,充分满足客户的不同需求。

4.机动性

公关公司往往是独立经营的职业化机构,其实力相对组织内部的公关部而言一般都比较雄厚,可以根据委托者的具体情况和要求,灵活组织人力、物力和财力开展公共关系活动。特别是在委托者遇到突发事件或紧急情况时,公关公司可以临时抽调有关专业人员,组成专门的工作班子,集中力量解决问题,具有很强的机动性。

5.经济性

聘请专业公关公司的运作成本一般比组织的公关部处理公关事务要高,但如果综合起来考虑,选择公关公司还是更经济。一方面,组织维持一个公关部门的运转,同样需要支付日常费用、人员工资、办公经费等,遇到大型专题活动开支也会增加;另一方面,公关公司提供的方案往往更权威、更合理、效果更佳,其创造的收益、企业从中获得的效益也更大。因此,对那些小型组织而言,选择公关公司要比在内部常设公关部更经济。

当然,公共关系公司与组织内部的公关部相比,也有一些弱点。例如,由于公关公司是组织外的机构,对组织具体情况的了解不如公关部深刻和全面,对组织运行及管理活动的介入性差,所提方案的可行性往往会受到影响。又如,由于公关公司为委托人提供服务的时间一般不会太长,也容易存在短期效应,很难为委托人系统地制订和执行长期的公共关系计划。

三、公共关系社团

公共关系社团泛指社会上自发组织起来的、非营利性的从事公共关系理论研究和实务活动的群众组织或群众团体。主要包括公共关系协会、学会、研究会、俱乐部等组织。

(一)公共关系社团的工作内容

1.联络会员

公共关系社团的组成人员是分散于各地的,其组织上的松散性是相当明显的。因此,联络会员、发展会员就成为了公共关系社团的一项具体工作。

2.制定行业规范

制定、宣传公共关系企业或从业人员行业规范以及职业道德准则、行为准则,并检查执行情况,是社团的主要工作。由公共关系社团制定的这些准则往往更具权威性和约束性。世界各国的公共关系社团十分重视会员的道德行为,现代公共关系发展较为完善的美、英等国家的公共关系协会都制定了明确的公共关系人员职业道德准则。中国公共关系协会、中国国际公共关系协会等国内社团在制定规范方面也作出了重要贡献。中国国际公共关系协会自 1991 年成立以来,制定了《会员行为准则》和《专业公关公司服务规范》等一系列行业规范。该协会于 2003 年 3 月正式开始《公关咨询业服务规范》的起草工作。2003 年 11 月 25 日,公关公司工作委员会 2003 年度第四次工作会议正式审议通过了《公关咨询业服务规范》(指导意见),2004 年中国国际公共关系大会期间正式对外发表,2004年 7 月 1 日起正式生效。

3.研究公共关系理论

研究探讨公共关系理论方面的一些问题,往往是公共关系社团所关注的一个重要方面,通过探讨研究推动公共关系学科的不断发展。2003 年中国国际公共关系协会学术工作委员会发布"十大公关研究课题",促进了国内公关界研究公共关系理论问题的进一步深入。

4.培训人才

培训公共关系人才,促进社会成员形成自觉的公共关系意识,具备一定的公共关系知识,是公共关系社团的一项经常性工作。公共关系社团在理论和实践上都具有较高的水平,在公共关系专业培训方面也极具权威性,我国各级社团在这一方面做了许多的工作。

5.投身社会实践

为了使公共关系对经济社会的协调发展发挥重要的作用,为了在更广泛的领域推广公共关系概念,进入 21 世纪以来,中国国际公共关系协会组织公关界的专家和学者,先后参与了北京申奥、中国入世、上海申博等一系列重大活动。

(二)公共关系社团的类型

20 世纪 80 年代以来,随着我国改革开放和市场经济的不断发展,出现了各类公共关系社团。大致可分为以下几类:

1.综合性社团

综合性社团主要指不同地域的公共关系协会。1986 年 11 月,上海公共关系协会成立,成为我国第一家公共关系协会,随后各省(自治区)市陆续成立了公共关系协会。这种类型的社团多为自筹活动经费,有的是民办官助,其职能是"服务、指导、监督、协调"。

2.学术性社团

学术性社团主要包括公共关系学会、研究会、研究所等学术团体。该类社团通过举办学术研讨会和交流会;总结、研究公共关系的理论问题,把握公共关系发展的趋势和方向,及时为公共关系从业人员提供理论信息,有效地为公共关系实践进行理论指导。

3.行业型社团

行业型社团主要是指基于社会上各类行业背景而建立的公共关系组织。建立适应行业特点的公共关系组织,是国际上的一种趋势,如 1935 年美国成立的美国公立学校公共关系协会,1952 年成立的美国铁路公共关系协会等。目前,我国一些部门、行业也成立了类似的组织,如北京铁路分局公共关系协会、安徽省商业公共关系协会、浙江省新闻界公共关系协会等。

4. 联谊型社团

这是一种组织比较松散的社团,其特征是没有固定的活动方式,没有严格的会员条例,甚至组织名称也不尽相同,如公共关系俱乐部、公关沙龙、公关联谊会等。其主要作用是沟通信息、联络感情,建立良好的个人关系。1986 年 1 月成立的广东地区公共关系俱乐部是我国第一个联谊型公共关系社团。

5. 媒介型社团

媒介型社团即通过报纸、杂志等传播媒介进行联络,并以此为依托组建公共关系社团。这种社团直接利用媒介,探讨公共管理理论,普及公共关系知识,交流公共关系经验,传播公共关系信息。

第三节　公共关系从业人员

一、公共关系从业人员的职业道德

（一）公共关系从业人员的职业道德

公共关系成为一门社会职业,还是 20 世纪以来的事情,其职业道德规范正在逐步形成。

1946 年,美国公共关系协会成立后,经过五次讨论修改,通过了一项职业道德规范,名为"执行公共关系的专业水准法规"。在此基础上,又于 1954 年拟定了世界上第一部公共关系职业道德法规——《美国公共关系协会职业标准准则》。1961 年,在雅典召开的国际公共关系协会全体大会上,通过了《国际公共关系道德准则》,又称《雅典 78 则》。1978 年,在里斯本通过了欧洲公共关系行为准则,又称《里斯本准则》。1997 年 6 月,在赫尔辛基召开的世界公共关系大会上又正式签署了关于提高公共关系质量的《赫尔辛基宪章》。

1989 年 9 月,在西安召开的第二次全国省市公共关系组织联席会上,我国有关代表酝酿起草了向全国公共关系界推荐的《中国公共关系职业道德准则（草案）》。这一草案经广泛征求意见和反复推敲修改,于 1991 年在武汉召开的第四次全国省市公共关系组织联席会上通过。

参照《雅典准则》和《中国公共关系职业道德准则》,并联系近年来我国公共关系发展的实际情况,可将公共关系职业道德规范概括为以下几个方面:

1. 热爱事业,充满信心

要想成为一名优秀的职业公共关系从业人员,首先,要具有崇高的事业心,热爱公共关系事业,充满信心;其次,要不断积累专业知识,提高公共关系能力,丰富实务经验;再次,要有强烈的为繁荣公共关系事业奉献的责任感和使命感;最后,必须注意时时处处维护公共关系职业的纯洁性。

2. 廉洁奉公,不谋私利

公共关系从业人员是以树立组织良好形象、增加组织信誉为主要工作目标的。因此，在完成这一目标时，所采取的手段必须光明正大、顾全大局，从业人员要廉洁奉公，始终把国家利益、公众利益、组织利益放在首位。

公共关系从业人员大都有着比较广泛的社会交往和网络关系，经常参与各种社会活动，容易受到各种不正之风的消极影响和钱色诱惑，这就要求其时刻保持清醒的头脑，注意摆正国家、社会、集体和个人利益的关系，不谋私利。

3. 公道正派，实事求是

由于公共关系工作的特殊性，往往需要公共关系从业人员在操作上随机应变，灵活处置一些问题，但这不等于不讲原则。在重大原则性问题上，决不应该随意妥协和让步。

在公共关系活动中，公共关系人员一定要实事求是，把发生事情的原委、危机的真相如实告诉公众，不夸大，不溢美，言行一致，严禁用假话来隐瞒真实的情况。

4. 谦虚诚恳，讲求信用

陈毅元帅曾说过："九牛一毫莫自夸，骄傲自满必翻车。历览古今多少事，成由谦逊败由奢。"《论语》中说："人而无信，不知其可也。"因此，公共关系从业人员必须始终恪守谦虚诚恳、讲求信用的职业道德。

5. 礼貌团结，知错必改

个体很难独立完成一项公共关系工作，需要团队合作才能更好地完成工作。因此，公共关系从业人员应具有良好的团队协作意识，在处理纷繁复杂的公共关系时，有错必改，态度诚恳，努力树立良好的个人形象和组织形象。

6. 顾全大局，严守机密

公共关系从业人员在处理具体关系时，要做到国家利益高于组织和个人利益，局部利益服从全局利益，公众利益兼顾组织利益，集体利益兼顾个人利益；在公共关系活动中，公共关系人员要严格保守国家、组织和客户的秘密。由于开展业务的需要，在工作过程中公共关系机构会了解到客户的许多内部情况，这时必须具有保守这些业务秘密的职业道德。

（二）公共关系从业人员的职业准则

1.《国际公共关系道德准则》

《国际公共关系道德准则》是由国际公共关系协会名誉会员、法国的卢亚恩·马特拉特起草，于 1965 年 5 月 12 日在雅典召开的国际公关协会全体大会上通过的。1968 年 4 月 17 日，德黑兰全体大会对该文件进行了修改，共有以下 13 个条款。

所有成员必须竭诚做到：

第一条 为建设应有的道德、文化条件，保证人类可以享受《联合国人权宣言》所规定的诸种不可剥夺的权利作贡献。

第二条 建立各种传播网络与渠道以促进基本信息自由流通，使社会每一位成员都有被告知感，从而产生归属感、责任感、与社会合一感。

第三条 牢记由于职业与公众的密切关系，个人的行为（即使是私人方面的）也会对事业的声誉产生影响。

第四条 在自己的职业活动中尊重《联合国人权宣言》的道德原则与规定。

第五条 尊重并维护人类的尊严，确认各人均有自己作判断的权力。

第六条　促使真正进行思想交流所必需的道德、心理、智能条件的形成,确认参与的各方都有申诉情况与表达意见的权力。

所有成员都应保证：

第七条　在任何时候、任何场合,自己的行为都应赢得有关方面的信赖。

第八条　在任何场合,自己都应在行动中表现出对他所服务的机构和公众双方的正当权益的尊重。

第九条　忠于职守,避免使用可能引起误解的含糊语言,对目前及以往的客户或雇主始终忠诚如一。

所有成员都应力戒：

第十条　因某种需要而违背真理。

第十一条　传播没有确凿依据的信息。

第十二条　参与任何冒险行动或承揽不道德、不忠实、有损于人类尊严与诚实的业务。

第十三条　使用任何操纵性方法与技术来引发对方无法以其意志控制因而也无法对之负责的潜意识动机。

2.《中国公共关系职业道德准则》

《中国公共关系职业道德准则》于 1991 年 5 月 23 日在第四次全国省市公关组织联席会议上通过。

该准则共有以下内容：

总则

中国公共关系事业的发展是中国改革开放的必然趋势,它以新型的管理科学协调社会各方面的关系,密切党和广大人民群众的联系,调动各种积极因素,维护安定团结,促进社会主义建设。因此公共关系工作者肩负着时代的使命。公共关系工作者必须具有高尚的职业道德作为完善自身形象的行为准则。

条款

第一条　公共关系工作者应当坚持社会主义方向,自觉地遵守我国的宪法、法律和社会道德规范。

第二条　公共关系工作者开展公关活动首先要注重社会效益,努力维护公关职业的整体形象。

第三条　公共关系工作者在公共关系活动中,应当力求真实、准确、公正和对公众负责。

第四条　公共关系工作者应当努力提高自己的政治水平、文化修养和公关的专业技能。

第五条　公共关系工作者应当将公关理论联系中国的实际,以严肃认真、诚实的态度来从事公共关系学教育。

第六条　公共关系工作者应当注意传播信息的真实性和准确性,防止和避免使人误解的信息。

第七条　公共关系工作者不能有意损害其他公关工作者的信誉和公关实务。对不道德、不守法的公关组织及个人予以制止并通过有关组织采取相应的措施。

第八条　公共关系工作者不得借用公关名义从事任何有损公关信誉的活动。

第九条　公共关系工作者应当对公关事业具有高度的责任感。不得利用贿赂或其他不正当手段影响传播媒介人员真实、客观的报道。

第十条　公共关系工作者在国内外公共关系实务中应该严守国家和各自组织的有关机密。

附则

本准则将根据实际情况予以调整和修改。其解释、修改、终止权属全国省市公关组织联席会议。

二、公共关系从业人员的基本素质

所谓公共关系从业人员的基本素质,是指从事公共关系工作的人员的气质、性格、兴趣、风度、学识和公关意识等方面的综合品质。它是公共关系人员个性特征的总和,是一种对高度综合性能力的概括。

(一)公共关系从业人员的基本要求

1. 和善的性格,稳定的情绪

性格是一种表现人的态度和行为方面的较稳定的心理特征。和蔼可亲、与人为善的性格有利于创造和谐的人际关系氛围,为公共关系工作的开展打下了坚实的基础。在与人交流中,要富有感染力和亲和力;沟通不畅或出现不快时,要有顽强的意志力和忍耐心,并善于与人周旋,尽量让对方愉快地接受你,即使对方有过错于你,也不要恼怒,更不要拿别人的错误来惩罚自己。总之,情绪乐观、性格外向的人比情绪急躁、性格内向的人更适合做公共关系工作。在美国,成功的公共关系人员中,外向型与内向型性格之比为 9∶1。有人曾说过"性格就是命运"、"情绪就是结局",这是不无道理的。

2. 高尚的品德

公共关系,是一个很敏感的职位,由于其职位的特殊性,使得公共关系人员对企业的情况比常人要了解多一些,有些还涉及企业的机密。因此,良好的职业操守、高尚的品德对于公共关系人员来说十分重要,这也是考核一个公共关系人员是否合格乃至优秀的标准。公共关系人员的高尚品德主要体现在实事求是、言而有信,公正无私、一视同仁,顾全大局、光明磊落等方面。优秀的公共关系人员,知道如何把握分寸,对企业保持忠诚,即使离开企业也应该遵循一个经理人的职业操守。

3. 良好的心理素质

它包括自信的心理、热情的心理、开放乐观的心理、渴望成功的心理等。

法国哲学家卢梭说过:"自信心对于事业简直是奇迹,有了它你的才智可以取之不尽,用之不竭。一个没有自信心的人,无论他有多大才能,也不会有成功的机会。"公共关系是一项创造性的劳动,充满自信的公共关系人员可以凭借自己的聪明才智和毅力最终将灵感变为现实的方案,取得公共关系活动的成功。

自信是对公共关系从业人员心理素质的基本要求。一个人有了自信,才能激发出极大的勇气和毅力,创造奇迹;而缺乏自信心的人,容易错失许多好机会。从事公共关系工作的人员在与人交往的过程中，必须热情洋溢、真诚而又有礼貌，热情的态度可以使对方感受到你的诚意、友好和礼貌，为顺利开展交往打下良好的基础。

公共关系工作是一项开放型的工作，从事这种工作的人需要有一种热情开放、兼收并蓄的心理，这样才能在工作中不断接受新事物、新知识、新观念，大胆创新，锐意进取。同时，公共关系工作又是一种复杂多变的工作，只有公共关系人员拥有渴望成功、不怕困难挫折的心理，从容面对，才能最终创造出奇迹。

4. 坚忍的意志

意志是人们自觉确定目的，并以此支配和调节自身行动，克服各种困难，实现目的的心理活动。公共关系活动是一项复杂的智力活动，是组织与组织之间、人与人之间思想、心理的较量，组织公关目标的实现总是需要排除障碍、克服困难，所以公共关系人员必须自觉地用坚韧克服脆弱，用自制力克服冲动性，用果断性克服优柔寡断、草率和马虎。只有具备坚忍的意志，才能以充沛的精力去排除万难，探索前进，实现公关目标。

(二)公共关系从业人员的公关意识

公共关系意识是公共关系从业人员应具备的基本素质的核心，是个人或组织对公共关系的本质属性、特征、作用及活动规律方法等形成的理性认识和概括性见解，是公共关系实践在人们思维中的反映。它属于一种现代经营管理思想、观念和原则，一旦形成就会成为影响人们公共关系行为的一种力量。

1. 塑造形象意识

它是公共关系意识中的核心意识，是公共关系意识的综合体现。在现代社会中，良好的形象是组织的无形资产，因此，公共关系人员必须具有极强的形象塑造意识，平时注意搜集和了解组织在公众中的知名度和美誉度，善于分析总结影响组织形象的各种要素，并通过有效的公共关系活动，向广大公众介绍组织的方针、政策和活动等，加强与公众间的沟通，以形成对组织有利的社会舆论。

麦当劳的经营哲学与愿景是致力达到麦当劳"百分之百顾客满意"的目标。麦当劳的经营哲学在质量方面是为保证高档的食用标准，麦当劳与优秀的供应商建立联系，选用上乘的原料，配合严格的制度控制和检验，单是牛肉饼就经过40次的质量检查，所有麦当劳食品在送到客户手中之前，都必须经过一系列周密的品质保证系统；在服务方面，快速、友善、可靠的服务是麦当劳的标志，每一个员工都以达到"百分之百顾客满意"为基本的原则；在清洁方面，从厨房到餐厅门口的人行道处处都体现了麦当劳对清洁卫生的注重，顾客在麦当劳能享受到干净、舒适、愉悦的用餐环境；在价值方面，物有所值是麦当劳对顾客的承诺，在麦当劳既可享用到健康食品，亦可享有合理的价格保证，使顾客深深感到麦当劳是一个好去处。麦当劳的愿景是成为具有世界最佳用餐经验的快速服务餐厅。对麦当劳而言，"最佳"意味着其品牌在全球得到信赖和尊崇；对顾客而言，"最佳"意味着在世界的任何地方，每一次光临麦当劳都能享受出众的品质、服务、清洁和物有所值，并且能够获得好心情；对社区而言，"最佳"意味着社区因为有麦当劳的存在而感到骄傲；对持牌人而言，"最佳"意味着有成功的把握，可以获得财富，并与麦当劳成为高度合作的伙伴；对员工而言，"最佳"意味着机会、奖励、全球性的发展及有意义的工作；对供应商而言，"最佳"意味着让他们有信心投资，相信他们能与麦当劳一起得到利润的增长，并和麦当劳成为业务的伙伴;对股东而言,"最佳"意味着发展和获利,并能在这个行业中得到最好的回报;对联合伙伴而言,"最佳"意味着与全球最优秀的组织合作。麦当劳的诸多做法旨在塑造自己的形象。

2.服务公众意识

公众是组织发展的基础,公共关系工作的任务是处理好组织与社会公众的关系,为组织创造一个良好的社会关系环境。因此,合格的公共关系人员,应该把服务公众意识作为从事公共关系活动的指导原则,在所开展的日常工作、专项活动中,把公众利益放在首位,并根据不同的公众和不同的利益要求,选用相应的传播方式和沟通渠道。

日本有一家中等规模的电子公司,总部设在东京,而分部和生产区却设在距离东京515公里的大阪。为此,按照惯例,公司每天都安排公关人员负责购买专线车票,为与该公司有业务往来的客人提供交通上的方便。德国人汉森是每天享受这种方便的外商之一。有一天,在多次坐过从东京到大阪的专线列车以后,汉森忽然发现:自己每一次去大阪,公关人员给他安排的座位都是靠右边窗户的,而返回东京的时候,则都是靠左边窗户的。起初,他并没有在意,还以为这是偶然的巧合,后来经公关人员证实不是巧合之后,他心里似乎有点想不明白了。这时候,公关人员微笑着告诉他:"这是公司特意为您安排的,因为在这边的座位上,您作为客人来回都能够看到咱们这儿最美丽的风景——富士山。当然,每天让您多看一遍富士山,是为了让您能够深深地记住这个地方,记住咱们的电子公司。"

每天多看一遍富士山,成了汉森在日本生活、工作期间最为感动,也是他印象最深刻的一件事。这种感动也使得这家日本公司得到了丰厚的回报——后来,汉森把他原计划在日本的投资追加了整整一倍。

3.真诚互惠意识

"与自己的公众共同发展"是组织开展公共关系工作的原则之一,也是组织是否真诚对待公众的试金石。因此,公共关系人员只有真诚面对公众、考虑公众的利益,才能达到组织与公众互利互惠的结果。一位名叫基泰丝的美国记者,在日本东京的奥达克余百货公司买了一台索尼牌唱机,准备作为见面礼送给在东京的婆家。回到住所,基泰丝开机试用时,却发现该机没有装内件,因而根本无法使用。她不由得火冒三丈,准备第二天一早就去"奥达克余"交涉,并迅速写好了一篇新闻稿,题目是《笑脸背后的真面目》。第二天一早,基泰丝在动身之前,忽然收到"奥达克余"打来的道歉电话。50分钟以后,一辆汽车赶到她的住处,从车上跳下"奥达克余"的副经理和提着大皮箱的职员。两人一进客厅便俯首鞠躬,表示特来请罪。除了送来一台新的合格的唱机外,又加送蛋糕一盒、毛巾一套和著名唱片一张。接着,副经理又打开记事簿,宣读了一份备忘录,上面记载着公司通宵达旦地纠正这一失误的全部经过。

原来,当售货员发现错将一个空心样机卖给了顾客,就立即报告公司警卫迅速寻找,但为时已迟。此事非同小可,经理接到报告后,马上召集有关人员商议。当时只有两条线索可循,即顾客的名字和她留下的一张"美国快递公司"的名片。据此,奥达克余公司连夜开始了一连串无异于大海捞针的行动:打了32次紧急电话,向东京各大宾馆查询,没有结果。再打电话问纽约"美国快递公司"总部,深夜接到回电,得知顾客在美国的父母的电话号码。接着又打电话去美国，得知顾客在东京婆家的电话号码。终于弄清了这位顾客在东京期间的住址和电话，这期间的紧急电话，合计 35 次！

这一切使基泰丝深受感动。她立即重写了新闻稿，题目叫作《35 次紧急电话》。此案例充分反映了公共关系人员真诚对待公众所获得的互利互惠的结果。

4.沟通协调意识

沟通协调意识实际上是一种信息意识，通过沟通可获得必要的信息，在现代社会，有价值的信息就是财富。通过沟通，可以达到信息交流的目的。

5.创新意识

创新是一个民族进步的灵魂，是国家兴旺发达的不竭动力。任何一个组织只有创新才能发展，所以，一定要有创新意识，创新能力才能发挥出来。牛顿因为苹果落地，发现了万有引力；瓦特因为水蒸气鼓起了壶盖，发明了蒸汽机。正是因为有了创新意识，才有了创新结果。

有一家效益相当好的大公司，为扩大经营规模，决定高薪招聘营销主管。广告一打出来，报名者云集。面对众多应聘者，招聘工作的负责人说："相马不如赛马，为了能选拔出高素质的人才，我们出一道实践性的试题——想办法把木梳尽量多地卖给和尚。"绝大多数应聘者感到困惑不解，甚至愤怒："出家人要木梳何用？这不明摆着拿人开涮吗？"于是纷纷拂袖而去，最后只剩下三个应聘者：甲、乙和丙。负责人交代："以 10 日为限，届时向我汇报销售成果。"

10 日到。负责人问甲："卖出多少把？"答："1 把。""怎么卖的？"甲讲述了历尽的辛苦，游说和尚应当买把梳子，无甚效果，还惨遭和尚的责骂，好在下山途中遇到一个小和尚一边晒太阳，一边使劲挠着头皮。甲灵机一动，递上木梳，小和尚用后满心欢喜，于是买下一把。

负责人问乙："卖出多少把？"答："10 把。""怎么卖的？"乙说他去了一座名山古寺，由于山高风大，进香者的头发都被吹乱了，他找到寺院的住持说："蓬头垢面是对佛的不敬。应在每座庙的香案前放把木梳，供善男信女梳理鬓发。"住持采纳了他的建议。那山有十座庙，于是买下了 10 把木梳。

负责人问丙："卖出多少把？"答："1 000 把。"负责人惊问："怎么卖的？"丙说他到一个颇具盛名、香火极旺的深山宝刹，朝圣者、施主络绎不绝。丙对住持说："凡来进香参观者，多有一颗虔诚之心，宝刹应有所回赠，以做纪念，保佑其平安吉祥，鼓励其多做善事。我有一批木梳，您的书法超群，可刻上'积善梳'三个字，便可做赠品。"住持大喜，立即买下1 000 把木梳。得到"积善梳"的施主与香客也很是高兴，一传十、十传百，朝圣者更多，香火更旺。

把木梳卖给和尚，听起来真有些匪夷所思，但不同程度的创新意识，不同的推销术，却有不同的创新结果。

6.立足长远意识

公共关系是追求组织的长远利益，组织形象的塑造并非一日之功，一切活动都要从长远考虑，长期合作，尽量减少过于商业化或者商品促销的短期行为。

（三）公共关系从业人员的知识素质

1.公共关系的基本理论和实务知识

公共关系的基本理论主要包括公共关系的基本概念、职能、历史,公共关系的三要素等。公共关系的实务知识主要包括公共关系活动中的开放参观、展览展销、记者招待会、赞助、庆典等,公共关系调研、策划、实施与评估等。

2. 与公共关系密切相关的学科知识

作为一门独立的科学,公共关系与很多学科知识关系密切、相互渗透,如管理学、经济学、社会学、心理学、市场学、广告学、新闻学、传播学组织行为学、国际关系、对外贸易、人文学科、自然科学、外语等。公共关系人员学习相关学科知识,有助于在复杂多变的社会关系中处理好公共关系的各项事务。

3. 有关组织的知识和开展特定公共关系工作所需的专业知识

(1)公共关系理论知识。如公共关系的基本概念、历史沿革、结构与功能、过程、基本要素及相互关系,公共关系的规划、社会责任和职业道德,公共关系的传播理论、媒介理论和社会舆论的研究等。用公共关系理论知识指导实践活动,有助于克服盲目性,增强自觉性,在工作中少走弯路。

(2)公共关系技术应用知识。如公共关系实务中的公共关系调查、策划、项目实施、方案评估、专门活动,公共关系的技巧及方法等。公共关系技术知识的掌握和熟练运用,是完成公共关系任务的重要保证。

(3)公共关系操作性学科知识。如广告学、写作学、演讲学、社会调查学、计算机应用与社交礼仪知识等。操作性学科知识有助于提高公共关系人员的实际工作能力。

4. 公共关系人员的知识结构应是具有时间概念的开型结构

公共关系人员的知识结构方面,纵向知识要有深度,横向知识要有广度,纵向知识和横向知识之间要有紧密联系,并且所掌握的知识要及时更新、与时俱进,具有时间概念。

(四)公共关系从业人员的身体素质

身体素质包括体力素质和脑力素质。公共关系工作中繁忙的外事活动和内部沟通协调,要求公关人员要有健康的体魄、充沛的精力和敏捷的思维,才能胜任公关工作。公关人员要保持健康的身体,需要有良好的心态和生活习惯,坚持锻炼身体,善于用脑,勤于思考。

三、公共关系从业人员的专业能力

知识是能力的基础与条件,但是绝不能因此而互相替代。能力是知识与实践经验相结合的产物,也是现代公关人员出色完成公共关系任务的必备条件。作为一名现代意义上的公关人员,应当具有的能力是一系列彼此关联的技能结构所决定的。综合国内外各大知名公司、企业等组织对公关人员能力素质的要求,我们认为,公共关系人员应具备的能力有以下 8 种。

(一)表达能力

能说会写是公共关系工作对公共关系人员的最基本要求,即书面文字表达和口头语言表达。公共关系人员要编写宣传材料、撰写新闻稿件、编写组织刊物、为领导撰写演讲稿、起草活动方案、撰写年度报告或工作总结等。在众多的场合需要公共关系人员阐述自己的观点、介绍组织的概况或论证某一个项目等,这些工作都要求公共关系人员具有扎实的文字功底和口头表达能力。此外,公共关系人员还要具有形体语言表达能力,形体语言表达又称人体语言或动作表达,即通过动作、体态、表情向公众传达信息,是一种无声的语言。形体语言通常影响到整体表达效果,运用得体的话能够加强和丰富所要表达的内容,收到书面语言难以起到的效果。公共关系人员要善于根据不同的场合和目的,恰当地运用形体语言,加强公共关系传播的沟通效果。

(二)组织能力

公共关系人员的工作就是开展各种公共关系活动,如各种纪念活动、庆典活动、记者招待会、联谊会、商品展览会和日常的接待、整理资料、传播信息等工作。在策划一项公共关系活动时要深思熟虑、精心准备,制订周密的计划、措施,设想可能发生的各种情况,在每一个环节中,公共关系人员都需要参与其中,因此,组织能力是公共关系人员从事公共关系活动的重要保证。

(三)社交能力

公共关系人员大量的工作内容是直接面对各方面、各类型的社会公众,迅速建立双向的有效沟通,赢得好感、认同与合作。公共关系的建立和维护要依靠人际间的交往来完成,这就要求公共关系人员必须具备较强的社交能力。社交能力既是一个人多方面综合能力的表现,又是通晓各种社交场合礼仪规范的体现。

(四)创新能力

公共关系工作在某种程度上讲就是以变促变,成功的公共关系活动是不会完全一样的。只有不断推出富有想象力、别具一格的新颖活动方案,才能使组织或一鸣惊人、或化险为夷、或出奇制胜。有一句古话叫"一个和尚挑水吃,两个和尚抬水吃,三个和尚没水吃",三个和尚没水吃,说明人多反而不如人少。如今,这个观点过时了。现在的观点是"一个和尚没水吃,三个和尚水多得吃不完",原因是人多力量大,人多有创新。

有三座庙,这三座庙离河都比较远。怎么解决吃水问题呢?第一座庙,三个和尚商量,咱们搞个接力吧,每人挑一段。第一个人从河边挑到半路,停下来休息。第二个人继续挑,然后传给第三个人,挑进缸边灌进缸,空桶回来再接着挑。这样一搞接力,就能从早到晚不停地挑,大家都不太累,水缸很快就满了。这种协作的办法可以叫"机制创新"。

第二座庙,老和尚把三个徒弟叫来说:"我们立下了新的庙规,引进了竞争机制。你们三个人都去挑水,谁水挑得多,晚上吃饭加一道菜;谁水挑得少,吃白饭,没菜。"三个和尚拼命去挑,一会儿水就满了。这个办法可以叫"管理创新"。

第三座庙,三个小和尚商量,天天挑水太累,咱们想办法。山上有竹子,把竹子砍下来接在一起,竹子中心是空的,然后买一个辘轳。第一个和尚把水桶摇上去,第二个和尚专管倒水,第三个和尚在地上休息。三个人轮流换班,一会儿水就灌满了。这叫"技术创新"。

同样是三个和尚,没有创新时没水喝,有了创新,就有喝不完的水。

(五)应变能力

公共关系人员在工作中一定要机警灵敏,可以应付随时可能发生的事件。对于有损于组织形象的偶发事件的处理,是组织能否走出危机、继续生存下去的关键。因此,公共关系人员的应变能力十分重要。应变能力还体现在公共关系人员在组织发展的不同时期,能及时有效地调整策略和措施。如在组织顺利发展时,公关人员能认清形势,进一步提高组织的影响力和扩张力;在组织遇到障碍时,公关人员要保持清醒头脑,并设法及时排除障碍,使组织继续前行;在日常的公关活动中,每遇到临时性或突发性问题,公关人员必须临危不惧,保持冷静,及时采取应对措施,从而保证公关活动目标顺利实现。

（六）健全的思维和谋划能力

公共关系活动的有效性,依赖于公共关系策划的可行性,而这一点,就需要公共关系人员必须具备健全的思维和谋划能力。

（七）敏锐的观察能力

公共关系工作复杂多变,时机稍纵即逝。因此,公共关系人员必须具有敏锐的观察能力,才能把握好处理公共关系的时机。敏锐的观察能力的培养需要公关人员在日常工作中对工作、对生活、对人、对事的观察和思考,并进行总结。在今后的工作中,如果遇到类似问题,就能及时从不同角度观察思考问题。

（八）果断的分析和判断能力

在从事公共关系工作时,经常会遇到一些棘手问题,这就需要公共关系人员具有较强的分析判断能力,使看似复杂的问题在通过理性思维的梳理后,使之简单化、规律化,从而自如地应对。

四、公共关系从业人员能力培养

（一）选拔公共关系人员的原则

1.任人唯贤

组织在选拔公共关系人员时,要按需设岗,按照岗位的要求,根据任人唯贤的原则,通过严格的考核选拔最合适的人选,向其提出高标准的要求,从而使他尽力做好工作,发展自身。

2.重视能力

《韩非子》中说:"如子之言,我且贤之用,能之使,劳之论。"此话意思是讲用人要凭德才。组织在选择公共关系人才时,眼界应该放宽一些。在面向社会招聘公共关系人才时,要把那些有志从事公关工作、德才兼备的人招收进来。同时,在组织内部现有的工作人员中,确有出类拔萃、能胜任公关工作的人,人事部门应该给他们提供施展才干的条件和机会,使其充分发挥自己的才能。组织应该通过多种途径,选择能人,优化组合,组成自己的公共关系部门。

3.用人之长

领导者用人不要怕他有缺点,要把眼光放在人之所长上,只要他在某一方面有专长或特殊才能,并能为己所用,就应任用。当然用全才最理想,但人世间到哪去找全才,有专长的人能用上就很幸运了。一个高明的领导者不一定是最有智慧的人,但必须是善于吸收和利用他人智慧的人。用人艺术是领导者实施领导职责时必须掌握的领导艺术。用人艺术中首先要求正确理解"人才"的内涵,应认识到"人无完人"、"金无足赤"的客观性,做到用人不求全责备,应用其所长,避其所短。用人之先在于识人,只有知人,才能善任。

(二)公共关系人员的培养途径

1. 院校教育

学生通过在校系统地学习公共关系及相关学科的理论,通过实际工作技能的培训以及参加各种各样的公共关系实践活动,能较快地适应和较好地从事公共关系的理论研究和实务工作。

院校教育的优势在于课程设置有较强的系统性、科学性,公共关系专业毕业的学生,能够全面掌握公共关系学有关知识,毕业后能够直接从事公共关系理论研究及实务工作;其劣势在于公共关系实践活动安排较少,学生掌握的公共关系实践知识少。

2. 社会教育

(1)系统培训

系统培训由高校、企业或行业组织(如公共关系协会)等举办,时间长短不一,有半个月、一个月、半年等。培训对象是公共关系部门的骨干或具备了公共关系基本素质的从业人员;培训目标是适应并熟练掌握较为复杂的公共关系活动;培训方法以系统学习公共关系学的专业知识和相关知识为主;培训课程可以参考本科教学中专业基础教育课程和相关知识教育课程,从中选择适合培训目标和要求的课程。

(2)短期培训

短期培训由综合性高等学校或其他教育单位承办,培训时间多为半年。培训对象为具有一定实践经验但理论基础薄弱的公共关系人员;培训目标是加强理论知识学习,完善业务能力;培训方法采用密集型教育法,主要学习公共关系学的专业知识,主要进行专题讲座或报告。

(3)聘请专家、学者指导

聘请公共关系专家来单位指导和咨询,帮助解决公共关系工作中的疑难问题,对公共关系人员进行业务实际辅导和点拨。

任何公关人员都不可能具有天生的能力素质,都需要后天的培养和锻炼。任何公关人员都必须自觉地提高自身素质,而提高素质的根本途径就是通过院校教育和社会教育,自身不断学习、更新知识和勇于实践。在知识经济时代,知识就是财富、知识就是力量,科技飞速发展,知识推陈出新,作为公关人员必须不断充实自己、更新知识。知识浩如烟海,学习哪些知识必须明确。人生必读的书有三类,一是指导性理论类书籍,二是谋生性技能类书籍,三是生活性修养类书籍,要明确哪些书先学、哪些书后学、哪些书暂不用学、哪些书深学、哪些书浅学。要根据自己所从事的具体工作来确定内容和阅读顺序。

3. 勇于实践,积累经验

知识是能力的基础,但知识本身不是能力,从知识到能力有一个转化过程。实践是其转化的中间关键环节,把从书本及间接学来的知识,在实践中应用、总结,这时发挥的能力是对原有知识的深化和再创造。领导者在这种转化过程中,不断找到事物发展的规律,从而使领导能力不断得到提高,如图2-5所示。

总之,对于公关人员来说,学习和实践是无止境的。只有通过不断学习、不断实践,才能使认识得到螺旋式上升,使公关能力不断得到升华,人性得到完美发展,从而有效地提

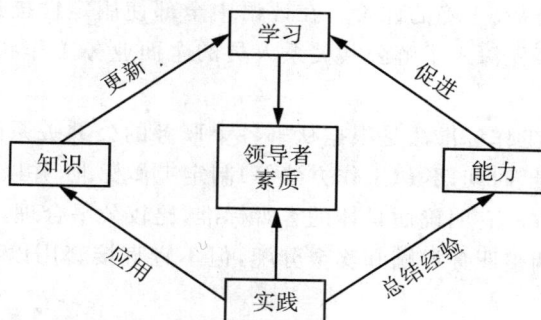

图 2-5 领导者素质提高模式

高自身素质。

(三)公共关系人员的考评

公共关系从业人员的考核是指专门的公共关系组织机构(各类公司)对其成员的考核以及社会组织对本单位公共关系人员的思想品德、职业道德、工作作风、工作态度、业务水平、工作能力、工作绩效等进行的全面评价。

1.考核内容

对公共关系人员的考核内容有德、能、勤、绩四个方面。

德,指的是公共关系人员的思想素质、政策水平、服务态度等。是否遵守国家政策、法律法规;是否具有积极的人生观、世界观等;是否具有高尚的思想品质、情操来处理人际关系,在行为中恪守社会公德;是否遵守公共关系行业特定的职业道德规范和准则。

能,即公共关系人员完成各种公共关系专业性活动的能力,包括知识水平、业务水平、表达能力、交际能力、组织能力、应变能力等。

勤,主要考核出勤率、责任感、积极性、纪律性等。

绩,是指考核其工作的数量及质量,即岗位责任制规定的工作完成情况。

德、能、勤、绩四个方面密切相关,在考核过程中,要以工作实绩为主,考核项目和侧重点根据考核目的和对象不同而有所选择或偏向。

2.考核的方法

对公共关系人员考核的方法有多种,关键取决于考核的目的。在考核中要坚持科学性原则,要做到客观、公正、全面。常见的方法有:

(1)分级法。即将公共关系人员按工作成绩进行最优至最劣的排序,可设立五个等级:优、良、中、差、劣。对排在最"优"的可以给予奖励,对最劣的进行处罚。

(2)量表评定法。即以一种标准化的等级量表为工具,采用组织评、群众评、自己评等多种途径,对公共关系人员进行全面评定的方法。其优点是评定项目设计严格,定义明确,计量方法统一合理,评定结果既可以反映一个人的实际水平,又可以进行相互之间的比较。这种方法是根据各考核要素把所有的被考核者分别按两两一组的方式进行比较,并判断每组的优者和劣者,然后综合其结果得出最终序列和成绩。这种方法操作较为烦琐,而且不能真正完整地反映公共关系人员的全貌。

(3)评语法。其特征是采取多种方法征求有关人员对被考核人员的意见,并组织进行分析、讨论,最后作出公平、正确的评价。在评语中全部使用定性描述,不进行定量描述。在评语法中关键是要事先深入了解公共关系人员的全面业务工作状况,以避免评议结果的片面性和主观性。

(4)工作标准法。工作标准法是根据从事各个职务的公共关系人员的各项具体要求(包括工作的质量、数量、时间期限、工作方法等)制定工作标准,并以此标准去衡量公共关系人员的优劣。这种方法有明确而具体的客观标准,比较公平合理,特别适合考核工作成绩。这一方法适用于调整职务津贴和奖金分配,但不宜直接套用以决定公共关系人员的晋升和调配。

(5)考试法。通过笔试和口试形式,考查公共关系人员的专业理论、技术知识水平。

(6)清单法。即事先拟就一份考核清单,以明确的评语与被考核者的工作实际相对照,让考核者选择。考核者只要打钩或打叉,即可填好清单,方便易行。分析统计后得出最终结果,以定优劣。

除上述方法外,公共关系人员的考核方法还有很多,如行为锚定评分法、因素评级法等。各种方法都各有优劣,而且考评的侧重点也不尽相同。因之,要有的放矢,有选择地运用考评方法。

案例讨论

案例一:宝洁绿色宣言　美誉和销量双收

项目主体:P&G(宝洁)

项目执行:北京福莱希乐国际咨询传播咨询有限公司

P&G是一家拥有众多优质品牌的全球知名公司,产品范围广泛——从美容、时尚到健康、家居,以优质超值的产品和服务,美化全球消费者的生活。170年来,可持续发展的承诺一直是P&G企业核心价值观的重要组成部分,除了开发可持续创新产品、改善运营的环境状况之外,P&G还通过各种企业社会责任活动来提高人们的生活质量、关爱地球环境。

P&G整合旗下的多品牌产品资源,不仅可以满足消费者的全面需求,更是经营一种健康的生活方式。作为一种创新的市场销售模式,P&G的多品牌整合营销,已经取得了市场的高度关注与认可。而今天,随着人口和财富的激增,有限的地球资源已经难以满足人们日益增长的需求。于是,可持续发展成了应对有限资源的重要措施。有调研显示,当代消费者的消费趋势越来越"绿色化"。绿色消费,也称可持续消费,不仅仅是一种时尚潮流,更演变成一种生活方式,深入生活的每个细节。

2009年夏天,P&G将可持续发展的企业责任、多品牌产品的卖点和"绿色"生活方式紧密结合在一起,使消费者在了解"绿色、环保"理念的同时提升其对P&G宝洁系列产品和品牌的关注度和美誉度。

丰厚的绿色土壤

在全球"节能减排"的号召下,消费者的环保意识有了很大提高。随着世界环保运动的兴起,现代消费者的环保意识日益增强,甚至在消费趋势上也向绿色化发展。在中国,

"限塑令"的公布和种种绿色主题活动的普及,为"绿动中国"项目的广泛推广提供了良好的环境与契机。而且很少有公司可以像P&G这样拥有众多优质的品牌和丰富的产品线来满足消费者生活方面的需求。

P&G以"环保"为主题进行新一季的多品牌整合营销推广,将旗下各品牌包装环保以及使用天然成分为配方的产品进行整合销售,对于消费者来说,可以有更多的选择,对于经销商来说,也会有更多的生意机会,是个多赢的销售模式。不过,本该是项目优势的丰富产品线很可能会成为项目的劣势,由于产品线复杂,传递信息难以清晰。而且在中国,绿色话题虽然受到全民重视,但是冠以"绿色"的各种主题活动五花八门,一方面,公众越来越关注环保,积极响应环保号召,但另一方面,如何让"绿色中国"活动能更具权威性、更有新意、更吸引消费者的广泛关注与参与成为项目成功的关键。

创新绿色话题

然而,绿色话题不再新颖,环保活动难以创新,唯有更具号召力,更便于参与的行动,才能吸引更广范围的人群,为了将不再具有新意的"绿色"活动在全国范围内引发新的热潮,P&G充分借用"中国环保女王"周迅与联合国开发计划署的权威号召力,实现最大化的媒体传播计划,并设计线上、线下的消费者活动,实现传播的多元化,以此调动公众的参与和关注。在传播策略上,我们生动讲述了P&G绿色赠品回报绿色自然的故事。除了为消费者提供绿色产品外,P&G还制作了6大类绿色赠品,涉及方便饭盒、刻度水壶、脏衣篮等品类。500万绿色赠品的发放,可为改善绿色环境做出贡献。此外,在第一时间建立了"绿动中国"主题网站(ibeauty.pg.com.cn),该网站以"绿动中国,没你不行"为主题,借用周迅的影响力,邀请她亲自发出绿色邀约,并设立"24小时绿色行动",鼓励消费者每天记录所做的环保小事,同时还重点推出"普通人的绿动环保梦想"栏目,征集创意环保方案,颁发"环保梦想奖金",用以实现环保梦想。

此外,我们与权威合作方达成共识,并按照活动开展的不同阶段,与重要合作伙伴展开相关营销活动,通过清晰到位的传播方法,最大限度、最广范围地吸引大众的关注与参与。在传播战术上,层层推进,根据线上、线下活动同步进行的重要时间节点,将持续4个月的活动,围绕2次地面活动有序开展,使第一轮启动活动、第二轮深化主题活动及后续传播活动围绕一个共同主题——"联合国开发计划署与周迅'OUR PART 我们的贡献'项目携手宝洁——绿动中国"有序的推进。

开启绿色梦想

P&G在经营消费者精致生活的同时,更注重经营人与人之间的情感。共通的环保理念使得宝洁与联合国开发计划署与周迅"OUR PART 我们的贡献"携手,共同发起历时四个月的"绿动中国"大型环保活动。这次活动也是周迅的环保项目"OUR PART 我们的贡献"第一次与世界500强公司在全国范围内发起的大规模深入合作。

2009年7月13日,在广州沃尔玛总部举行的"绿动中国活动"启动仪式上,P&G、沃尔玛、联合国开发计划署、周迅分别提交自己的绿色成绩单,承诺在"绿动中国"活动中将实现的环保举措,并共同启动"绿动中国"活动。以P&G为例,自2009年6月15日起在宝洁办公区将不再提供一次性纸杯,一年共少使用40万个纸杯。所有参与的合作方均做出各自的承诺。

周迅在此次活动中，不是传统意义上的明星，而是真正的环保倡导者，在当天，不仅亲自发出"绿色邀约"，宣布自己在为期4个月的活动中将承诺实现的环保小举措，更亲身解读"小举动大不同"的意义，分享自己的环保生活小贴士。最为难得的是，周迅坚持与普通消费者亲密接触，来到超市收银台亲自鼓励并肯定他们的正确环保行为。

2009年9月4日，在上海TESCO乐购的"绿动中国"启动倒计时仪式上，P&G、乐购、周迅分别以数字直观介绍在2个月的活动当中所取得的绿色成绩。周迅的绿色成绩为"960&3"，960这个数字代表的是从2008年5月到2009年9月，一共16个月的时间，按照每月30天，每天节约两双筷子计算，她一共节约了960双一次性筷子。3这个数字代表的是每次洗澡前节约用水的量。放洗澡水的时候，周迅都会用水桶把冷水接起来，每天节约3升水，一个月就是90多升。她的真实分享，进一步强化了主题，并吸引更多人关注身边的环保小事。

在绿动中国官网上线2个月后，即有超过2 192 242的人积极参与。其中有很多人热情参与了"普通人的环保梦想"竞赛活动。上海地面活动，再次邀请了3名积极参与者，现场分享了他们的环保创意方案。此外，周迅与P&G及乐购高层，为当天在签名背板前书写下"环保感言"的消费者，颁发"绿动中国"纪念徽章，鼓励更多人积极加入，最终实现超过500万的普通消费者加入绿动中国计划，坚持生活中随手可做的环保小事，为改善绿色环境而努力。

美誉销量双收获

在两次地面活动中，都充分利用不同的信息传播渠道，整合了多种信息传播模式，特别是充分利用官网平台，开展系列丰富的活动，再配合传统电视媒体，平面媒体的积极报道，使核心信息得以持续性传播，使"绿动中国"活动成为在全国范围内关注的热点活动。在深圳沃尔玛当天活动，店内销售比平日增加了177%，众多消费者积极参与到绿色消费倡议中。在两轮地面活动后，共计有90家平面、网络、电视媒体进行了全方位报道，其中经常以娱乐新闻为报道角度的21家全国时尚生活类电视媒体，均以"绿色及环保"主题进行了平均时长超过1分钟的正面报道，成为传播中的亮点。大部分的平面媒体都给予了大篇幅的彩图报道。此次活动，获得了宝洁、媒体、消费者的高度评价。P&G对外事务部高级经理刘岚表示，"为期4个月的绿动中国活动过程中，我们共同收获了环保意识的提升，收获了消费者和重要商业合作伙伴的支持，收获了美誉度和销量"。

（资料来源：《国际公关》，中国公关网，2013.3.20）

讨论题：该案例从哪些方面体现了保洁公司公共关系的成功？

案例二：万博宣伟助力全新北京杜莎夫人蜡像馆开幕

近日，全球领先公关咨询公司万博宣伟中国宣布喜赢全新客户：默林娱乐集团旗下北京杜莎夫人蜡像馆。作为默林娱乐集团进军北京文化娱乐休闲市场的重要举措，北京杜莎夫人蜡像馆将于今年5月在京城核心区域——位于中轴线上的前门大街开幕，届时，其也将成为首批入驻京城的外资娱乐旅游景点之一。经过激烈的角逐之后，万博宣伟中国凭借良好的国际视角以及对国内消费者市场的深入了解斩获北京杜莎夫人蜡像馆在中国的全方位品牌传播服务，包括与媒体及意见领袖的关系维护、线上及线下活动管理等。

默林娱乐集团旗下杜莎夫人蜡像馆凭借其技艺精湛、惟妙惟肖的名人蜡像以及独一无二的趣味互动体验闻名全球,成为最受欢迎与知名的名人蜡像馆。自伦敦杜莎夫人蜡像馆开业以来,已经吸引了超过六千万名来自全球各地的游客前来参观。即将落户前门大街的北京杜莎夫人蜡像馆将是默林娱乐集团全球第十六家、也是其在大中华区的第四家杜莎夫人蜡像馆。

"很高兴我们能与万博宣伟携手,共同推动北京杜莎夫人蜡像馆开幕事宜",默林娱乐集团亚洲开业部部长 Craig Dunkerley 先生表示,"将独一无二的互动名人娱乐体验带给全球消费者是杜莎夫人蜡像馆的一贯追求,我们期待万博宣伟利用其对中国消费者习惯的深刻洞悉、杰出的创新能力以及强大的媒体及意见领袖关系网络,助力我们打造令人耳目一新的文化休闲娱乐体验。"

"能够与北京杜莎夫人蜡像馆合作,我们倍感荣幸。相信通过万博宣伟中国专业团队对中国消费者的深入了解,我们将会为北京杜莎夫人蜡像馆呈上最具创意的宣传策略,配合以专业的执行,将北京杜莎夫人蜡像馆打造成为北京市内不可或缺的休闲娱乐景点之一。"万博宣伟中国区董事总经理 Darren Burns 说道。

万博宣伟于 1993 年进入中国,迄今已二十余年。根据全球知名的权威咨询机构胜三(R3)最新发布的 2013 年度中国公关行业排名榜,万博宣伟凭借其在"原创思维"和"传播效果评估工具"领域的卓越贡献,于全国 132 家知名公关企业中脱颖而出,荣膺两项桂冠。

(资料来源:中国公关网 2014.4.17)

讨论题:作为专业公关公司的万博宣伟,为何重视与北京杜莎夫人蜡像馆的合作?

本章小结

本章主要介绍了公共关系的主体——社会组织的概念、特征和分类,并就公共关系组织机构、公共关系人员的职能进行了分析。

社会组织的类型可分为经济组织、政治组织、文化组织、群众组织、宗教组织,其特征表现为目的性、整体性、物质性、变动性、多样性。公共关系工作对社会组织的生存与发展作用重大。

公共关系工作需要专门的组织机构——公共关系部、公共关系公司和公共关系专业社团组织来从事。

公共关系部是一个组织中专门从事公关工作的职能部门,其类型主要有最高领导直属型、部门并列型、部门所属型。

公共关系公司具有客观性、权威性、服务性、机动性和盈利性等职业优势,其类型大体分为三种:综合服务型公共关系公司、专项服务型公共关系公司、特定行业服务型公共关系公司。其基本职能是帮助客户确立公共关系目标,对客户进行准确的形象定位,制订并实施公共关系计划,以帮助客户改善公众形象等,在公众中建立良好的信誉。

公共关系专业社团组织是一种特殊的公共关系组织机构,其具体职责主要是发展和联络会员、制定职业道德及行业准则、宣传普及公共关系知识、组织专业培训和编辑印制出版物。

从事公关工作的公关人员应该具备以公共关系意识为核心，以自信、热情、开放、执着的心理素质为基础，配之以公共关系专业知识结构和能力结构的整体职业素质，遵守公关职业准则。

习　题

一、辨析题

公共关系人员只要具有较高智商就能做好公共关系工作。

二、简答题

1. 社会组织有哪些特征？怎样进行分类？

2. 设置公共关系部应遵据哪些原则？

3. 公共关系公司有哪些职业优势？

4. 作为一名现代公关人员，应具备哪些公关意识？

5. 公关员的知识结构和能力结构分别包括哪些内容？

三、实训题

公共关系人员演讲技能训练

[情景设计]

你在组织中获得了一个提升机会，已被提名这一职位，但是还有一些其他的候选人。鉴于已有多名候选人的情况，我们决定采取竞争的方式来产生一名最好的候选人。一份来自人事经理的备忘录放在你的桌上。评选小组由3～4名高层管理人员组成，要求每一个候选人发表一次演讲以支持自己的资格。每个人只有10分钟的发言时间，时间定在明日。你发现备忘录的日期是昨天，正巧电话铃也响起来了，是人事经理打来的。他通知你，评审将于15分钟后开始。

[角色扮演]

1. 在你的组内排定一个演讲顺序。

2. 第一个候选人（第一个演讲者）的评审小组由组内的其他成员构成，但不包括第二个准备演讲者。第二个演讲者离开房间，直到轮到他发言时为止。

3. 第一个候选人可以作为评价第二个候选人的评委，而第三个候选人离开房间，如此轮流演讲和评价，直到所有人全部完成演讲。

4. 作为评委，你要完成对每个演讲者的评价，评价内容在评价表中。

5. 演讲和评价全部结束以后，在组内讨论评价结果，从中吸取有益的东西。

[实训要求]

1. 只给每人15分钟的准备时间。

2. 每人只有10分钟的发言时间。

[效果评价]

教师评价及同学互评，评价表如表2-1所示。

表 2-1 "公共关系人员演讲技能训练"自我展示评价表

评 价 内 容	候选人顺序				
讲演是否有开头、展开和结束?	1	1	1	1	1
是否符合时间要求?	1	1	1	1	1
候选人的表现是否自然、放松?	1	1	1	1	1
候选人使用提示卡片是否不明显?	1	1	1	1	1
候选人扮演案例中的角色是否有效?	1	1	1	1	1
对如何进行演讲的评语					

1.

2.

3.

4.

5.

拓展分析

阅读"公共关系大师:曾国藩的公共关系意识"http://www.chinacmct.com,2009-10-05。

第**3**章

公共关系客体

本章知识点：公众的概念、特征与分类；组织选择目标公众的原则；组织的目标公众范围；组织与各类公众关系的协调；公众心理与公关行为的关系。

案例导读

"感情激励"凝聚人心

日本松下电器公司，在内部员工关系的处理上是很让人称道的。松下经过常年观察研究后发现：按时计酬的员工仅能发挥工作效能的 20%～30%，而如果受到充分激励则可发挥至 80%～90%。于是松下十分强调"人情味"管理，学会合理的"感情投资"和"感情激励"。

建立"提案奖金制度"：由员工选举成立了一个推动提供建议的委员会，在公司员工中广为号召，积极鼓励员工随时向公司提建议。公司对每一项提案都予以认真的对待，及时、全面、公正地组织专家进行评审、视其价值大小、可行性与否，给予不同形式的奖励，公司员工一共提出了 66.3475 万个提案建议，其中被采纳的多达 6.1299 万个，约占全部提案的 10%。拍肩膀：车间里、机器旁，当一个员工就就业业、一丝不苟操作时，常常会被前来巡视的经理、领班们发现。他们先是拿起零件仔细瞧瞧，然后会对着员工的肩膀轻轻拍几下，并说上几句"不错""很好"之类的话。

送红包：当员工完成一项重大技术革新或者员工的一条建议为企业带来重大效益时，老板会不惜代价地重赏。

请吃饭：凡是过年过节，或厂庆、员工婚嫁，厂长经理们都会慷慨解囊，请员工赴宴或上门贺喜、慰问。在餐桌上，上级和下级尽可以唠家常、谈时事、提建议，气氛和睦融洽，它的效果远远比站在台上向员工发号施令好得多。

久而久之，松下公司就形成了上下一心、和谐相融的"家庭式"氛围。在与同行竞争中，松下公司的电器产品总是格外受人青睐。

（资料来源：《日本企业的经营管理》）

启发总结：内部员工关系协调是社会组织开展公共关系的基础，对组织的发展至关重要。

公共关系的客体是社会公众。公共关系中的公众不同于政治学或社会学中所讲的公众，与日常生活中所讲的"人民"、"大众"、"群众"也不一样。公共关系的公众特指公共关系工作对象的总和，即那些与公共关系主体有直接或潜在关系，相互影响、有互动关系的个人、群体或组织的总和。公众是公共关系中最重要和使用频率最高的概念之一。只有搞清了什么是公众、公众在哪里、公众有哪些特征，了解公众，才能搞好公共关系。否则，就可能是无的放矢，甚至与最初的目标南辕北辙。

第一节　公众的含义及特征

一、公众的含义

公众是指在公关活动中与社会组织存在某种利益关系的个体、群体或组织。公众对社会组织有着重要的影响，因而也是社会组织传播交流信息对象的总称。公共关系学所研究的"公众"和人们日常所熟悉的"群众"、"大众"等概念不同，它是指因面临共同的利益问题而与社会组织发生利益关系的社会群体。因而，它是一种具体的、特指的概念。因此，正确地认识公关客体，必须准确地理解和把握公众的含义。

（一）共同的利益关系是公众形成的基础

公众的形成是因为这类群体遇到了共同的问题，这一共同的问题对它们有着共同的利益关系，而共同的利益关系使它们有了共同的目标，因此联结在一起，成了社会组织公关工作的对象，即客体。共同的利益关系是维系这类群体的纽带，是形成这类公众的基础。公众是受时间、空间、利益关系限制的，共同利益关系既是形成公众的基础，又是理解公众含义的关键。

（二）与组织的相关性是公众产生的条件

公众是因面临共同的利益关系而形成的群体，这种关系的产生和解除又与一定的社会组织有着密切的直接关系。因为，维系公众的共同利益关系是因社会组织而产生的，没有社会组织的存在，也就无所谓与之相关的公众的存在，也就没有形成公众这一群体的共同问题的存在。所以，社会组织对公众这一群体所面临的共同问题的决策与行为，对公众所面临的相同利益关系的解决有着直接的关系。同样，因为公众对社会组织的决策与行为的反应是理解或不理解、合作或不合作，即公众的态度与行为对社会组织的目标实现、社会组织的生存发展也有着重大的影响。因此，社会组织主体必须十分重视公众的利益、公众的要求。随着主体对公众问题的解决、公众需求的满足，组织与公众的互相依存的关系也不复存在，这时，形成公众这一群体的共同利益关系也随之消失，公众也就解体了。所以，社会组织与公众既是矛盾对立的双方，又是互为条件、共同处于一个统一体之中的。

（三）人群的集合是公众的存在形式

公众是一个集合性概念，它是人群的结合体。维系公众这一群体的利益关系，不是张三、李四某个人的特殊利益关系，而是代表和反映着相当一部分人的共同利益关系。只有具备了那种相对普遍的利益关系，才能产生公众这种人群的结合形式。

(四)客观存在是公众的本质特征

公众是客观存在的，它作为社会组织传播交流信息的客体对象，与社会组织存在着客观的、不依其主观意志转移的关系。这里，存在公众的客观性与组织的主观性相对应的问题，如果社会组织能够正确认识公众，主动协调公众关系，公众的客观性与组织的主观性就能达到统一。相反，由于受到社会组织及其公关人员认识能力、认识水平的限制，无法正确认识与对待公众，或不能准确鉴定目标公众，必然使组织利益受到损失，甚至会铸成大错。

二、公众的特征

(一)整体性

公众不是单一的群体，而是与社会组织种种活动相关的整体环境。这里，既有与社会经济、政治、文化相关的环境因素，又有与社会公众舆论、公众关系形成的公众环境因素，社会组织面对这两种环境因素的影响，应作整体思考，要用全面、系统的观点来分析和对待整体的环境影响。

(二)共同性

公众是因共同利益、共同问题、共同需求结合而成的群体。因而，这一群体必然产生相同或相似的态度与行为。

(三)相关性

公众不是抽象的，总是与具体的、特定的组织相联系的，相对一定的公关行为的社会组织而存在的。这种相关性是形成良好公众关系的关键。社会组织鉴定公众、分析公众的依据就是明确这种相关性，以此确定组织的工作目标，选择工作对策和行动方案。

(四)可变性

公众的态度不是单一的，而是复杂多样的，并且处于不断变化发展的过程之中。任何组织的公众，可能因面临的共同问题、利益关系的变化而变化，也可能因需要、情绪、态度的心理变化，使公众具有多种社会角色，形成多种公众关系。比如，同一公众群体，在商店出现是顾客角色，在公共汽车上就是乘客，到了医院就变成病人，在学校就是学生。这种公众角色的多样化和可变性也是公众的重要特点。

第二节 公众的分类

作为公共关系对象的公众是一个复杂的统一体，它是由不同类型、不同层次、不同社会角色，有个性、有感情、有思想的活生生的人所组成的社会群体。公众由于在社会生活中所处的地位和所起的作用不同，由于各自的年龄、个性和经历的不同，可以按不同的标准划分成许多类别。如按性别来划分，有男女的区别；按年龄来划分，有老年、中年、青年、少年、儿童的区别；按职业来划分，有工人、农民、学生、军人的区别；按政治信仰来划分，有党员、非党员的区别；按担负职责的不同来划分，有领导、群众的区别。此外，还可以按社会团体、教育程度、宗教信仰等标准划分出许多不同类型的公众。这些不同类别的公众因所处的环境不同、利益需求不同，与社会组织的关系也就不同。公众类型一般可从横向分类和纵向分类来进行划分。

一、横向分类

横向分类是指按公众所遇到的问题并由此引发的同一种利害关系作为划分标准。按这一标准划分的公众，不受其他因素（例如社会地位、男女性别和年龄）的限制，所以，这一分类方法也被称为按问题导向分类的方法。例如，把公众作为组织的一种对象来划分，它可以分成内部公众和外部公众；又如将公众按其对于组织的重要程度来划分，可以分成首要公众、次要公众、边远公众；如将公众按其对组织的态度来划分，可以分为顺意公众、逆意公众和独立公众。当然，也可以按组织对公众的态度来划分，分为受欢迎公众、不受欢迎公众和被追求公众；按公众的稳定程度和组织程度来划分，又可以分为临时性公众、稳定性公众和流散型公众、组织型公众、权利型公众。同时，在公关工作中，各种不同类别的公众又经常出现相互交叉、角色重叠的现象。因此，在公众分类中，一种分类只宜用一种标准，这里，我们就常见的内部公众和外部公众的划分分别给予阐述。

（一）内部公众

内部公众即组织内部的结合体，内部公众是直接隶属于某个组织体的，是该组织成员的一部分，如商店的营业员、企业的职工、学校的师生员工、工厂的职工等。内部公众是社会组织的重要公众，是实现组织目标和利益的重要依靠力量，是树立组织良好形象的决定因素，也是处在对外公关前沿的哨兵。因此，处理好内部公众关系是公共关系主体所要完成的一项重要工作。

（二）外部公众

外部公众是社会组织外部的结合体，是独立于社会组织之外的组织或群体。外部公众主要有消费公众、社区公众、新闻媒介公众、政府公众、国际公众等。处理好外部公众的关系问题，实质上是理顺左邻右舍和上级与下级之间的公众关系，创造有利于组织发展的良好的外部条件。

1. 消费公众

消费公众不仅是指物质产品的消费者，还应该包括精神产品的消费者，它是一个广义的概念，对不同的组织来讲，消费对象是不同的。消费者也可统称为顾客。消费者是组织外部公众的主要对象。消费者关系指的是一个企业与其产品或服务的对象之间的关系。

2. 社区公众

社区指的是一定地域的社会共同体，它既含有地理界限的自然因素，又有与组织有关联的各种公众关系因素。社区是组织生存的自然环境，也是组织发展的最直接的社会环境。社区公众是指该区域内与组织具有左邻右舍关系的各种社会组织和群体。任何组织都是处在一定的社区中，并同社区的公众发生种种关系。社区关系就是指组织与周围同处于这个区域的其他组织、群体的左邻右舍的关系，如组织所在的工商企业、各种社会团体、居民及家庭、街道组织、政府部门、学校的图书馆、卫生保健机构、文化娱乐场所，等等。所以，社区关系实质上就是组织与所在地区各类公众的关系，也是组织外部环境的重要组成部分，对组织的生存、发展依然有着一定的影响。

对于一些企业来说,社区公众实质上是消费公众的一部分,这部分公众是组织最邻近、最稳定的消费公众。组织的产品首先要有一个较为稳定的市场,组织要发展必须重视社区这个窗口,重视社区公众的反映。

社区是社会大环境的一个缩影,搞好社区关系、在社区中树立组织自身的良好形象,有利于提高组织在整个社区中的地位和声誉,从而获得组织发展的更为有利的环境。因此,作为组织要热心为社区的公益事业尽义务,帮助社区繁荣富强,在公众中树立起热爱公众事业、维护公众利益的组织形象,这样,就能使社区公众对该组织产生良好的印象,进而对该组织的产品和服务也产生信赖感。组织要得到发展,必须要建立这样一种融洽的社区公众关系,必须有这样一种良好的外部条件。

3.新闻媒介公众

新闻媒介主要是指报刊、广播、电视等大众传播工具。新闻媒介公众主要是指服务于报社、通讯社、电视台、电台等部门的记者、编辑、节目主持人、专栏作家等传播专业人员。

新闻媒介公众是外部公众中最特殊的公众,有的把它称为"被追求的公众",有的把服务于新闻媒介的记者称为"无冕皇帝",欧美学者把新闻媒介看成是继立法、司法和行政三大权力之后的"第四权力"。任何组织只要重视与公众之间的信息交流,就一定要十分关注和善于协调与新闻媒介的关系。

新闻媒介公众之所以成为"被追求的公众",成为"特殊的公众",成为公共关系重要的外部公众,还因为它是具有双重人格的公众。

一方面新闻媒介公众是公关的对象,是客体;另一方面它又是介于组织与其他外部公众之间的信息传播者,主体和客体之间的中介和桥梁。新闻媒介公众所能起的这种中介、桥梁作用,体现在两方面,它既可以把组织的信息向外部公众传播,成为组织的代言人,又可以成为公众的代言人,把收集到的外部公众的意见反映、传递给组织。作为社会组织应该充分发挥新闻媒介公众的这种作用,提高自己的知名度、美誉度。为此,每个组织首先必须十分认真地对待这类公众,及时地让他们了解事情真相,主动地、准确地提供最新的信息资料,有利于新闻媒介公众对本组织的情况有及时和现实的了解,以利于正确地进行报道;其次,要掌握新闻媒介报道的动向,使组织提供的信息与新闻媒介报道的重点和主题相一致,提高投稿的录用率;再次要掌握新闻媒介公众的分工情况,各种新闻媒介的特点、风格,以便有针对性地选择传播媒介。总之,充分有效地利用新闻媒介,争取新闻媒介公众的理解和支持,发挥他们的作用,并以此进一步争取社会其他公众的了解和支持,这是组织公关工作的重要内容。同时,作为社会组织还应充分重视新闻媒介公众所具有的公众代言人的作用,正确对待新闻媒介所反映的公众意见和批评报道,对于与事实有出入的报道要澄清事实、讲清原委,切忌冷嘲热讽或置之不理;对于与事实相符的批评,要虚心接受、积极改进,变不利的舆论环境为有利的舆论环境,变坏事为好事,通过策划新的传播,赢得新的声誉。总之,新闻媒介公众是社会组织与公众之间信息交流的中介和桥梁,这种重要作用和地位应得到公关部门的高度重视和充分利用。

新闻媒介公众作为公关的对象,要求每一个社会组织在与这一特殊公众打交道时,注意树立自己的良好形象,应该以自己的实际行动引起他们的浓厚兴趣和热情。为此,首先必须要有过硬的产品和服务,要形成一整套自己的科学管理体制,应该有令人赞叹的厂风、店风,也就是说要使新闻媒介传播报道,就要有传播报道的价值,就要创造出几个与众不同的一流的工作成就,只有这样,才能给新闻媒介公众留下深刻的印象,引起传播媒介的重视和兴趣,才能真正树立自己的良好形象。

4.政府公众

政府是国家行政机关,是国家机构的组成部分,也是国家权力的具体执行机关和对社会组织进行管理的权力机构。公关之所以把政府作为外部公众,是因为每个社会组织都要与各级政府部门发生关系。从纵向看,它要与自己本系统的各级政府主管部门发生关系;从横向看,它要与自己系统之外的其他政府部门发生关系,因此,政府也是社会组织的工作对象,也是公关中不可或缺的公众。

5.国际公众

国际公众是社会组织为发展在国外的业务,扩大在国外的影响而需要面临并与之发生某种关系的非本国的组织或群体。组织开展国际公关的主要任务之一,在于通过公关活动提高组织在国际公众中的知名度和信誉度,以增强组织在国际公众中的影响力和信任感。因此,不断提高本组织工作的质量和提供最完善的服务就成为有效地开展国际公关活动的前提和基础。社会组织没有最佳的工作质量(对一个涉外企业来说,没有高质量的产品)和最完善的服务,要想在国际公众中取得知名度和增强信任感就失去了物质前提和基础。

要有效地开展国际公关活动,还需要区别不同的国际公众对象。组织在国际交往中面临的国际公众是一个整体概念,其中还可以依不同的关系区分为不同的对象公众,例如,同行公众、贸易伙伴公众、消费者公众、新闻媒介公众、政府公众,等等。这些区分之所以必要,在于只有明确了解国际公众与组织的具体关系,才可能因人而异,因势利导,选择不同的形式,增强公关工作的针对性,提高工作效率。

二、纵向分类

纵向分类是按照公众变化发展的一般过程来划分的,把公众分为四类:非公众、潜在公众、知晓公众、行动公众。

(一)非公众

非公众是指那些与组织之间没有相互联系的组织或个人。也就是说,在一定条件下,他们既不受组织行为的影响又不对组织的生存和发展产生任何后果,他们存在于组织周围,但不是公关部门的工作对象。一般来说,任何一个组织都存在着这样一些"非公众",如,不会骑自行车的老人是自行车厂组织的"非公众",还在上幼儿园的小朋友是大学组织的"非公众",等等。对公共关系部门来讲,弄清楚"非公众"的情况,可以节约开支、减少公关的盲目性和精力、财力、时间的浪费。

(二)潜在公众

潜在公众是指那些面临由组织行为引起的某一利益关系,但由于这一利益关系还未完全暴露,他们本身还没有意识到这一利益关系存在的社会群体。潜在公众因本身尚未意识到利益关系的存在,所以他们暂时不会采取任何行动,作为组织的公关人员在了解潜在公众时就要采取对自己有利的措施,以便赢得主动。

(三)知晓公众

知晓公众是由潜在公众发展而来的,所谓知晓公众是指那些已经意识到由组织行为所引起的利益关系的群体。知晓公众特别想了解问题的缘由,这时他们对组织任何有关方面的情况都特别敏感。一个组织的公关部门必须在潜在公众形成时能及时开展公共关系活动,采取有力措施,扩大组织影响,使更多的潜在公众变成知晓公众。

(四)行动公众

行动公众是由知晓公众进一步发展而来的。行动公众是指不仅得到了有关组织的信息,而且已开始行动的公众。这类公众如果是受组织欢迎的也是组织所期望的,那么他们越多越好;相反,如果是因组织本身不佳的质量、服务等问题而造成的行动公众,那么组织应设法解决这些问题,如果组织没有采取措施,行动公众的存在对组织将是很大的威胁。

因此,对公众进行纵向分类,有助于我们把公关工作重点放在与组织有关系、对组织有利的公众身上。同时,有助于组织采取多种手段争取更多的自己所期望的目标公众,有效地开展公关工作。

纵向考察公众的意义是把公众理解为一个连续的发展过程,而成功的公关实务就是区别谁是非公众、谁是潜在公众,从而通过传播工作,把必要的非公众变成潜在公众,使潜在公众成为知晓公众,进而使知晓公众变为支持组织的行动公众。

还可以根据公众对组织的态度将公众分为:

(1)顺意公众,指对组织的政策、行为和产品持支持态度的公众。

(2)逆意公众,指对组织的政策、行为和产品持否定态度的公众。

(3)边缘公众,指对组织持中间态度,观点和意向不明确的公众。

对顺意公众,要加强联系,有效地维持这种关系;对逆意公众,要做好转化工作,改变其态度;对边缘公众,应加强沟通,争取其支持,防止其成为逆意公众。

根据公众的稳定程度可将公众分为:

(1)稳定性公众,指具有稳定结构和稳定关系的公众。这是组织的基本公众,如老主顾、社区人士等。

(2)周期性公众,指按一定规律和周期出现的公众,如游客等。

(3)临时性公众,指因某一临时因素、偶发事件或专题活动而形成的公众,如展销会上来的顾客、突发事件中受到影响的公众群体等。处理好与这类公众的关系,可以建立周期性、稳定性联系,使之成为顺意公众;处理不好,就可能使其成为逆意公众,成为公关工作中的不利因素。

第三节　组织内部公众关系协调

组织内部公众主要包括内部员工和股东两类。协调好这两类公众关系对组织的发展至关重要。

一、员工关系的协调

(一)员工关系协调

员工关系协调是指社会组织与其员工之间通过双向沟通,在互利互惠的原则下寻求并达成和谐、一致、互动的一种内部管理职能。

员工关系不同于组织内部的一般人事关系。人事关系一般包括人员雇用,人力资源开发,员工培训与轮训,工作分配,人事制度与纪律的制定、执行、检查,它更多的是从规范上约束组织内部员工与组织目标保持一致。员工关系也不同于组织内部的一般劳动关系。劳动关系一船包括就业稳定性、工资奖金制度、员工福利及劳动合同的制定与执行,它更倾向于从法律、规章上明确组织与其员工之间的权利与义务关系。员工关系最主要的是要实现组织管理者与员工之间的良好沟通,促使组织的决策及行为能充分体现组织与员工双方的共同利益,能同时反映双方的愿望和要求。同时说服员工将个体利益目标追求融于组织整体利益目标之中,达成双方的相互信任与合作。

(二)员工关系协调的意义

1.组织需要通过自身成员的认可和支持来增强内聚力

一个组织的存在价值和整体形象在取得社会的认可以前,首先需要得到自己成员的认可;组织的目标和任务在赢得社会支持之前,首先需要赢得自己成员的配合与支持。否则,组织的价值和目标将会落空,组织将无法作为一个整体面对外部社会公众。每一个成员都是组织的细胞,他们对组织有机体的认同和依附,是这个有机体得以存在的基础。因此,良好的内部关系是公共关系的起点,组织内部的公关工作首先要增强内聚力,将全体成员组合成为一个有机的整体。要达到这一目的,就需要将本组织的成员视作传播沟通的首要对象,尊重组织成员分享信息的权力,争取他们的理解,形成信任与和谐的内部气氛。如果内部传播存在障碍,沟通不灵,成员对本组织的信息没有了解的优先权,甚至于外部社会早已纷纷扬扬,而内部成员还被蒙在鼓里,组织内部就会产生麻木不仁、忧虑不安、焦急烦恼、猜疑传言等消极情绪和现象,从而形成隔阂冷摸、离心离德的状况。要避免这种情况的发生,就需要健全组织内部的传播渠道,完善组织内部的沟通机制,使全体成员在信息分享和感情沟通中与组织融为一体。

2.组织需要通过全员公共关系来增强外张力

一个组织的对外影响力有赖于全体成员的努力与配合。因为每一个组织成员都是组织内外部公众联系的触角,都处在对外公共关系的第一线;组织的整体形象通过他们在各自工作岗位上的良好行为体现出来。在对外交往中,每一位组织成员都是非常重要的公共关系行为主体。这种主体性的发挥,有赖于他们对组织的认同感和归属感、向心力和凝聚力。组织的外张力是与组织的内聚力成正比的。一个组织如果希望其成员能够时时处处自觉维护组织形象,就应该时时处处善待和尊重自己的成员,将他们作为重要的公共关系对象,努力培养他们对组织的认同感、归属感,增强他们对组织的向心力和凝聚力。

从管理哲学的角度看,公共关系工作要处理好团体价值与个体价值之间的矛盾。公共关系的目标是要追求较高的团体价值,即塑造本组织良好的整体形象,提高本组织的社会地位,争取较好的组织知名度和美誉度。从公关工作的实际着眼点来说,它是专门做人的工作的,必须从确立个人的价值入手,使团体中的每个成员(以及与这个团体有关的所有个人)都能在团体的环境中追求和实现个人的价值。

(三)员工关系的处理

1.培养员工共享的组织价值观

实践证明,在组织中培育共享的价值观,对于提高组织凝聚力、增强组织成员对于组织的认同感和归宿感,具有决定性的意义。而组织价值观的形成,是一个对员工不断启发、教育、熏陶的潜移默化的过程。在这个过程中,组织需要开展大量系统性的工作。

正确的组织价值观体系要通过以下几个方面建立起来:(1)树立以人为本的观念。组织取得成功的根本不是物,不是制度,而是人;组织的最高目标在于满足人的物质需要和精神需要。在事业的成功因素中,人的因素占据首要地位,因此,组织价值观应充分反映这一基本观念。(2)树立"为社会作贡献的价值高于组织利润的价值"的观念。(3)树立组织信誉的价值高于利润的价值的观念。现代组织应该树立以誉为重、义利并举的经营观念。(4)树立集体主义的观念。在组织管理中,既要强调和尊重员工的个人价值,鼓励冒尖,更应强调集体、协作的精神。(5)树立"最佳""一流"的观念。

2.营造良好的工作气氛和融洽的人际关系

良好的工作气氛和融洽的人际关系,是良好的内部公共关系状态的两个重要标志。良好的工作气氛就是使员工的才能、积极性、创造性能够充分发挥,具有希望和激励的工作环境;融洽的人际关系就是组织员工之间相互信任、尊重、理解、支持和友爱。

为此,组织可以围绕以下几方面来开展工作:(1)尊重和信任员工。领导对下属的尊重和信任,是激发员工工作积极性的有效途径。尊重员工,首先要尊重员工的人格,对他们平等相待;其次,要尊重员工的合法权利,虚心听取员工的要求和呼声。信任就是要改进管理制度和管理方法,使职工之间、部门之间、上下级之间保持相互信任。尊重是信任的前提,作为组织领导,要在尊重员工的基础上,充分信任员工,做到用人不疑、疑人不用、知人善任、人尽其才,使每个人的工作热情和创造力都能够充分发挥出来。(2)完善职工建议制度。建立和完善职工建议制度,一方面可以集思广益,挖掘蕴藏在组织职工中的聪明才智和创造力,促进、改善组织的生产和经营管理;另一方面,职工的建议被采纳,更能使职工感到自己在组织中受到重视,可以增强职工的责任感和主动参与意识,进一步调动他们的积极性。(3)重视职工培训。组织的成功靠人才,而人才不仅指少数的"尖子"。在激烈的市场竞争中,只有提高组织职工的整体素质,才能从根本上增强组织的竞争力。因此,必须重视职工培训工作。此外,从组织的责任和职工需要的满足来看,重视职工培训,提高他们的业务素质、文化道德修养,更能促进其个人能力的发挥和自我实现感的满足,从而更加强化组织的向心力与凝聚力。(4)营造融洽的大家庭气氛。营造融洽的大家庭气氛是建立良好的内部公共关系工作的重要方面。组织员工有经济的、社会的、心理的、精神的不同方面、不同层次的内在需求,他们不仅希望自己从事的工作有价值和意义,在事业上有希望、有奔头,而且希望所处的环境本身是一个充满人情味的"大家庭",他们希望在这里获得认同感、归属感、自豪感和幸福感等情感需求的满足。如果顺应员工这种情感上的需求,努力营造一个温馨和谐的"大家庭"的工作氛围,势必会激发广大员工的工作热情和献身精神,促进组织成为团结一致、万众一心的整体。

二、股东关系的协调

(一)股东公众的含义

股东关系又称投资者关系,它是 20 世纪 60 年代以来在公共关系领域中不断发展的一个新方面。

股东是股份公司股票的持有者,他们是组织的投资者,依法享有一定的权利和义务。从持有公司股份这一点来看,股东是组织的"准自家人",股东公众应算是组织的内部公众。但是,从行政隶属关系来看,绝大部分股东并不属于组织内部成员,因此,我们也可将股东公众看作是组织外部公众。良好的股东关系可以为组织赢得更多的投资者、保持公司股价的稳定和上升,还可以通过广大股东的"口碑"作用,扩大组织的知名度和信誉度,在更大范围内树立良好的组织形象。

在股份制组织里,董事会是公司的常设权力机构和最高决策机构。公司总经理是由董事会任命的,全权负责组织的生产经营,掌握除战略决策以外的经营权。董事关系是股份公司与公司董事之间的关系,是股东关系的重要组成部分。

(二)股东关系的协调

1. 适时向股东通报组织的信息

股东既然购买了组织的股票,与组织连在了一起,当然要关心组织的生产经营情况。为尊重股东的这种"特权意识",公关人员应定期或在特定的时期内向股东通报组织的信息,如组织特定时期的战略决策、发展目标和计划、经营情况、资金流动情况、利润分配情况、面临的困难和风险等。在通报这些信息时,要坚持实事求是的原则,不能报喜不报忧。对于股东提出的质询,要充分重视,配合有关部门给予圆满的答复,消除股东的误解。组织有了新情况,如对社会的重大贡献、新技术的开发、新产品的问世、管理人员的变更等,应以最快的速度向本组织的股东通报。

2. 收集来自股东的信息

组织的股东分散在不同的社会组织之中,可以了解到社会公众对本组织及其产品的反应,同时,出于自身利益的考虑,也愿意向组织传达这些反应,并提出自己的意见。因此,公共关系人员应重视收集来自股东的信息,如股东本人的情况,他们对组织的意见和建议,他们对产品或服务的意见,他们所了解的社会公众对本组织的各种反应等等。对这些意见,要请有关部门认真处理,并将处理结果告诉股东。

3. 促进股东关心组织的发展,关心组织的产品和服务

组织不能将股东只看作投资者和分利者,将股东关系仅作为财务关系来处理,还应将股东视为重要的顾客和义务推销员。这是因为股东与组织有着切身的利害关系,因而一般愿意购买持股组织的产品,并愿意做本组织的产品宣传员。如果我们经常将组织的产品性能、品种、市场占有率等情况通报给股东,或不断提供样品给股东,就可以促使股东关心本组织的产品或服务,促进产品销售额的扩大。

4. 定期召开股东大会

按照《中华人民共和国公司法》的规定,向股东大会汇报组织的有关重大问题,让每一个股东充分享受其应有的权利。

第四节　组织外部公众关系协调

外部公众主要包括顾客公众、政府公众、传媒公众、社区公众、业务伙伴公众等各类对组织生存与发展有着某种联系的公众，也称组织的外部环境。

一、顾客关系的协调

（一）顾客公众的含义

顾客公众是指购买、使用本组织提供的产品或服务的个人、团体或组织。如企业产品的用户、商店的顾客、酒店的客人、电影院的观众、出版物的读者等，包括个人消费者和社团组织用户。顾客是与组织具有直接利益关系的外部公众，是工商企业组织市场传播沟通的重要目标对象。

顾客公众是组织经营活动中最重要的公众之一。组织与顾客之间存在着相互依存的关系。组织为顾客提供所需的物质产品、精神产品或服务，而组织的生存和发展离不开顾客的信赖和支持，良好的顾客关系是组织发展的"原动力"。随着市场经济的发展，组织间竞争的加剧，对每一个现代组织来讲，"好好留住每一位顾客"的重要意义比过去任何时候都显得更为突出。

一个组织的存在价值，很大程度上在于其产品或服务能够得到顾客的接受和欢迎。组织的经济效益需要在市场上实现，而顾客就是市场，有了顾客才有市场。虽然与顾客的沟通并不等同于市场经营中的销售关系、直接的买卖关系，但良好的顾客公共关系的确有利于组织的市场销售关系，能够给组织带来直接的利益。因此，顾客公众是组织公共关系对象中利益关系最直接、明显的外部公众。顾客关系是组织市场经营的生命线。

建立良好顾客关系的目的，是促使顾客形成对组织及其产品的良好印象和评价，提高组织及其产品的知名度和美誉度，增加对市场的影响力和吸引力，为实现组织和顾客公众的共同利益服务。

（二）顾客关系的处理

1. 树立"顾客至上"的经营宗旨

各社会组织应把"顾客至上"的经营宗旨贯穿在组织经营管理的各个环节之中，全心全意为顾客服务。许多研究表明，售后服务是留住顾客、增加顾客忠诚度的最有效方略。意大利经济学家帕累托的 20/80 营销法则揭示，组织 80％的经营利润来源于 20％的消费者的重复购买。

2. 提供物美价廉的商品

任何组织都应从顾客的利益出发，为顾客提供优质商品、合理的价格，使消费者真正得到实惠，顾客必然会成为组织的义务宣传员。

3. 提供优质的服务

不同的组织应根据其所生产和经营的商品的种类和特点，根据企业的规模、类型，为顾客提供多种多样的服务，以增加组织对顾客的吸引力。在现代社会，服务已不再是产品的附属概念了,最新的市场营销理论已将服务列为产品概念中的核心要素,并且指出,当技术竞争、广告竞争已难分优劣之时,服务是当今社会组织必须引起重视的首要因素。

对顾客的服务包括三个阶段,即售前、售中和售后,每一个环节都直接关系着最后的服务效果。(1)就售前服务而言,良好的广告宣传、正确的消费观念引导是必不可少的,只有让顾客充分知晓和了解,组织的产品(或服务)才有可能让顾客问津;(2)就售中服务而言,它包括销售(或服务)环境的布置、陈列,组织本身员工与顾客的接触,以及接待的热忱、主动、耐心、周到程度;(3)售后服务则是指顾客消费后的系列追踪服务,包括送货上门、义务维修、售后三包以及售后的感情联系等。真正的销售始于售后,这是众多销售专家的智慧结晶。

4. 提供优雅的购物环境

商业企业对购物的环境因素要认真构思,要采取可亲的态度、整齐的着装,从而吸引顾客。

5. 及时处理顾客的投诉

社会组织在提供销售与服务的过程中,会因为某方面工作的不到位而引起顾客的抱怨甚至投诉,这很正常,关键在于对顾客抱怨所采取的态度及补救措施,是诚恳检讨、虚心接受还是置之不理,甚至冷漠相对。有时,往往会因为一起小小的抱怨而引起整个组织的震荡甚至是致命的打击。只有充分尊重并维护顾客的合法权益,才能真正建立起融洽的顾客关系,在竞争中立于不败之地。在重大问题投诉者中,有34%的人会在问题解决后再次购买该组织的产品,而小问题投诉者的重复购买率达到52%。如果组织能迅速解决投诉,则重购率将在52%(小问题投诉者)和95%(大问题投诉者)之间。因此,让顾客感到满意,不仅可以使顾客成为忠诚的消费者,也可以使其成为"传道者",即通过他向其他顾客做宣传鼓动,而且这种宣传的影响力要远大于一般广告。

二、政府关系的协调

(一)政府公众的含义

政府公众是指政府各行政机构及其工作人员,即组织与政府沟通的具体对象。任何社会组织都必须接受政府的管理和制约,因此需要与政府有关职能机构和管理部门打交道,包括工商、人事、财政、税务、市政、治安、法院、海关、环保、卫检等政府职能部门及其工作人员。它是所有传播沟通对象中最具有社会权威性的对象。组织必须与政府各职能部门建立和保持良好的沟通,这是组织生存、发展的重要保障和条件。

与政府保持良好沟通的目的,是争取政府及各职能部门对本组织的了解、信任和支持,从而为组织的生存和发展争取良好的政策环境、法律保障、行政支持和社会政治条件。

(二)政府关系协调的意义

1. 政府的认可和支持是具有高度权威性和影响力的认可和支持

政府掌握着制定政策、执行法律、管理社会的权力职能,具有强大的宏观调控力量,代表公众的意志来协调各种社会关系。一个组织的政策、行为和产品如果能够得到政府官方的认可和支持,无疑将对社会各个方面产生重大影响,甚至使组织的各种渠道畅通无阻。为此,应该把握一切有利时机,扩大本组织在政府部门中的信誉和影响,使政府了解本组织对社会、国家的贡献和成就。如一个企业可以利用新厂房落成、新生产线投产、企业周年志庆、新技术新产品问世等机会,邀请、安排政府主管部门领导及党政要人出席企业的重要活动,主持奠基仪式或落成剪彩,参观新设备、新产品,通过种种现场活动提高政府部门对本企业的信心和重视程度。

2.与政府建立良好关系能够为组织形成有利的政策、法律、管理条例

政策、法律、管理条例是一个组织决策与活动的依据和基本规范,组织的一切行为都必须保持在政策法令许可的范围之内。通过良好的政府关系,组织能够及时了解到有关政策的变动,能够较方便地争取到政策性的优惠或支持,能够对有关本组织的问题在进入法律程序或管理程序之前参与意见,使之对组织的发展有利。为此,应该主动建立和加强组织与政府有关部门之间的双向沟通。一方面,组织的公关部门应该详尽地分析研究政府的方针、政策、法令,提供给本组织领导及各部门参考,使组织的一切活动都保持在政策法令许可的范围内,并随时按照政策法令的变动来修正本组织的政策和活动。另一方面,组织的公关部门应随时将实际工作部门的具体情况上传至政府有关部门,并根据本地区、本行业、本部门的特殊情况,主动地提出新的政策设想和方案,并通过适当的渠道进行说服性的工作,协助发现及纠正政策执行中出现的偏差或失误。

(三)政府关系的处理

组织在协调与政府公众的关系时,应遵循以下基本原则:

1.组织行为合法性原则

政府对社会的统一管理和调控,是通过制定一系列方针政策和法律法令来实现的。它要求历届范围内的一切组织必须依据方针政策和法律法令来规范自己的行为,社会组织也只有符合法律的要求才能得到政府的支持,行为不合法的组织则会受到政府的制裁。

2.局部服从全局的原则

社会组织相对于政府来说是局部利益。政府承认并保护社会组织独立存在的自身利益,组织利益与国家利益在本质上是一致的。但是当二者发生矛盾的时候,社会组织必须无条件地服从政府宏观的全局性利益,这是协调政府关系必须坚持的一个原则。

3.沟通与信任的原则

不断深化的经济体制改革要求政府对所属组织的直接管理转变为间接调控,这就要求社会组织在协调政府关系时加强沟通,使政府对组织的方针政策和行为有全面的了解与支持。

三、社区关系的协调

(一)社区公众的含义

社区公众是指组织所在地的公共关系对象,包括当地的管理部门、地方团体组织、左邻右舍的居民百姓。社区关系亦称区域关系、地方关系、睦邻关系。社区是一个组织赖以生存和发展的基本环境,是组织的根基,与组织在空间上紧密地联系在一块。共同的生存背景使社区公众具有"准自家人"的特点。

社区是一种客观存在,它由以下四个要素组成:第一,包括环境与资源在内的,人们赖以进行生产和生活的共同的地理区域。第二,因利益关系而紧密结合起来的人口群体。

第三,协调该地域中人们生产和生活的某种规则或制度。第四,在该地域中生活的人们所共有的思想意识、行为准则及文化观念等。

因此,社区公众就是在组织所处的社区范围内,与组织保持着某种利益关系的社会组织、社会团体或社会成员的总和。社区是组织生产经营活动的主要空间,是组织的根子所在。社区关系可能是顾客关系、员工关系,以及其他公众关系的延伸和重要组成部分;同时,社区公众又是组织形象最可靠的传播者之一。

发展良好的社区关系是为了争取社区公众对组织的了解和支持,为组织创造一个稳固的生存环境;同时体现组织对社区的责任和义务,通过社区关系扩大组织的区域性影响。

(二)社区关系处理

组织在开展社区公共方面应着力做好以下几方面的事情:

1. 维护社区环境

保护人类的生存环境,珍爱地球上的每个生命,是任何社会组织必须正视的问题。有许多社会组织在其运作过程中,存在着环保与效益的矛盾,即在生产效益的同时,也在生产着污染。随着政府对环境保护的日益重视和民众环保意识的逐步觉醒,这种状况会很快得到根治。对组织而言,绿色营销是其发展的必由之路。所谓绿色营销,是指组织在经营战略制定、市场细分与目标市场选择、产品生产、定价、分销、促销过程中要注重个体利益与社会整体利益的协调统一,并在此前提下追求经济利益的一系列经营活动。它不仅包括保护生态环境,消除一切污染环境的经营行为和有不良副作用、危害消费者身体健康的产品,也包括保护消费者心理健康,树立良好的社会风尚。在保护环境的同时,社会组织还应积极美化社区环境,尤其是要搞好自身生产与经营环境的美化。实际上,整洁的建筑、充满大自然气息的厂区和宁静、祥和、卫生的工作环境,也是一种赢得公众喜爱的举措。

2. 支持社区公益活动

社区关系不能仅停留在社会组织自身行为约束上,而应积极参与社区建设,促进社区繁荣与发展,与所在让区形成“共存共荣”的关系。尤其是在对社区公益性活动的支持上,应不遗余力。社区的各类领导者与意见领袖一般都希望本社区的社会组织能为社区的健康发展提供多方位的支持,尤其是在资金、人力等方面能给予帮助。社会组织作为社区的成员应树立正确的社区意识。取之于民、用之于民,让社区的所有公众真正以组织的存在为荣,从而建立起良好的“地利”环境。

3. 促进社区的安定与繁荣

让社区在繁荣发展的同时,拥有一种和睦、友善的氛围以及祥和、安定的生活环境,是每一位社区公众的理想。社会组织也应积极承担起此项职责。当然,充分发挥社会组织主体的经济与技术功能,帮助社区推进经济繁荣,也是一项重要的“社区义务”。

四、媒体关系的协调

(一)媒体公众的含义

媒体公众指新闻传播机构及其工作人员,如报社、杂志社、广播电台、电视台及其编辑、记者。媒体公众是公共关系工作对象中最敏感、最重要的一部分。这种关系具有明显的两重性:一方面,新闻媒介是组织与广大公众沟通的重要中介;另一方面,新闻界人士又是需要特别争取的公众对象。媒介与对象的合一,决定了新闻媒介关系是一种传播性质最强、公共关系操作意义最大的关系。从公共关系实务层次来看,新闻媒介关系往往被置于最显著的位置,甚至被称为对外传播的首要公众。

与新闻媒介建立良好关系的目的,是争取新闻传播界对本组织的了解和支持,以便形成对本组织有利的舆论气氛;并通过新闻媒介实现与大众的广泛沟通,增强组织对整个社会的影响力。

(二)媒体关系协调的意义

1.良好的媒体关系有利于形成良好的公众舆论

新闻传播机构及其工作人员是社会信息流通过程中的"把关人"(传播学中亦称为"守门人"),他们决定着各种社会信息的取舍、流量和流向,确定着公众舆论的中心议题,能够赋予被传播者特殊的或重要的社会地位,即具有"确定议程"和"授予地位"的功能。某个组织、人物、产品或事件如果成为新闻界报道的热点,便会成为具有公众影响力的舆论话题,获得较高的社会知名度;而且,一个信息通过新闻界客观的报道,容易获得公众的信任,有利于美誉度的提高。公共关系的一项重要任务,就是为组织创造良好的公众舆论,争取舆论的理解和支持。因此,与"把关人"建立良好的关系,有助于争取媒介报道的机会,使组织的有关信息能比较顺利地通过传播过程中的层层关口,形成良好的公众舆论环境。

2.良好的媒体关系是运用大众传播手段的前提

组织要实现大范围、远距离的沟通,就必须借助于各种现代大众传播媒介。大众传播借助于现代印刷、电子等传播技术,大量地、高速度地复制信息,跨越了时间和空间的限制,从而实现了大范围、远距离的传播。这是现代公共关系的主要手段之一。但是,大众传播媒介一般不是由组织内的公共关系人员直接掌握和控制的。有关信息能否被大众媒介所报道,以及报道的时机、频率和角度等等,要取决于专业的传播机构和人士。除花钱做广告之外,公共关系对大众媒介的使用必须通过新闻界人士才可能实现。因此,与新闻界人士建立广泛、良好的关系,是运用大众媒介、争取媒介宣传机会的必要前提。与新闻界关系越多,组织有关信息的报道数量就越多;与新闻界关系越好,组织有关信息的报道质量就越好。媒介关系的这种公关传播性之强,是其他公众对象难以比拟的。

(三)媒体关系的处理

处理媒体关系时,组织应注意做好以下几点:

(1)以礼相待。对待新闻媒介机构和记者要友好热情,不管记者对组织所发生的事件是褒是贬,都要为他们的工作提供必要的帮助、支持和服务。

(2)以诚相待。社会组织要为新闻媒介提供实事求是的材料,因为真实的新闻是媒介的生命。组织提供夸张、虚假的材料会扭曲组织本身的形象。

(3)平等对待。组织在提供信息和接待上,都应该做到一视同仁,给予各新闻媒介平等地获得信息的机会和权利。

(4)迅速及时。新闻信息的时效性很强。由此,组织要及时接待、邀请记者采访,争取在最短的时间内向新闻界提供最有价值的信息。

(四)制造新闻

制造新闻是指在不损害公众利益的前提下,有计划、有组织地策划具有新闻价值的事件,举办有新闻价值的活动,争取新闻宣传的机会。制造新闻是公共关系工作中艺术性、技巧性最高的活动之一。

五、竞争者关系的协调

(一)竞争者公众的含义

竞争者公众是指与本企业生产相同或相近产品,提供相同服务,从而具有同一市场的社会组织和个人。由于是同行,彼此之间在客观上就存在着一种竞争的关系。

竞争是市场经济的特有现象,它的基本功能就是优胜劣汰,推动社会经济向更高层次发展。随着社会的进步、经济的发展、市场竞争规则的不断完善,在现代社会里,竞争关系不再只是一种利益对立、此消彼长、弱肉强食、你死我活的关系,更多的将表现为相互促进、相互支持、取长补短、共同发展的文明竞争态势。因此,组织公共关系工作应该从积极的意义上去正确认识竞争者关系,彻底摒弃小生产狭隘、自私的经营观念和竞争行为,树立现代组织光明正大、勇于竞争、善于竞争的新形象。

(二)竞争者关系的处理

1. 应切实把握正确的竞争目的

同行间竞争的最终目的应该是你追我赶,友谊竞赛,以谋求相互促进、共同发展。尽管彼此间竞争都是为了提高各自的经济效益,但他们的基本目的仍是为社会多作贡献。因此,应在竞争中牢牢把握正确的目的,而不能单从本位主义或小集团的利益出发,倾轧对手,搞垮同行。

2. 竞争手段应光明正大

同行组织间的竞争绝不能违背社会公德,采取尔虞我诈、互挖墙脚、损人利己的伎俩,这种竞争即使取胜也是不光彩的。应该提倡以科学经营管理、改进技术设备、提高产品或服务质量等正当方式展开竞争,从而能使胜者心地坦然而成为表率,败者心悦诚服而奋起直追。

3. 竞争不忘协作交流

同行间虽是竞争对手,但由于彼此根本利益一致、最终目的一致,因此,既是竞争对手又是伙伴关系。双方完全可以在共同目的的基础上既竞争又合作,如相互交流技术成果与经验、支援人力与物力、共同研究解决专业难点等等。这一点表面看来与竞争不相干,其实是另一种意义的竞争,或者说是提高了竞争的层次,因为能主动协作交流的一方最起码在形象、精神竞争上占了上风。

六、国际公众关系的协调

(一)国际公众的含义

国际公众是指一个组织的产品、人员及其活动进入国际范围,对别国的公众产生影响,需要了解和适应对象国的公众环境时,该组织所面对的不同国家、地区的公众对象,包括别国的政府、媒介、消费者等。国际公众对象具有与本组织完全不同的社会和文化背景,因此传播沟通活动具有显著的跨文化特征。

搞好国际公众关系的目的,是争取国际公众和舆论的了解、理解与支持,为本组织及其政策、活动、产品和人员塑造良好的国际形象，创造良好的同际声誉。

（二）国际公众关系协调的意义

1.发展国际公共关系，为对外开放服务

我国实行对外开放政策，企业发展外向型经济，参与国际经济大循环，极需要发展国际公共关系。一方面，需要通过公共关系及时、准确地了解国际市场动向，了解有关国家的政治、经济、文化、社会等方面的信息，了解国外的投资者、合作者和客户等等；另一方面，需要运用国际公共关系手段，向国外的公众、舆论和市场传播自己的信息，树立自己的形象，介绍自己的产品和服务，提高自己的国际知名度和国际信誉。即使不出国门的企业，在对外开放的条件下，也要运用国际公共关系，为来华投资、经商或合作的外商以及来华旅游参观的外国客人提供信息服务，做好接待工作等等。在文化、艺术、科学、教育、医疗、体育等方面的国际交流中，也需要接触许多国际公众对象。良好的国际公共关系有利于促进这些方面的交流与合作，有利于树立中国在世界上的良好形象。

2.运用跨文化传播手段，促进组织形象的国际化

参与国际性活动的组织需要树立国际化的形象，即能够适应别国公众、获得各国人民接受和欢迎的形象。这就需要注意研究和适应别国公众的社会和文化差异，调整公关的政策和方法。国际公共关系是一种跨文化传播，与国内公共关系有很大不同。在信息的传播和对外交往方面，不仅要懂得运用外国的语言文字，还要了解对象国的历史文化、风俗习惯、公众心理，以及了解国际商法和对外交往的国际惯例，使传播的信息尽量符合对象国公众的习惯。国际公共关系要取得成功，还必须善于运用国际新闻传播和广告传播手段。不仅运用我国的对外传播工具，更要了解对象国及国际上知名的新闻媒介和广告界，与国外新闻机构和广告业建立联系，懂得如何为他们提供新闻资料和广告资料。国际公共关系界早已进入中国。我们的企业及各类组织一定要抓住机遇，运用国际公共关系帮助自己走向世界。

第五节　公众心理与公众行为

公众心理，是指在公共关系情境中，公众受组织行为的影响和大众影响方式的作用所形成的心理现象和心理变化规律。

公众心理主要表现为以下类型：

一、公众角色心理（个体心理）

公众角色心理是指公众在社会生活中，由于扮演不同的社会角色而在行为上表现出稳定的、经常的心理特点。

任何公众在社会中都扮演着一定的角色，角色又有自然角色和社会角色之分，自然角色和社会角色的区分是相对的。公众角色心理包括性别角色心理、年龄角色心理、职业角色心理、文化心理特征等。公众的这些角色心理因性别、年龄、职业、文化的不同常常表现出不同的心理特点。

二、公众群体心理

公众群体心理是指公众处在某一实际的社会群体中而在外部行为上表现出来的经常的和稳定的心理特点。

公众群体由于分类与功能不同，其心理特征也就既有共性又有特殊性。根据公关活动的特点，群体的心理特征可分为群体的一般心理特征和角色群体的心理特征两个方面。

三、公众知觉心理

知觉是人脑对当前直接作用于感觉器官的客观事物的整体反映。知觉之所以在当前能够一下子反映出事物的整体，是因为在此前已经历了对该事物各种特性的感觉，并在脑中储存着相应的感觉信息组合。因而，我们可以说，人的知觉是在感觉的基础上产生的需要、动机、兴趣、经验、知识等。

知觉对公众行为的影响，主要表现在以下几个方面：

（1）首因效应，即在人的心理中，第一印象具有先入为主的作用，而且这种作用具有持续影响人的认识活动的效应。

（2）晕轮效应，之所以把它称为"晕轮效应"，是说它像月晕一样，会在真实的现象面前产生一个更大的假象：人们隔着云雾看月时，在月亮外面有时还能看到一个光环，这个光环是虚幻的，只是月亮反射的光通过云层中的冰晶时折射出的光现象，事实上并不存在这样一个物质的、真实的光环。晕轮效应同首因效应一样带有强烈的主观色彩，往往容易产生"一叶障目，不见森林"的片面性。

（3）刻板效应，指人们头脑中存在的关于某一事物对象的固定印象，也是一种概括而笼统的看法。

这三类公众知觉对社会组织来说，很难绝对地说是好事还是坏事，是有利或是有害，关键在于社会组织如何去把握这三类公众知觉，即是去促成还是改变，从而保证组织与公众之间的正常交往和沟通。

四、公众需要心理

需要反映了有机体对其生存和发展条件所表现出的缺乏。这种缺乏既可能是生理的，也可能是心理的。在正常情况下，有机体生理状态和心理状态是趋于均衡的，这种均衡是个体维护其生存的条件。从某种意义上说，需要可以看作是减少或消除这种紧张状态的反映。人的需要具有广泛性、关联性、反复性、竞争性、发展性和差异性等特点。

五、公众态度心理

一般来说，态度由认知、情感、意图三个因素构成。态度并非行为，而行为以态度作为内在动力。态度可以被看作是心理向行为过渡的临界点，态度是行为的准备状态，行为是态度的表现状态。态度的变化直接影响着行为的变化，行为的变化导致态度各个因素相互关系的变化。其间伴随着情感的激励作用，即按照情感的方向激励着主体采取一定的行为作用于态度对象。态度的这三个因素相互联系、相互制约，形成了一个相对稳定的统

一体。态度作为一种心理现象对公众行为有以下影响:

(1)通过公众知觉的选择性和判断性影响公众的行为。一般来说,人的行为是由一定的外部或内部刺激引起的,但人并不是消极地接受这种刺激,这种刺激只有经过人类心理上的加工作用后才能为人所接受。人的态度就在人的心理活动中起着"加工作用"。

(2)预定着公众的行为方式。态度是一种内在的行为倾向,当这种行为倾向见之于实际活动时,就是完成的行为。因而,在通常情况下,个人的态度和行为是一致的。态度直接影响和决定个人的行为,具有预测行为的能力。

(3)决定人的行为效果的差异。不同的人对同一人或事的态度不同,即存在着态度差异,态度差异又影响着人的行为。一般说来,积极的工作态度会产生高效率,消极的工作态度会导致低效率。

案例讨论

案例一:富士康"连跳门"背后的深思

新华网深圳 6 月 2 日电(记者王传真)富士康科技集团 2 日对外发布了基层员工全体加薪的消息。

据介绍,从 2010 年 6 月 1 日起,富士康集团对企业作业员、线长、组长薪资进行调整,员工整体薪资水平提升 30% 以上。

作业员由原来的 900 元/月调升到 1 200 元/月;作业员月薪高于 900 元者,上调幅度不得低于 30%;线长、组长在现有薪资标准基础上调升 30% 以上;其他职等员工,薪资调整方案近期另案公告。富士康集团表示,此次加薪主要是基于物价、生活费用上涨及结合集团整体经营状况而作出的决定。富士康重视员工生活,希望员工在减少加班的情形下也能增加收入并拥有足够的休闲时间。

富士康无疑是一家现代化的企业,本应能给员工带来他们所期盼的幸福和快乐,却反而连续发生员工跳楼事件,它带给人们的思考,已远远超越了事件本身。富士康科技集团近日推出了一系列关爱员工措施,化解危机。

低员工成本与超时劳动

员工工资单:

时间:2009 年 11 月。底薪 900 元;正常工作 21.75 天,平均加班 60.50 小时,报酬 469 元;周六日加班 75 小时,报酬 776 元,工资总额 2 149.50 元。

这名员工当月收入的 60% 靠超时加班挣得,总计 136 小时的加班,比《劳动法》规定的最高加班时间整整多出 100 小时。一位富士康员工说:"这一点儿都不稀奇,我们中的很多人每天加班都在两三个小时以上。"

深圳市人力资源社会保障局对 5 044 名富士康员工的抽查显示,72.5% 的员工超时加班,人均月超时加班 28.01 小时。超时加班给员工带来巨大的工作压力,影响的是他们的身心健康。

员工工作流程:

从流水线上取电脑主板——扫描商标——装进静电袋——贴上标签——最后重新放

入流水线。忙的时候，一分钟至少要装7个。——这是21岁的富士康员工鄢远江8小时工作的全部内容。

"问题的关键不在于机械的重复性劳动，而是在8小时以外不得不在流水线上继续重复，否则，连生存都困难。"他说，尽管加班造成身心疲劳，但为了挣钱，愿意选择加班。这，代表了不少员工的心态。

不加班挣钱没有资本，超时加班没时间放松——微薄的薪酬常常使员工陷入两难。而这样的现象绝非富士康独有，记者在沿海一些劳动密集型企业采访发现，超时加班并不罕见。

奖千元也叫不上室友名

中国目前拥有近1亿新生代农民工。中央农村工作领导小组办公室主任陈锡文说："但从认识、制度到措施，我们都还没有做好接纳他们的准备。"

前不久的一份抽样调查显示，在杭州的440名外来农民工中，有66%的人把家庭生活、朋友交流、文化娱乐列在了"精神生活清单"的最前列。"社会上的一切都离我们很遥远，我们好像被社会遗忘了！"一位富士康员工感慨。

在2.3平方公里、45万人的富士康，"最熟悉的陌生人"是对员工关系的贴切描述。富士康今年5月中旬举行的一场励志交流大会上设立了一个游戏，谁能说全同一个寝室的室友名字，可以拿到1 000元奖金。遗憾的是·没有人拿走这份奖金。

直到2007年底，富士康才成立工会，仅有的15名专职人员未能有效发挥维权职能。绝大多数员工游离在党团组织之外，得不到关怀和帮助。在深圳市总工会的问卷调查中，党团、工会组织被富士康员工列为"最少求助"的对象。

新规每周至少休息一天

据富士康集团工会联合会副主席陈宏方介绍，近日推出的系列改善措施主要包括：

建立24小时通报机制，针对员工工作、生活、交友、情感、心理等异常状况，建立信息员制度。信息员以车间主管、宿舍管理员及室友等为主。

构建关爱平台。设立员工关爱热线78585和员工关爱信息平台，由专人负责联络，每条信息都必须得到及时处理。

建立联席会议制度。每天下午5点，在员工关爱中心召开专项会议，现场解决问题。会议由行政总经理主持，人力资源、党委、工会、卫生、安全等部门主管及专案工作人员参会。

推动"富士康心灵之约"系统工程。开展员工心理健康拓展训练，开设心理咨询室、宣泄室，为员工播放励志、情感、成长类电影。

推动员工保障工作。执行"周休一"制度，即员工每周至少休息一天，开展加班管控保护稽核；推动员工救助工作，救助困难员工、慰问困难员工家属、慰问患病员工、工伤员工，及时发放慰问金。

（资料来源：http://news.sina.com.cn/c/2010—06—07/034520423569.shtml）

讨论题：

1.有不少人说，富士康频频发生命案，源于缺少"人文关怀"企业管理文化，你怎么看？

2.企业应当如何处理员工关系？如何平衡经济利益与社会责任？

案例二:只有一名乘客的航班

英国航空公司所属波音 747 客机 008 号班机,准备从伦敦飞往日本东京时,因故障推迟起飞 20 小时。为了不使在东京候此班机回伦敦的乘客耽误行程,英国航空公司及时帮助乘客换乘其他公司的飞机。190 名乘客欣然接受了英航公司的安当安排,分别改乘别的班机飞往伦敦。但其中有一位日本老太大叫大竹秀子。说什么也不肯换乘其他班机,坚决要乘英航公司的 008 号航班。实在无奈,原拟另有飞行安排的 008 号班机只好照旧到达东京后再飞回伦敦。

一个罕见的情景出现在人们面前:东京—伦敦,航程达 13 000 公里,可是英国航空公司的 008 号班机上只载着一名旅客,这就是大竹秀子。她一人独享该班的 353 个飞机座席以及 6 位机组人员和 15 位服务人员的周到服务。有人估计说,这次只载一名乘客的国际航班使英国航空公司至少损失约 10 万美元。

(资料来源:曾琳智《新编公关案例教程》)

讨论题:

1. 顾客是否永远是正确的? 当社会组织与公众发生矛盾时应当如何解决?

2. 这种做法是否值得? 我们从这则案例中应该注意些什么?

本章小结

公众是一个以社会组织主体为核心,在某种利益上相关的群体组合,是公共关系工作的直接对象。本章首先阐述了公众的概念,指出公众具有整体性、共同性、相关性、可变性等特征,然后根据不同的标准对公众进行了不同的分类。紧接着分析了组织处理与各类公众关系(包括员工关系、顾客关系、媒介关系、社区关系、政府关系)的方法与技巧。最后简述了公众心理的含义及特点,公众角色心理、公众群体心理。阐述了知觉、需要、态度、流行、流言等心理的行为表现,以及组织对公众心理的认知。

习　题

一、辨析题

公众在公关活动中处于被动地位,其作用是可以忽略的。

二、问答题

1. 公众的含义、特征及分类是什么?

2. 组织选择公众应遵循哪些原则?

3. 组织应如何协调与不同公众的关系?

三、实训题

模拟一次学校与学生家长的沟通会(主题自拟)

[实训目的]

通过本次实训,使学生了解学校组织与学生家长公众的沟通方法与技巧。

[实训要求]

3～5 人为一组,分别模拟学校有关部门人员与学生家长的角色,体会沟通技巧的运用。

[效果评价]

教师教学点评、打分,评价表如表 3-1 所示。

表 3-1　"模拟人际传播障碍及其克服"实施评价表

专业		班级		学号		姓名	
考评内容	模拟学校与学生家长沟通计划实施						
考评标准		项目内容			分值	评分	
	准备环节	项目设计是否科学			15		
		任务分配是否合理			5		
		准备是否充分			5		
	实施环节	计划实施是否熟练			10		
		沟通方式是否得当			10		
		沟通效果是否明显			30		
	能力测试	沟通协调技巧			5		
		团队合作精神			10		
		应变能力			10		
总　　　计					100		

拓展分析

观看电影《水门事件》,分析政府应如何处理与媒体及其他公众的关系?

第 **4** 章

公共关系传播与沟通

本章知识点：公共关系传播的概念；公共关系传播的基本要素、隐含要素；公共关系传播模式；传播类型及传播媒介；公共关系沟通原则。

案例导读

"周一见"，给发起它的纸媒上了尴尬一课

来自娱乐圈的绯闻，本周末最为壮观，更创造了"周一见"这样的热门话题，文章夫妻危机，第三者姚笛的种种传言和事实都在微博爆炸，微博的媒体属性强调无疑。周日晚间，周一凌晨 0 点，明星文章和妻子马伊琍的两条分别是"认错"和"原谅"的微博，更把此事推向高潮。与此同时另一个最早爆出猛料的南都娱乐周刊却陷入了新的尴尬，死守周一的杂志怎么办？事实上在社交媒体时代，没有什么新闻是可以捂住两天的。

这也引发了很多人对于传统纸质媒体生存状况和行业窘境的讨论，大家都看到，明天出街的所谓杂志独家已基本失去价值。网络时代无独家，纸媒总是慢一步，已是事实。南都娱乐周刊自己也发官方微博调侃和自嘲说，"本刊预告（媒体注：这里指'周一见'）始料未及地成为 2014 娱乐第一热词，令我们感触颇深。传播方式的变化深刻改变着媒体与读者的关系，新的媒介环境下南都娱乐如何能在每一个周一与你相见时不负期待，是我们正在认真思考的课题"。

（资料来源：中国公关网，2014.3.31）

启发与总结：大事件面前，各种媒体形态各显神通，还远没有到谁替代谁的地步。

传播是连接社会与公众的中介，是沟通公共关系主体与客体的桥梁，没有传播，就不可能建立良好的公共关系。传播也是公共关系的基本要素。正如美国公关专家赛特尔所说："专业化公共关系之核心，在于通晓如何传播。"因此，掌握传播这个关键工具是公共关系工作所必需的。

第一节　传播及其构成要素

一、传播的含义

"传播"一词源于英文"communication",一般意义上的理解是指人们在交往过程中将信息进行传递、接受、共享和沟通的过程。公关活动中的传播是指社会组织通过符号、图像和媒介,将自身的信息和观点有组织、有计划地与公众进行传递相交流的过程,使公众在思想、观念、态度、行动等方面发生相应变化,树立组织在公众心目中的形象,以此提高社会组织的知名度、美誉度与和谐度。理解公关传播的含义,要把握以下几个要点:

(1)公关传播的主体是社会组织,而不是个人,也不是职业性的信息传播机构。

(2)公关传播的受众是目标公众。目标公众是一个构成复杂、范围广泛的群体,通常分为两个部分:一是组织内部公众,二是与组织构成某种特定联系的外部公众。

(3)公关传播是沟通组织与公众的桥梁。社会组织在与公众联系时,主要是通过传播媒介进行的。社会组织通过传播媒介把政策和意图传递给公众,公众的意向、愿望也同样需要通过传播媒介反馈到社会组织。只有传播才能担负起这种双向交流传息的职能。

(4)公关传播的内容是信息或观点。公关传播就是把社会组织的观点和其所制定的政策、方针,与公众进行交流。它的一个很大的特点就是共享性,将少数人享有的信息与观点通过媒介手段向公众进行传播,使公众得以共享。因此,传播媒介要生动、全面、客观、准确地向公众传递各种观点与信息,以便更好地认识公众、说服公众、影响公众、赢得公众,同时为社会组织决策和行动提供依据。

(5)公关传播的手段是各种媒介的组合。社会组织需要运用传播媒介向公众进行信息或观点的传递。传播媒介可以根据传播所要沟通的公众对象的不同和组织的特点而有所区别。通常情况下,对所选择媒介的基本要求是影响范围广泛、传播速度快。组织在传播时,可以选择一种媒介或是几种媒介的组合。

二、传播的特点

公关传播具有以下显著特点:

(1)社会性。传播是人们建立相互联系、维持社会生活的一种社会行为。任何传播行为都不能脱离社会,同样,社会也离不开传播行为。人们每天都要通过语言进行交流,通过表情传递感情,通过交换意见表达自己的内心世界,通过各种信息了解社会、支配生活。社会组织在其运行过程中要同组织内部员工加强感情交流,要同组织外部的公众加强信息交流,了解公众的有关情况,同时也使公众更多地了解组织。

(2)双向性。传播的双向性,是指组织与公众之间的信息沟通与交流是一种双向、互动的行为。在传播过程中,组织的观点、决策、目标是否正确,是否符合公众的实际,要依靠公众反馈的信息来检验和修正。如果只注重组织的信息传播,而不注意公众的信息反馈,则组织的计划、方案和决策无法得到检测,沟通与协调也无法实现,组织与公众协调一致的目的更无法达到。

（3）情感性。随着生活节奏的加快和生活水平的提高，人们越来越强调情感交流，强调精神生活的愉悦。情感在双向信息交流与沟通中起到润滑剂的作用。在传播过程中，情感的特点表现为相互尊重、信任、平等式交流，也表现为互动、认可、合作式沟通。这种情感式的交流与沟通能起到调节作用，有助于组织与公众双向互动关系的发展。

（4）互利性。公关传播是一种信息传递和交流的活动，这种活动不能是单向的，不能只出于社会组织自身的需要。一个成功的传播活动必须着力于寻找组织与公众双向之间利益相关的热点，抓住双方利益之所在来开展传播活动，这样的公关活动效果才比较理想。

（5）共享性。传播中的信息共享，是指公关人员要合理地开发和利用信息资源，使同一信息能为更多的特定公众所享用。信息的共享性不仅指时间上共享，也指空间上共享。就时间上共享而言，组织在进行信息传递时，也在进行自身的信息存储和享用；就空间上共享而言，信息作为一种资源，能跨地域同时为更多的公众所使用。

三、传播的要素

公关传播的要素包括两大类，一类是基本要素，主要指信源、信息、信道、媒介、信宿以及编码、译码、反馈等，这一类是任何传播中都必不可少的要素；另一类则是隐含在公关传播过程中的若干要素，一般指时空环境、心理因素、文化背景、信誉意识等，这一类要素的综合程度如何直接影响着公众传播的效果。只有将这两类要素加以综合运用，才能使公关传播顺利进行。

（一）传播的基本要素

（1）信源。信源在传播学上又称为传播者、发信者。在公关传播中，信源既可以指某个社会组织，又可以指代表社会组织的某一个人。

（2）信息。信息是指传播的内容及其表现形式的综合。在公关传播中，传播的信息有多种多样的表现形式，如文字、声音、图像、照片、模型等。

（3）信道。信道是指信息传递的渠道或途径。在公关传播中，如果要举行新闻发布会，其信道就是以声波通信、综合传递等为主。

（4）媒介。媒介是用以记录、保存并可再现、传递信息的载体。在公关传播中，常用的媒介有广播、电视、网络、报刊、杂志等。

（5）信宿。信宿在传播学中亦称为受传者、传播对象或受众。对于不同媒介的受众来讲，即分别是读者、听众、观众等。在公关传播中，受众既可以是特定的公众，也可能是不特定的公众。

（6）编码。编码就是传播者为了使传播内容易于被传播对象理解和接收，根据传播对象、信道和媒介的特点，按一定的规则将传播内容编制成信息系统的过程。在公关传播中，编码工作是十分关键的，它直接影响着传播效果。

（7）译码。译码则是受传者（听众、观众、读者等）收到信息后，将信息译为自己能理解或接受的内容的过程。在公关传播中，译码过程主要是相对于公众而言的。然而公众所持的立场、观点、态度各有不同，这些有可能直接影响公关传播的效果。因此，公关人员在进行传播时，首先要考虑到公众（信宿）和译码的影响。

(8)反馈。反馈是传播过程中的信息回流,是信息传播者对受传者接受传播者原先发出信息所作出的反应的了解过程。在公关传播中,传播者可以根据反馈检验前一段传播的效果,并据此修整计划、改进工作。

(二)传播的隐含要素

(1)时空环境,是指传播的时间、空间环境。在公关传播中,对传播的时间和空间环境把握如何,也直接影响着传播效果。比如,以儿童节为背景的公关传播活动放在七月进行、把来访客人安排到不恰当的位置上就座等,都会给公关传播带来不好的效果。任何传播都是在具体的时间、空间中进行的,不同的时空环境会使受众感受到传播信息的程度差异,并造成接受信息的区别。

(2)心理因素,是指参与传播过程中人们的情感心理状态。从传播者到传播对象都有自己的情感心理状态,一般而言,两者的心理因素如果相近,而且都轻松愉快,其传播效果就好得多。因此,在公关传播中,传播者应该研究公众的心理因素,并据此策划传播的方式、方法,以求达到与公众之间的心理沟通,从而取得最佳的传播效果。

(3)文化背景,是指在传播过程中经济环境、政治观点、民族心理、风俗习惯、思维方式、价值观念、审美标准等文化因素的影响。不同地区、不同国家、不同民族、不同信仰的人们的文化背景往往是不相同的,因此在公关传播中,传播者务必要了解受传者所处的文化背景,以避免不利的传播效果。

(4)信誉意识,是传播内容及其传播者的信誉程度。一般来讲,传播者的信誉度越高,受传者对所传内容就越相信,其传播效果就越好。因此,公关传播时要非常注意提高传播的信誉意识。其主要方法有:保证传播内容的真实可靠性,借助"权威""名人"提高传播者的信誉程度,等等。

第二节　传播模式

模式是事件的内在机制以及事件之间关系的直观的、简化的形式。传播模式分析,就是把传播过程分解为若干组成部分,以显示其在传播过程中所起的作用。

自20世纪20年代以来,西方传播学家从各个不同的角度对传播过程进行了探讨,提出了许多传播理论和对传播过程进行高度概括的传播模式,在此介绍几种比较典型的传播模式理论。

(一)香农—韦弗模式

1949年,美国著名的信息理论专家、数学家香农与其合作者沃伦韦弗提出了"传播的数学理论"。其模式如图4-1所示。

这个模式区别于其他模式的特点在于:它提出了"噪音"的概念,客观地反映出在传播过程中,某些信号由于会受到不同程度的曲解和误解,从而可能引起信息的失真。但该模式属于单向直线传播模式,它存在两个明显的缺陷:第一,缺乏信息反馈;第二,忽视了影响社会信息传播过程中的两个重要因素,即客观的社会环境如政治、经济、文化等制约因素和主观的传受双方的动能因素。

公共关系：理论、实务与案例

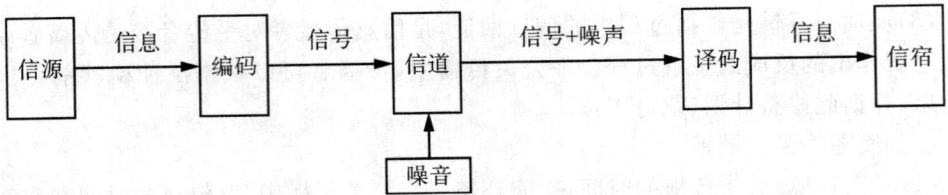

图 4-1　香农—韦弗传播模式

（二）施拉姆提出的"反馈传播"模式

美国大众传播学权威施拉姆提出的"反馈传播"模式，主要讨论了传播过程中主要行动者的行为，把行动的双方描述成对等的，都行使着各自几乎相同的功能。其模式如图4-2所示。

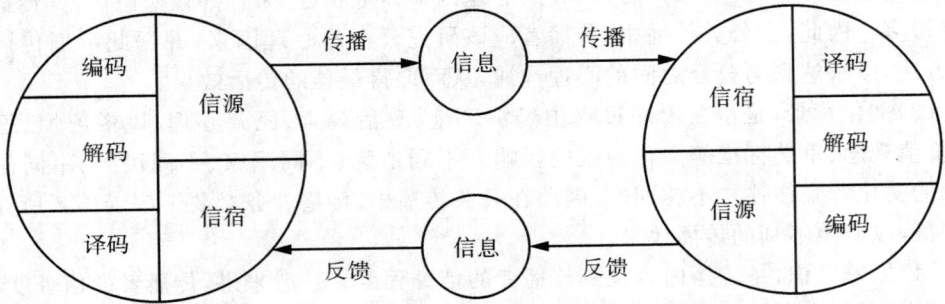

图 4-2　施拉姆"反馈传播"模式

这个模式是一种双向的循环式运动过程，它与传统线性传播模式的根本区别在于：第一，它引进了反馈机制，将反馈过程与传受双方的互动过程联系起来，认为传播是一种互动的循环往复的过程。第二，在这一循环系统中，反馈对传播系统及其过程构成一种自我调节和控制，提出传受双方要顺利沟通，必须根据反馈信息来调节自身行为，使整个传播系统始终处于良性循环的可控状态。

（三）公共关系传播模式

它是根据施拉姆"反馈传播"模式的理论设计的，并包含了拉斯韦尔的五因素模式（5W）。其模式如图 4-3 所示。

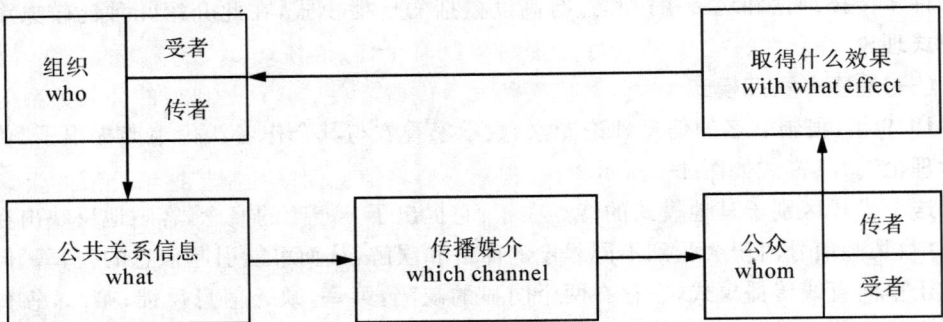

图 4-3　公共关系传播模式

公共关系传播模式表明：信息来源是组织，传播的内容是为了实现组织公共关系目标的信息；传播渠道是人际传播媒介、大众传播媒介等；传播对象是组织所面临的公众；根据反馈的信息，不断调整、修改下一步传播计划，从而树立起良好的组织形象。

第三节　传播类型及传播媒介

一、传播类型

传播学中有一句名言——你不得不传播，这说明传播是人类特有的一种基本的社会行为。公共关系传播是一种综合性的传播行为，它基本上属于组织传播层次，但又具备各种传播类型的特点。从这个角度上讲，研究一般传播的不同类型，将有助于公共关系传播活动的开展。

（一）人内传播

人内传播又称自身传播，指传播双方为一体的信息交流沟通方式，如个人自我反省、回忆思考、自言自语、自我发泄、自我安慰、自我陶醉、思想斗争、内心冲突等。凡是心智健全的人，都存在着自传现象。人通过自传，可使人在受到外界的各种冲击时，达到自我的心理调节，导致成功和谐的对外传播沟通。人内传播是人类一切传播行为的基础。

（二）人际传播

人际传播指人与人之间直接的信息交流沟通方式。这种传播，双方参与度高，传播符号多样、手段丰富，信息反馈灵便，感情色彩强烈．但是，这种传播范围小、速度慢。例如，男女之间感情的交流就属于人际传播。

（三）组织传播

组织传播指组织机构同组织机构之间、同公众之间、同社会环境之间的信息交流，这种传播的主体是社会组织。当组织利用其封闭沟通时，是组织的内部传播，具有层次性、有序性等特点；当组织利用其开放沟通时，是组织的外部传播，具有公众性、大众性等特点，但必须借助传播媒介来进行。无论是内部传播还是外部传播，组织传播都具有明确的目的性，即为实现社会组织的目标；具有严格的可控性，即服从组织总目标而有良好的控制性能；具有综合性的特点，即由于传播对象既有个体、群体，又有更广阔的公众，故其传播手段集人际传播、小组传播、公共传播和大众传播之大成。这是典型的公共关系传播。

（四）大众传播

大众传播指职业的传播者通过大众传播媒介将信息大量复制传递给分散的大众的传播方式。优点是能够在最短的时间内获得最大的传播面；由于职业新闻工作者作为"把关人"，大众传播媒介具有"过滤性"，所以传播的信息权威性大、说服力强；个人情感因素介入较少，有高度的公开性。缺点是信息反馈缓慢、零散，评价传播效果的工作量较大。鉴于大众传播量大面广、影响力强，对迅速建立组织形象、扩大组织的知名度有重要的作用，因此是公共关系传播的主要手段。

（五）国际传播

国际传播指国家与国家之间的信息和观念的交往和传递。国际传播具有多方面的作用：(1)为了交换各方所需要的情报，如科学技术的引进和输出、学术观点的交流和探讨；(2)为了宣传自己的主张，如发表声明、递交照会、制造国际舆论等等；(3)为了建立和加强国与国之间的关系，如进行国事访问、参加国际活动、开展文化和艺术交流等等。正因为国际传播作用巨大，"两国交战，不斩来使"几乎成为自古至今一条不成文的规定，所以即使在兵戎相见之时，国家与国家之间信息的交流也是必须保障的。在国际传播中，一定要充分考虑语言、文字、风俗习惯、伦理观念、宗法道德、政治经济等跨文化因素的影响。搞好国际传播对一个国家塑造良好的国际形象、建立良好的国际环境十分重要，是开展国际公共关系的重要手段。

综上所述，以上几种传播类型，可以说是由低级向高级、由简单向复杂方向发展的。这种发展出现了四种变化：

第一，受众面越来越大；

第二，传受双方在距离和感情上越来越远；

第三，信息的个性化越来越淡；

第四，组织系统和传播技术越来越复杂。

但这并不是说，几种传播类型有优劣之分。正如我们分析的，几种传播类型各有特色、互有长短。它们不是相互取代的关系，而是在信息传播的数量、质量、速度、范围、效果上相互补充、相互渗透。在公共关系工作中，我们应该根据实际情况，选择不同的传播类型，也可以吸取各种传播类型的优点综合使用。有时只需人际传播，如交谈就行了；有时只需大众传播，如在电视上发条消息；有时则需要综合运用各种传播类型，才能取得最佳的公共关系传播效果，如正大集团赞助播出《正大综艺》节目，这就至少把公关传播同大众传播结合起来了。

二、传播媒介

社会组织要进行信息传播，总要凭借一定的传播工具，这种传播工具就是公共关系传播媒介。因此，在公共关系传播中，除了要求公关人员掌握公共关系传播的基本原理、规律、技巧以外，还必须熟悉各种传播媒介的性质、特点和用途，以便恰当地选择传播媒介，达到最好的传播效果。

基本传播媒介的社会功能主要有传播思想、实施教育、交流信息、沟通情感、事实报道、社会监督、娱乐休闲、文化传承、艺术欣赏等功能。根据大众传播的主要功能和公关活动所涉及的主要传播种类，我们可以明确，在公共关系活动中所使用的传播媒介主要有语言媒介、印刷媒介、电子媒介和其他媒介。

（一）语言媒介

语言媒介主要指个人在人际传播中使用的各种信息传递方式。它包括有声语言和无声语言两大类。

1.有声语言

有声语言，即口头语言，又称口语。口语传播专指传播者（说话人）通过口腔发声并运用特定的语词和语法结构及各种辅助手段向受传者(听话人)进行的一种信息交流。

有声语言传播在公共关系活动中的运用是有技巧可言的。公关语言技巧是传播者在了解和认识传播规律的基础上,对语言的特点加以艺术性运用的一种方法,它是公共关系实务的基本传播手段,在日常接待、新闻发布、演讲、沟通性会议、公务谈判和演说等场合应用非常广泛。它主要包括说话的技巧、听话的技巧、提问的技巧和演讲的技巧。

第一,在说话方面首先要讲究全身心投入,对讲述的内容要用词准确,有感情,声情并茂地表现出诚恳、认真的态度;其次语言要通俗、生动、口语化,不要用生硬的书面语,更不要用套语和晦涩的词语;再次是用语要准确简洁,用最少的、最精确的语言表述最多、最生动的意思;最后要讲究流畅的语流和和谐的语言表达风格,并且在音量、音速和音顿上有精确的讲究,在使用副语言时也要准确、传神。

第二,在听话方面也要十分注意聆听的艺术。聆听艺术是语言传播的重要技巧。首先要讲究全神贯注地听,做到尊重说话人以及他讲述的内容。其次要用积极的反馈激发说话人的谈话热情,并运用表情和动作鼓励对方,以增加表达效果。最后是要多听对方的谈话内容,思索对方的每一句话包含的信息量,做到尽快与对方沟通。

第三,在提问方面首先要尽量使用双方习惯和喜欢的问话方式;其次要做到文明提问,尽量避免直接提问带来的不礼貌;再次还要注意避免一次提多重问题,给对方的回答造成压力;最后是要注意提问时机必须适当,所有的问题必须围绕中心问题展开,不能问不着边际的问题,更不能离题万里。

第四,演讲方面也要讲究技巧。首先演讲时开头要引人入胜,用精致的语言、诚挚的情感引导听众的兴趣和注意力;其次是表达要形象生动、传神;再次要选择典型、有新意的事例,并适时将演讲推向高潮;最后在演讲的结尾处要深刻、含蓄,耐人寻味。

2.无声语言

无声语言,也有人将无声语言传播称作非语言传播。它主要是借助非有声语言来传递信息、表达感情、参与交际活动的一种不出声的伴随言语,分为默语和体语,它的使用也是有技巧而言的。

第一,在默语使用方面。默语是言语中短暂的间隙,往往能会出言外之意、话外之音。对默语的使用有多方面讲究。首先要利用各种环境因素造成丰富的寓意,产生"此时无声胜有声"的效果。其次是讲求适度实效,在使用默语时要借助有声语言,互相映衬。最后要注意无声的感情,例如突然之间戛然而止的强烈效果。

第二,体语使用的技巧。体语是以人的动作、表情和服饰来传递信息的一种无声语言。在传播中体语表述的内容是丰富复杂的。首语,即点头与摇头包含的意思,前者为肯定,后者为否定,有时它们的应用比语言更生动。手语,即用手所表达的丰富内涵,如手指构成的语言、手势和哑语等,再如握手传递的信息。足语,就是用脚的运动表达的内容,例如跺脚、来回踱步等等。目光语,眼神和视角、视线传递的内容也是很丰富、微妙的。微笑语,是通过不出声的笑所传递的信息,主要由面部肌肉的运动来完成各种复杂信息的传递。姿势语,是人体的动态或静态所表达的信息为容,如鞠躬、立正等等。服饰语,是指通过服装和饰品所传递的信息,也是一种个人素养、爱好和文化品位的显现。

(二)印刷媒介

印刷媒介就是印刷类传播媒介，它是借助大量复制，快速显现的印刷技术而进行的图形和文字传播手段，它可以用于小团体范围和人际传播，但主要属于依赖大规模印刷技术的大众传播手段。它是以文字、图片形式将信息印刷在纸张上所进行的传播。例如报纸、杂志、传单、招贴、书籍等。在公共关系实务活动中，以上几种形式的印刷媒介的使用频率是很高的。

1.报纸

它是以刊登新闻为主的定期出版物。其特点很明显：报纸是整张发排印刷的；通过版面空间的排列，将各种信息高度结合在一起；报纸的新闻资料一般是公布性和告知性的，时间性较强，另外报纸的发行是周期性的。作为具有以上特性的报纸，对公关组织宣传自身形象，是一种非常有力又十分有效的手段。

报纸的优势是便于选择，便于保存，信息量大，经济实惠。报纸的这些优点使我们迄今为止仍然将其视为公关宣传工作的主要传播媒介。

报纸也有其自身的局限，它属于文字和图形的印刷物，对于一些直观的图形来说，也许会使人一目了然，但报纸绝大部分的内容是文字符号和规范的图形符号，所以报纸受文化水平的限制，没有识字能力的文盲无法接受报纸媒介的传播。另外，报纸属于静止媒介，没有动感和变化，所以它的生动性和及时性不如广播和电视。在公共关系宣传中，如果是力求生动、逼真、传神的内容，就要考虑选择实物或电子媒介。

2.杂志

它是以成册装订的形式刊出的定期出版物，杂志的内容含量大，分类排列的内容详尽、全面。杂志的特点也是很明显的，一般说来杂志内容分类清晰、专门性强，对某一方面的信息传播集中、深入，适合专门性研究和信息的获得。另外杂志对于特殊的内容也可以深入分析、专门传播，目标性和指向性也较突出。而且杂志的资料性、解释性和学术性比一般的媒介更强，更有史料价值。在公关工作中，如果侧重于深入宣传和进行公关理论研究工作，就要注意选择期刊和杂志。

杂志的优势十分明显。由于它成册装订、定期出版的传播方式，特别是专业化的信息传播方式使杂志种类繁多、形式多样，同时杂志对于专门的内容可以多方面、多角度传播，内容丰富，针对性强。另外，由于杂志的装订形式，也使它印刷精良、吸引力大。

杂志的局限性主要有两点，一是发行周期长，新闻性弱，时效性差；二是对读者的文化水平要求高，相对价格也较高，这是因为其成本比报纸高。在公关工作中如果是专业性强且要求一定的文化和艺术内容的信息传播，就要选择杂志，如果强调新闻性、快捷性，就应当选择报纸和电子媒介。

3.传单、图片和招贴

公关工作还要用到一些其他印刷媒介，在印刷媒介中还有诸如传单、招贴和图片等印刷品，它们具有不定期、不专业、偶然性强和针对性强的特点。

传单：属于单张性的宣传印刷品，内容单一，针对目标集中的内容进行传播，如企业简介、产品说明、产品目录、经营特色、促销宣传品和邮递广告等。

图片：它是通过平面构图传递形象信息的印刷品，具有准确、客观、逼真的特点。适合于直观、快速、醒目地传递公关信息。

招贴：即印刷后的图文单页资料、利用公共场所进行公开悬挂和张贴的传播形式。它是其他主要媒介的辅助手段,有醒目、明确的特点。

（三）电子媒介

电子传播媒介是需要运用专门的电子接收和发送设备来传播信息的传播媒介。它以电波的形式传播声音、文字、图像,运用专门的电器设备来发送和接收信息。电子媒介主要有广播、电视、电影、录音、录像、幻灯、多媒体电脑和网络。在这些媒介中,既有人际传播使用的录音、录像,也有小群体传播使用的影像和幻灯等,更有大众传播使用的广播、电影、电视。网络是一种特殊的媒体,既适合于人际又适合于群体,更适合于大众。

1. 广播

广播是指通过无线电波或导线传送声音符号的传播媒介,是最先普及的大众电子传播媒介,它以声音为传送形式,作用于人的听觉器官。

广播的优势在于：传播迅速、覆盖面广;通过口语、音响传播,较生动,有现场感;机动性强、鼓动性大;成本低廉,普及率高。在公共关系及传播活动中,如果要追求短期内的轰动效应,优先选择的媒介应当是广播。

广播的局限性也很突出。首先是它"只闻其声,不见其人";其次是稍纵即逝,不便保存;再次是无法选择,检索性差;最后是它顺序播出,无法捕捉重点。

2. 电视

电视是用电子技术传递声音和活动图像的传播媒介。电视第一次将人的视听结合在一起,在较以往任何传媒都真实的程度上传递信息,它既作用于人的听觉,又作用于人的视觉,是一种较全面的传播方式,比其他媒介更生动、传神、直观、迅速。公关实务活动的首选媒介总是电视。无论在哪一方面,它都是影响最大、效果最好、传播最快的信息传输方式。电视是大众传播的核心媒介。

电视的优势是除网络外的其他媒介所无法比拟的。首先,它真实感强,结合了图、文、声、色四种因素。其次电视的娱乐性强、可以同步传送,使人有身临其境的参与感。再次电视信息传播快速且真切,并有直观的艺术性。另外电视传媒前途广阔,尚待开发的领域很多,如数字化、立体化等等。

电视的不足之处是它传播的内容稍纵即逝,无法保存;顺序传输,无法选择;更大的局限在于它制作的设备复杂,制作成本昂贵;特别是它不能依靠个人或少数人完成,往往是众多人形成的专门性组织共同协作的结果,这就造成在公共关系工作中选择电视传播媒介时,不得不考虑其价格的问题。如果没有一定的资金,就无法选择电视传播媒介。

3. 多媒体电脑和网络

多媒体电脑是指通过增加配置而集印刷媒介和电子媒介功能于一身的电脑。具体说来作用如下：它能够播放 CD、VCD 和 DVD 等,通过电视节目接收卡还能直接接收广播、电视节目,还能通过联网传播报纸、期刊、图书资料等内容,从而具有了印刷的功能。不仅如此,它还能直接传播网上广告、文字信息、图片。另外,它还具有人际传播功能,如在网上聊天谈生意、交流思想。总之,多媒体电脑具有计算机、文字处理机和报纸、广播、电视、电话、录音、录像、传真等多种媒介功能。

网络，又称电子网络，是国际电子计算机互联网络的简称，又叫因特网。这种新媒介是继报刊、广播、电视之后的"第四媒体"。它把一台台孤立的计算机联成网络，可以用于连续的电子信息传递，包括电子邮件、文件传递以及个人或计算机群之间的双向传播。它可以实现全球信息高速传递和共享。包括多媒体电脑在内的计算机只是提高了人类处理、存储信息的能力，而计算机的网络化却大大提高了人类交流信息的能力。它使人与人的联系实现了真正意义上的交流，而不仅仅是传播。

国际互联网不仅具有报纸、广播、电视等传播媒体的一般特性，而且具有数字化、多媒体、适时性和交互式传递的独特优势。流动在互联网上的信息具有丰富、多样、及时、全球、自由、交互的特点。总之国际互联网是我们传播媒介的最终方向，对于公共关系及传播来说，逐步地纳入互联网传输是一种必然。

4.电影、录音、录像、幻灯

在公共关系的传播活动中，也经常使用诸如电影、录音、录像、幻灯等传播媒介。

电影是使用摄影机摄制影像，并利用化学冲印手段将影像固定在胶片上，再利用电子放像设备传送的传播手段。由于电影制作手法比较复杂，因此这种传播媒介多用于文化、艺术作品的传播，在公关工作中较少选用。如果要求制作艺术内涵深刻的公关节目，或者要求进行高清晰度、意境很强的信息内容传递时，才考虑使用电影手段。例如许多制作精致、高档的广告节目是用胶片方式制作的。电影的优势在于取材广泛、无所不包，内容形象、生动、具体，表现手法多样，可虚可实，老少皆宜，雅俗共赏；但其不足在于成本高、程序多、周期长，不便普及。

录音和录像是利用电子录制设备对声音和声像的保留。对声音进行录制后，可反复播放；录像也是一种重复播放的传播媒介，只不过它既复制声音也复制图像，在公关实务中常用于实录和重复性内容的传输。例如录像带用处广泛、使用灵活、声情并茂，可以用来现场采集信息，也可以用来接待参观时做资料介绍、宣传讲解，还可以用于闭路电视系统、内部培训业务或给客户提供展示和过程等。再如录音带，有携带方便、操作简单、反复使用、经济普及的特点，它广泛地用于会议重要内容的重复播放，也用于庆典活动和展览活动，以及在销售宣传中制造背景音乐、渲染气氛、播放口号。

幻灯片是将摄影底片制作成底片，用投射仪播放的一种传播媒介，它一直是会议演讲、专题报告、展览说明的辅助手段。在公关活动中，一般不作为主要的传播工具。

(四)其他传播媒介

在公共关系工作中，除了使用语言媒介、印刷媒介、电子媒介外，还要用到一些其他的媒介形式，事实上这些媒介和以上三种媒介都有密切的联系，甚至可以属于这三种媒介的组成部分，具体有以下几种：

(1)小众化媒介。即在有限范围内的传输媒介，是专门用来针对小团体的。如有线电视、专业化频道，用于会员交流内部的信息资料等等。

(2)个人传播工具。如公用电话、个人座机电话、移动电话；另外还有图文传真系统，即凭借电话线路，可将书信、文字资料、图像资料保真传输的传播系统。再如电信，这是一种经济的电子传播方式，目前内容和形式很多，有社会电话、礼品电报、鲜花电报、生日电报等。在个人传播工具中还有私人信函、卡片，这些都是针对特定对象的。以上几种个人传播工具既有印刷的,也有电子的。

(3)公关宣传品。主要有公共关系刊物,即组织编辑、发行的小报、杂志、通讯和内外传阅资料,它们定期发行、免费分发;还有书籍、小册子,配合特定主题内容编制的文案、影集、画册或宣传手册。另外还有海报、POP 宣传品,主要是用来配合一些活动主题制作的宣传海报、横幅、彩旗、不干胶宣传品等。

(4)图像标志。主要有照片和图画以及标志系列。图像标志通过平面构图传递形象、信息。照片比图画更准确、客观、逼真;图画比照片更灵活,更富创造性、想象力和表现力。这些方式适用于公关橱窗展示和展览陈列活动。另外还有标志系列,它是以特殊的文字、图形、色彩的设计、构成组织的形象标志,以区别于其他组织和产品,包括商标、徽标、品牌名称,以及在包装、门面、办公用品、运输工具、环境装修、人员装束等,这些都可以传播公关组织的各种信息。

(5)人体活动媒介。人体作为媒介主要指两个方面,一是人体语言,即人的表情、动作、姿态以及服饰等非语言传播,这些内容我们在前面已有所介绍,这里不再重复。二是人的活动。人的行为以及各种活动本身也是一种高效率的、感染力很强的传播手段。如以身作则的行动、诚恳的态度、认真的作风都会传达丰富的信息。在各种公关活动中,人体活动传达的内容既是生动的,也是必不可少的。

(6)实物媒体。实物本身也是信息载体,在公共关系活动中也被大量使用。它具有与一般符号媒介所不同的特点。例如产品及其劳务本身就是一种最实在、最可信赖的信息载体,它通过质量、款式传达出最原始的信息。因此产品本身在公关活动中应当是主角,事实上它常常参与展览活动、赠送和赞助活动。另外公关礼品作为带有本组织标志的实物宣传品,也是组织的传播工具;还有象征物和模型,作为传递组织各种观念、管理方式、产品信息的媒介也经常出现在大型的活动中和实物展览会上。

(7)特别活动媒体。在许多创意独特、形式特殊的公关活动中,形象生动的活动过程也作为媒介传递公关信息。如风筝节中的"风筝";"锣鼓节"中的"锣鼓"等等,作为特殊的媒介形式维系着公关活动的全过程。

第四节　公共关系沟通

一、公共关系沟通的原则

(1)双向沟通原则——传递双方相互传递和反馈信息的互动原则。

(2)有效沟通原则——信息传受双方通过沟通行为均取得效果的原则。

(3)平衡沟通原则——信息发布者利用"相似性"人际吸引为中介,与沟通对象建立共识,达到彼此协调的原则。平衡沟通原则必须符合最小努力原理。

(4)整分合沟通原则——在整体沟通系统中,将沟通过程的各相关部分进行有效综合的原则。

公共关系:理论、实务与案例

二、公共关系沟通网络

信息的沟通都是借助于一定的渠道进行的,由各沟通渠道所组成的结构形式成为沟通的网络。改善沟通应重视选择合适的沟通渠道以及完善组织的沟通网络。

信息沟通的有效性与它的结构形式有一定的关系,不同类型的沟通渠道或网络,有不同的特点和适用条件。下面介绍几种常用的沟通结构形式。

(一)链式沟通网络

链式可表示一个分层次的组织结构,信息逐级传递,既可向上,也可向下。它可以用来表示主管与下级部属间有中间管理者的组织信息,如图 4-4(a)所示。

(二)轮式沟通网络

轮式可表示主管人员居中分别与四个下级发生联系沟通的网络结构,如图 4-4(b)所示。

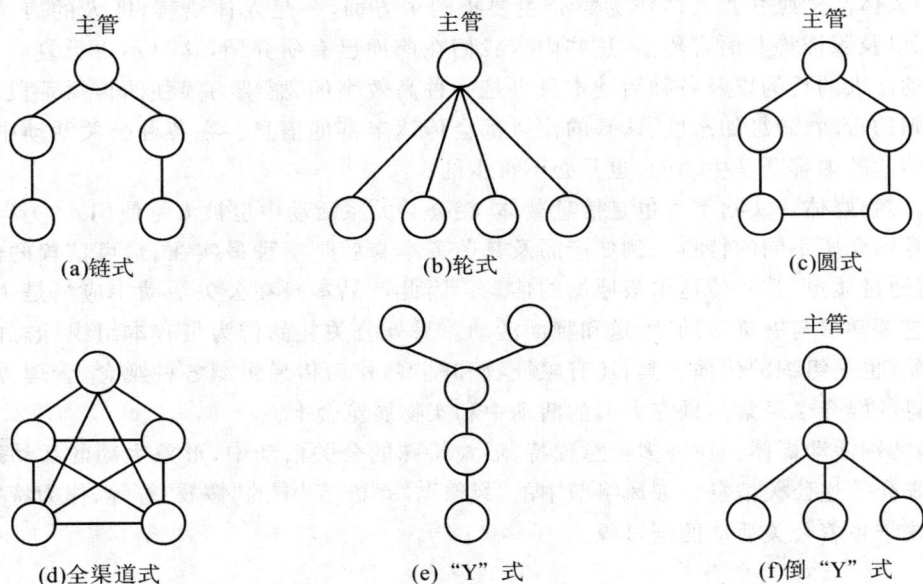

图 4-4　组织沟通的网络

(三)圆式沟通网络

圆式可表示五人之间依次沟通联系的结构。这种结构可用于三个层次的组织结构,如图 4-4(c)所示。

(四)全渠道沟通网络

全渠道表示组织内每个人都可以和其他四个人沟通,沟通网络中没有中心人物,所有的成员都处于平等的地位,如图 4-4(d)所示。

(五)"Y"式沟通网络

"Y"式表示四个层次逐级沟通,而且第二层次有两个上级的沟通网络结构,如图 4-4(e)所示。"Y"式可倒过来表示领导通过秘书与下级发生关系的沟通网络结构。在此结构中,秘书往往是关键的、掌握真正权力的人,如图 4-4(f)所示。

通过上述简要的分析可以看出,各种沟通网络各有所长,没有绝对的好坏之分,只有适用的条件不同,因此,应根据需要合理选择。一般的,如果要求速度快、容易控制,轮式结构比较合适;如果组织庞大、层级管理,则链式结构较为合适;如果主管人员工作过于繁忙,需要助手支持其情报工作,则倒"Y"式结构较为合适。

案例讨论

案例一:网络推手"秦火火"案宣判:被告获刑三年

2014 年 4 月 17 日,备受关注的网络推手秦志晖(网名:秦火火)涉嫌诽谤、寻衅滋事一案,在北京市朝阳区人民法院第三法庭公开宣判。法院以诽谤罪判处秦志晖有期徒刑 2 年,以寻衅滋事罪判处有期徒刑 1 年 6 个月,决定执行有期徒刑 3 年。他是自去年"两高"出台相关司法解释以来,首个获罪的网络造谣者。

在 4 月 11 日的庭审中,"秦火火"当庭认罪,认可公诉人指控,承认编造"原铁道部赔外籍旅客 3 000 万欧元"等谣言,并对受害人罗援、张海迪等人表示歉意。

2013 年 8 月,北京警方通报,警方打掉一个在互联网蓄意制造传播谣言、恶意侵害他人名誉、非法攫取经济利益的网络推手公司——北京尔玛互动营销策划有限公司,抓获秦志晖(网名"秦火火")、杨秀宇(网名"立二拆四")及公司其他两名成员。

警方在调查中发现,秦、杨等人先后策划、制造了一系列网络热点事件,吸引粉丝,使自己迅速成为网络名人。如利用"郭美美个人炫富事件"蓄意炒作,编造了一些地方公务员被要求必须向红十字会捐款的谣言,恶意攻击中国的慈善救援制度,并将著名军事专家、资深媒体记者、社会名人和一些普通民众作为攻击对象,恶意造谣抹黑中伤。

警方查明,秦、杨二人曾公开宣称:网络炒作必须要"忽悠"网民,使他们觉得自己是"社会不公"的审判者,只有反社会、反体制,才能宣泄对现实不满情绪。他们公开表示:"谣言并非止于智者,而是止于下一个谣言。"他们甚至使用淫秽手段对多位欲出名女孩进行色情包装,"中国第一无底限"暴露车模、"干爹为其砸重金炫富"的模特等均是他们"引以为豪"的"杰作"。他们的行为严重败坏社会风气,污染网络环境,造成恶劣影响,有网民称其为"水军首领",并送其外号"谣翻中国"。

2011 年 7 月 23 日,甬温线铁路发生"动车追尾"重大交通事故后,秦志晖在自己的微博上发布一条信息,称中国政府花 2 亿元天价赔偿外籍旅客,短短的两小时后,该微博被转发 1.2 万多次,而秦的粉丝增加了 1 500 多人。

秦志晖向办案民警供述,他的理念是:必须要煽动网民情绪与情感,才能把那些人一辈子赢得的荣誉、一辈子积累的财富一夜之间摧毁。秦志晖被抓获时,任一家公司社区部的副总监,负责网络推广、宣传。据秦志晖供述,秦已认为自己"初步出名",许多网民也称其为"谣翻中国",其微博粉丝上万,粉丝中甚至有个别"大 V"。

秦志晖最后使用的一个名号是"江淮秦火火"。据办案民警初步统计,从 2010 年秦志晖注册微博开始至今,秦造谣及传谣共计约 3 000 余条信息。

据办案民警介绍,秦、杨等人组成网络推手团队,伙同少数所谓的"意见领袖"、组织网络"水军"长期在网上炮制虚假新闻、故意歪曲事实,制造事端,混淆是非、颠倒黑白,并以删除帖文替人消灾、联系查询 IP 地址等方式非法攫取利益,严重扰乱了网络秩序,其行为已涉嫌寻衅滋事罪、非法经营罪。

检方认为,秦志晖捏造损害他人名誉的事实在网络上散布,造成恶劣社会影响,严重危害社会秩序;编造虚假信息在网络上散布,起哄闹事,造成公共秩序严重混乱。其行为已经触犯了刑法,应当以诽谤罪、寻衅滋事罪追究其刑事责任。

(资料来源:中国公关网,2014.4.17http://www.chinapr.com.cn/templates/T_Second/index.aspx?nodeid=4&page=ContentPage&contentid=6852)

讨论题:该案件告诉我们,在运用新媒体的过程中应注意哪些问题?

案例二:《爸爸去哪儿》收视率破历史纪录

一档温情范儿的亲子真人秀《爸爸去哪儿》创下国内电视节目收视率纪录,是令许多人没想到的。根据索福瑞数据显示,《爸爸去哪儿》第十期收视率达到5.67,刷新"中国好声音"保持的最高纪录,市场也从未预料到,在"好声音"为主导的综艺节目类型下,类似这样的家庭档节目还可以引起如此大的轰动,并且它摆脱了选秀节目刻意煽情作秀的套路,凭借孩子的童言无忌,《爸爸去哪儿》成为一档几乎零差评的节目。在众多年轻女粉丝、孩儿爸孩儿妈、育儿专家的共同讨论中,几对明星父子的身价水涨船高。

至于这档节目的广告收入,更是达到土豪级别,姑且不论第二季度伊利的冠名费用已经突破3亿,超过下一季《中国好声音》的2.5亿元,创下综艺节目冠名记录,单是第一季后几期节目中,众多品牌略显匆忙和生硬的产品植入,就可以看出这已然是一档被广告主"围剿"的节目了。

自播出以来,《爸爸去哪儿》一直蝉联收视率榜首,即便恒大获得亚冠足球冠军时掳获了全国1.85的收视率,但和《爸爸去哪儿》对阵,依然有无法比拟之处。据《爸爸去哪儿》官方微博发布的央视索福瑞全国网(CSM网)数据显示,该节目第一期收视率1.1,市场份额7.67%;第二期CSM全国网收视率1.67,市场份额11.45%;第三期CSM全国网收视率1.8,市场份额13.47%;第四期节目达到了收视巅峰,CSM全国网收视率高达2.16,市场份额13.70%;直到现在的第六期,《爸爸去哪儿》收视依然一路高歌猛进,城市网收视数据更是逆天近5,份额更是刷新到18.21。要知道,《爸爸去哪儿》的播放时间可是每周五晚间22:00起至24:00的"深夜档",能创造出能如此佳绩实属不易。若再加上重播和各种网络视频,《爸爸去哪儿》的收视情况则更为惊人。

除了在电视屏幕中创造收视冠军,《爸爸去哪儿》的网络播放量更是逆天,并不断刷新综艺类节目的新纪录。这个节目也成了不少视频公司开始抢夺"版权"资源的"导火索",点燃了视频界的新一轮圈地洗牌运动。

就播放数据显示,目前优酷平台在各大视频网站中领先。仅前三期《爸爸去哪儿》,优酷播放量便已逼近一亿三千万。记者初步统计,优酷该节目前五期播放量共计二亿六百余万,其中,第一期更创下单集全网最高播放记录,播放量高达4 767万。在所有网络视频平台中也堪称第一。PPTV上,《爸爸去哪儿》的收视情况也持续上升,一周收视达到6 500万,从播放曲线来看,网络播出第一天为当期收视峰值,第二期为第一期收视的两倍,有明显上升,随后收视的上升趋势有所放缓但仍然处于持续发酵阶段。

不仅如此,在百度指数、综艺排行榜播放量、搜索量等多项指标上,《爸爸去哪儿》都稳居第一。以百度为例，搜索《爸爸去哪儿》能找到相关新闻约 22 300 000 篇。百度指数更显示，爸爸去哪儿用户关注度和媒体关注度随着播放数的增多而不断上升，最近一个月，用户关注度和媒体关注度分别上升 1 143％和 1 634％，最近一季度，这两个数字分别上升高达 19 955％和 247 269％。

《爸爸去哪儿》的大热，还令节目中许多相关元素和产品都瞬间走红。不少商家纷纷打出了"爸爸营销风"，车企、房企、旅游公司、服装厂商无一例外参与其中。在最近一段时间里，凡是和该节目相关的产品几乎无一例外地走红。儿童用品火了、景点火了、车子房子火了、视频网站热闹了，一大堆形形色色的公司都出现了"爸爸概念"。而《爸爸去哪儿》虽然没有出现在湖南卫视刚刚结束的 2014 年黄金资源广告招标会上，但据悉湖南卫视将单独对这个节目进行招标，网络爆料称该节目标底价高达两亿多，虽然湖南卫视方并未证实，但《爸爸去哪儿》这个节目含金量为市场所认可和追捧，已是不争事实。

讨论题：

《爸爸去哪儿》节目"火"的原因是什么？它运用了那些传播手段、抓住了公众的哪些心理？

本章小结

在公共关系中，传播是社会组织利用各种媒介，将信息、思想或观点有目的、有计划地与公众进行双向传递、交流的过程。公共关系传播是一个有计划的、完整的行动过程，不是盲目的、随意的，而是按照公共关系的总目标进行的。同时，传播是社会组织与内外部公众的双向交流活动。

公共关系传播是组织运用传播手段向公众传递信息的过程，它经历了由传播者到受传者的全过程，因此包含公共关系传播者，即信息的发出者、公共关系传播内容、公共关系传播渠道、目标公众以及公共关系传播效果五个基本要素。同时，在公共关系传播过程中，还会受到若干隐含要素的影响（包括时空环境、心理暗示、文化背景、信誉意识等），而这种影响往往很难被发现，从而使传播效果受到更大影响。

在公共关系沟通过程中，贯彻和把握沟通的原则，不仅是提高公共关系效果的有效途径，也是评估公共关系效果的有效标准。贯彻双向沟通原则，一方面能提高信息互动的质和量，另一方面能有效消除沟通障碍，保证沟通活动的顺利进行。贯彻平衡理论原则，利用"相似性"的人际吸引为中介，通过沟通，使接受者产生认同，达到协调的原则。贯彻整分合原则，能将沟通过程的各相关部分进行有效的综合。贯彻整合原则的目的，是通过对沟通过程中各个要素、沟通方式和媒体进行最佳的排列组合，以收到强大的整体沟通效果。

公共关系还特别重视对公共关系传播类型与传播媒介的研究。不同的传播类型与传播媒介有其各自的特点，选择恰当的传播类型和传播媒介才能取得较好的公共关系传播效果。

习 题

一、辨析题

传播等于沟通。

二、问答题

1. 公共关系传播的含义、基本要素及其类型？
2. 简述组织传播的形式及其特点。
3. 简述大众传播媒介的优势与不足。
4. 影响传播效果的制约因素有哪些？

三、实训题

模拟人际传播障碍及其克服

[实训目的]

通过本次实训，使学生了解传播障碍在人际关系中的巨大影响，掌握一些克服传播障碍的方法与技巧。

[实训要求]

3～5人一组，模拟不同的人际关系角色，体会传播障碍及其克服方法的运用。

[效果评价]

教师教学点评、打分，评价表如表2-2所示。

表2-2 "模拟人际传播障碍及其克服"实施评价表

专业		班级		学号		姓名	
考评内容	模拟人际传播障碍及其克服计划实施						
考评标准		项 目 内 容				分值	评分
	准备环节	项目设计是否科学				15	
		任务分配是否合理				5	
		准备是否充分				5	
	实施环节	计划实施是否熟练				10	
		传播障碍是否有明确表现				10	
		传播障碍是否真正克服				30	
	能力测试	沟通协调技巧				5	
		团队合作精神				10	
		应变能力				10	
总 计						100	

拓展分析

观看"海尔集团形象片",分析传播时企业形象塑造的重要作用。

第 **5** 章

公共关系调查与策划

本章知识点：公共关系调查的概念和原则；公共关系调查的内容和方法；公共关系调查的程序；策划与公共关系策划的含义；公共关系策划的类型；公共关系策划的原则和程序以及策划书的构成要素和撰写格式；调查问卷设计、调查报告及策划书的撰写。

案例导读

长城饭店的"全方位调查"

一提到长城饭店的公关工作，人们立刻会想到那举世闻名的里根总统的答谢宴会、北京市副市长证婚的 95 对新人集体婚礼、颐和园的中秋赏月和十三陵的野外烧烤等一系列使长城饭店声名鹊起的专题公关活动。长城饭店的大量公关工作，尤其是围绕为客人服务的日常公关工作，首先源于它周密系统的调查研究。

长城饭店日常的调查研究通常由以下几个方面组成：

（1）日调查

①问卷调查。每天将表放在客房内，表中的 32 项内容涉及客人对饭店的总体评价，再来北京时再住长城饭店的可能性有多大；对十几个类别的服务质量的评价，对服务员服务态度的评价，以及是否加入喜来登俱乐部和客人的游历情况等等。

②接待投诉。几位客服经理 24 小时轮班在大厅内接待客人反映情况，随时随地帮助客人解决困难、受理投诉、解答各种问题。调查表和投诉意见每天集中收回，由客房部和公关部进行统计整理，其结果当晚交给饭店总经理，使决策层及时了解情况，次日早晨在各部门经理例会上通报情况。

（2）月调查

①顾客态度调查。每天按等距抽样向客人发送喜来登集团在全球统一使用的调查问卷。每日收回，月底集中寄到喜来登集团总部，进行全球性综合分析，并在全球范围内进行季度评比。根据量化分析对全球最好的喜来登饭店和进步最快的饭店给予奖励。

②市场调查。前台经理与在京各大饭店的前台经理每月交流一次游客情况，互通情报，共同分析本地区的形势。

　　（3）半年调查

　　喜来登总部每半年召开一次世界范围内的全球旅游情况调研会，其所属的各饭店的销售经理从世界各地带来的信息，互相交流、研究，使每个饭店都能了解世界旅游形势，站在全球的角度商议经营方针。

　　这种系统的全方位调研制度，宏观上可以使饭店决策者高瞻远瞩地了解全世界旅游业的形式，进而可以了解本地区的行情，微观上可以了解本店每个岗位、每项服务乃至每个员工工作的情况，从而使他们的决策有的放矢。

　　综合调查表明，任何一家饭店，光有较高的知名度是远远不够的，要想保持较高的"回头率"主要靠优质服务，使客人满意。怎样才能使客人满意呢？经过调查研究和策划，喜来登集团面对竞争推出了"SGSS"（Sheraton Guest Satisfaction System）方案，中文直译为"喜来登宾客满意系统"，意译为"宾至如归方案"，提出要在 3 个月内对该店上至总经理，下至一般服务员进行强化培训，不准请假，合格发证上岗。在每人每年 100 美元培训费的基础上另设奖金，奖励先进。随着这一方案的推行，长城饭店更加闻名遐迩了。

　　（资料来源：熊源伟主编《公共关系案例》）

　　启发总结：高质、高效的日常调查，是制订切实可行的公关方案的基础，"小事不小"的公共关系意识是树立自身良好形象的关键。

　　公共关系既是一门科学，又是一门艺术。公共关系活动就是在科学的公关理论指导下，有计划、连续不断地工作，它要通过科学的程序来开展。卡特利普和森特提出的"公关四步工作法"就是将公共关系工作划分为调查、策划、实施与评估四个密切联系又不断循环的环节。"四步工作法"被公关界广大理论和实践工作者所接受。公共关系调查是公共关系工作的基础，公共关系调查贯穿于整个公共关系活动之中，公共关系人员必须掌握公共关系调查的概念、原则、内容、方法和程序等。

第一节　公共关系调查

　　公共关系调查是在社会调查和市场调查的基础上发展起来的，最早可追溯到公元前3000 年埃及国王因筹建金字塔而进行的人口和财产调查，英国于 1801 年开始了世界上最早的人口普查。19 世纪 30 年代美国出现了一批应用科学方法的专门调查机构，最著名的是盖洛普于 1835 年创办的美国民意测验机构，成功预测了 1836 年美国总统的竞选，成为风云一时的跨国公司。美国重视市场调查，有专业市场调查公司 30 多万家，市场调查经费高达 1 000 亿美元，每投入 1 美元调查费，就能产生经济效益 32 美元。所以，毛泽东说："没有调查就没有发言权。"1988 年，我国第一家正式市场调查公司——广州市场研究公司成立，目前全国有 300 多家调查公司。

一、公共关系调查的概念

　　公共关系调查，简称公关调查。它是在公共关系工作的规范化和科学化的过程中出现的一种社会调查类型。公关调查是指社会组织的公关部门和公关人员运用科学的调查手段,有目的、有意识、有步骤地考察了解分析,研究社会组织客观存在的公共关系现象,以把握社会组织的公共关系及其影响因素的实际状况的一种科学认识活动。

二、公共关系调查的作用和原则

(一)公共关系调查的作用

1.搜集整理信息,积累资料,保证公关活动成功

公共关系调查的主要任务,就是广泛、及时地搜集信息、整理信息并积累同组织有关的信息,形成组织的信息源和资料库,满足组织经营管理人员随时查询的需要,充分发挥信息在组织决策中的基础作用。为了保证公共关系目标的实现,公共关系人员必须对组织自身的主、客观条件进行必要、详尽的调查,既要对参与此项活动的人力和组织所能承受的财力进行调查分析,也要对开展公共关系活动时面临的社会政治形势、经济形势、市场和公众的社会心理进行调查分析,还要对开展公共关系活动的场地、设备以及各种规章和规定等进行调查分析。

2.发现问题、寻找差距,明确公关工作的目标和方向

了解公众意见,把握公众舆论,便于发现问题、寻找差距,明确公关工作的目标和方向。一个组织要想生存发展,一方面依赖于组织自身的实际行动,另一方面还依赖于相关的社会组织和个人对组织的行为和政策的理解与合作。通过公共关系调查,组织可以了解内外公众对社会组织的意见、要求、希望和评价,了解其在公众心目中的实际形象,从中分析和确定组织的公共关系状态及存在的问题,寻找存在问题的症结,确定今后一段时间内所要达到的工作目标,能准确及时地处理公众的意见,进行正确舆论导向,使社会组织发展不受影响,并加强同公众的联系。同时,公共关系调查可以协调组织内部各部门的关系,有利于开展统一的公共关系工作。

3.知晓自身状况,为公关策划提供科学依据和参照标准

调查是策划的依据。公关调查的一项基本职能就是获取充分、准确的信息,完整地掌握本组织各方面的基本资料,包括组织自身的经营方针、管理政策、生产状况、财务状况、技术开发状况、市场营销状况、人文组织状况,以及社会公众对组织的认识、态度、要求与愿望等等。公关调查对客观情况的准确把握,不仅使公关策划有客观性、针对性、可行性,而且在公关调查中搜集来的信息,可以成为策划创意的源泉。在审定方案的过程中,要对策划方案进行价值评价,公关调查所搜集的信息又成为审定方案的客观参照标准。

(二)公共关系调查的原则

为了保证公共关系调查的科学性,在调查活动中必须遵循一定的原则。

1.客观性原则

公共关系调查务必以实事求是的精神,掌握第一手客观实际的资料,包括准确的统计数据、具体的事例和概括的事实等。一方面,不要夸大或缩小事实;另一方面,准确判断事物的内在联系,努力找出其发展的规律性。

2.全面性原则

公共关系调查的主要对象是公众,而公众有多种类型,如年龄、职业、教育程度、信仰、经历等不同,所以,在调查的时候要考虑到各种类型的公众及公众的各个方面。

3.时效性原则

公共关系调查所获得的数据及公众的评价都是在一定的时限内有价值和意义,所以,公共关系调查要坚持时效性原则。

4.代表性原则

公共关系调查在坚持全面性原则的基础上,由于调查的工作量大以及人力、物力、财力等原因,必须选择有代表性的对象进行调查。

5.经济效益原则

任何一项公共关系调查工作都要考虑到调查支付的成本和调查结果所带来的经济效益之间的关系,只有调查所带来的收益大于成本,公共关系调查工作才有意义。当然,有些时候还要考虑公共关系调查所带来的社会效益。

三、公共关系调查的内容

(一)组织自身情况调查

公共关系人员作为组织的代表,要正确评估公众的意见,确立组织的自我期望形象,必须对组织自身的实际情况和基本条件有全面的了解。这是确定组织形象以及公共关系活动的依据。

1.组织的基本情况调查

组织基本情况的资料是一切公共关系活动的基本材料,是公共关系人员必须掌握的。组织基本情况具体包括:(1)组织总体情况,如组织的性质、任务、类型与规模,组织的管理体制、机构设置、主管部门等;(2)组织经营情况,如组织的发展目标、经营方针、经营战略、组织对社会提供的产品和服务及其特色等;(3)组织荣誉情况,如组织对社会所作的贡献、组织的光荣历史、组织发生的重大事件及影响、组织获得的各种奖励与殊荣等情况;(4)组织文化情况,如组织信念、组织精神、组织的道德规范、组织的文化传统、组织的名称和各种识别标志的文化含义等。

2.组织的实力情况调查

组织实力情况一般指的是组织自身的物质基础和技术力量等方面的情况。具体包括:(1)组织的物质基础情况,如组织拥有的空间、组织拥有的先进设备和设施的情况、组织拥有的现代办公手段的情况、组织的各种附属设施的情况等。(2)组织的技术实力情况,如组织拥有的技术人员的数量和知识构成情况、组织拥有的科研器材和实验手段情况、组织技术的依靠程度等。(3)组织的财务实力情况,如组织的固定资产总额、流动资金总额、资产负债率、人均利润率等。(4)组织成员的待遇情况,如组织成员的工资水平、津贴标准、住房面积、劳动保护情况等。

(二)相关公众状况调查

公众是公共关系工作的客体,也是社会组织开展公共关系工作的对象,是社会组织公共关系工作的微观环境。对相关公众状况的调查包括:

1.公众构成情况调查

公众构成情况调查包括内部公众构成情况和外部公众构成情况两部分。社会组织内部关系状况关系到社会组织内部是否具有凝聚力、向心力的状况。通过公共关系调查,要了解内部员工的年龄结构、性别构成、文化程度、专业特长、兴趣爱好，包括员工对组织的要求、看法及各种建议，对组织是否有荣誉感、归属感，员工对领导层提出的总目标的信任程度、支持程度和认同程度；对社会组织发展有重大贡献的员工状况；社会组织领导层、决策层的总体状况；领导者对组织形象的期望水平和具体要求。通过内部公众调查，便于理顺上下关系，达到内求团结的目的。

在现代社会中，社会组织的生存和发展越来越依赖于其外部的公众环境，因此，公共关系调查也要重视对外部公众的调查。通过调查，要了解外部公众的数量构成、空间构成、特征构成、需求构成、观念构成；调查组织公共关系活动中内外传播活动的效果；调查了解媒介的特征、覆盖面、受众构成等情况。

2. 公众需求情况调查

社会组织要有效地开展公共关系工作，必须做好对公众需求情况的调查工作，以掌握公众需求信息，想方设法地满足公众的合理需求。公众需求情况调查主要涉及两个方面：第一，公众的物质需求情况，如公众对改善物质生活环境的需求，公众对获得优质物质产品的需求，公众对获得各种有形服务的需求。第二，公众的精神需求情况，如公众对组织接纳的需求，公众对合法权益的需求，公众对获得满意服务的需求，公众对获得重要信息的需求，公众对获得组织重视的需求等。

3. 公众舆论调查

组织的公众舆论调查是就公众对组织的某一决策或共同关心的某一问题对公众态度进行统计、测算，用数据显示公众整体意见的调查。内部公众近期意见、建议、要求及其态度变化，内部公众流动情况及流动原因；外部公众数量及类型的变化、兴趣和关注焦点的变化，对社会组织的要求、期望、评价、态度和满意程度的变化；各个时期公众中较为一致的意见和态度，这些都是公众舆论调查的内容。

（三）传播媒介情况调查

不同的媒介有不同的特点，因此适用的传播媒介也不同。报纸、广播、图书杂志、电视、电影等适用于大众传播，信函、电话、电报、传真等适用于人际传播，内部报刊、闭路电视适用于组织传播，灯箱、广告牌、布告适用于公共传播，互联网既适用于大众传播、组织传播，也适用于人际传播。媒介选用得当，在传播过程中可收到事半功倍的效果。

1. 不同媒介的传播目标和对象

不同的传播内容应选择不同的传播媒介。一般说来，比较形象浅显的内容应选用电子媒介，而难以理解的信息内容适合用印刷媒介。同样是印刷媒介，要传播系统的理论、深奥的知识，应选择图书；内容不太多但专业性很强的，应选择杂志；内容相对通俗易懂，易引起普通公众关注的，应选择报纸。同为电子媒介，靠美好悦耳的声音就能打动公众，要选择广播；有丰富多彩的画面，有变化多端的动作，则可选择电视和电影；如果要求场面宏大、气势磅礴，则更适宜选择电影。如果传播内容有一定保密性，则宜选择电话、信函；如果内容要求迅速广泛传播，则广播、电视、报纸、互联网是理想选择。

受传者是传播的目标和对象，传播效果取决于受传者接受信息的多少和对信息的理解程度，因此应对受传者进行全面细致的考察。根据受传者的文化层次进行选择：对文化水平高、喜欢思考的知识分子，宜采用图书、杂志、报纸；对文化程度不高的农民和生产一线的工人,宜采用电影、电视、杂志、连环画。根据工作性质进行选择:对经常加班加点的出租车司机和从事简单劳动的农民,宜采用广播;对从事复杂劳动且时间比较紧张的公司白领,宜用报纸。根据年龄特征进行选择:对于中老年人,宜采用广播、报纸作媒介;对于青年人,宜采用电视、互联网作媒介;对于儿童宜采用电视。

2.大众传播媒介情况调查

大众传播媒介是公共关系信息传播的支柱性媒介,对大众传播媒介情况进行调查的基本内容范围是:第一,大众传播媒介的分布情况,如地域分布情况、行业分布情况、类型分布情况、数量分布情况等。第二,大众传播媒介的功能作用情况,如涉及大众传播媒介功能作用的传播范围、传播内容、传播特色、传播效果、传播者的威信等方面的情况。第三,大众传播媒介所需信息的情况,如一定时期内大众传播媒介的报道中心、新栏目的开辟、编辑和记者需要的内容等方面的现实状况。

(四)组织环境情况调查

公共关系中所说的社会环境是指与组织有关系的各类公众和各种社会条件的总和。进行社会环境情况调查,是为了使社会组织适应外部环境的变化,以求社会组织的生存与发展。

1.社会环境状况调查

基本社会环境一般是指社会组织所处的一个国家或地区的政治、经济、文化等因素构成的宏观社会环境系统。基本社会环境状况调查一般包括:政治环境状况、人口环境状况、经济环境状况、文化环境状况等方面的调查。

2.市场环境状况调查

具体市场环境状况调查是指与社会组织公关活动相关联的市场因素组成的中观社会环境系统。具体市场环境状况调查应包括对市场容量、居民的消费结构和消费能力状况、消费者的构成及消费需求状况、市场竞争力等方面的调查。

3.行业环境状况调查

行业环境状况是指由社会组织所在特定行业的各种组织构成的微观社会环境系统。行业环境状况调查一般包括所属行业的基本情况,所属行业的现实竞争者、潜在竞争者及合作者和协作者的状况,所属行业相关的组织状况等方面的调查。

(五)公共关系状况调查

公共关系状况调查就是社会组织被社会公众认知的程度、美誉的程度,以及被公众理解、信任、支持的和谐程度。

1.认知度调查

认知度是指一个社会组织被社会公众所认识、知晓的程度,认知度是衡量公众关系状态的一个重要指标,它表明一个社会组织在社会公众中的影响大小,说明一个社会组织被社会公众关注的范围和程度。认知度由两大维度构成。一是认知度的广度——知晓度,即一个社会组织为社会公众知晓的广度,它侧重反映一个社会组织的名声在多大范围内为多少社会公众所知晓,其调查内容包括:第一,相关公众的总体数量;第二,相关公众的区域分布情况;第三,一定区域的相关公众中知晓公众的数量。其计算公式为:社会组织在某一区域内的知晓度＝(某一区域内知晓公众数量/某一区域内公众总数)×100%。二是认知度的深度——熟悉度,它反映公众对组织信息认识的深度,如对某一企业的名称、地理位置、行业归属、发展历史、企业业绩、企业领导、企业文化等的综合认识的程度。

2.美誉度调查

美誉度是衡量公众关系状态的一个具有决定性意义的关键指标。美誉度即指对社会组织具有一定认知程度的公众中,对社会组织持好感、信任、欢迎、赞赏态度人数的百分比。其计算公式为:社会组织在一定区域内的美誉度＝(一定区域内对社会组织持赞赏态度的公众人数/社会组织在一定区域内的知晓公众人数)×100％。

3.和谐度调查

和谐度也称协调度,即一个社会组织在发展运行过程中,获得目标公众态度认可、情感亲和、言语宣传、行为合作的程度,是组织从目标公众出发、开展公共关系工作获得回报的指标,是衡量公众关系状态的一个重要指标。就公众对社会组织的取向来讲,具体调查内容可分为:第一,公众对社会组织态度赞同的情况;第二,公众与社会组织情感亲和的情况;第三,公众为社会组织作言语宣传的情况;第四,公众与社会组织行为合作的情况。就社会组织对公众的取向而言,具体调查内容则包括:第一,社会组织对公众合理需要的承认情况;第二,社会组织对公众合理需求的满足情况;第三,社会组织对公众意见和合理化建议的接受采纳情况;第四,社会组织与公众情感沟通的情况;第五,社会组织对公众或公益事业给予支持和赞助的情况等。

四、公共关系调查方法

(一)问卷调查法

问卷调查法是调查者用问卷控制式的测量方法收集资料的一种调查方法。一般采用邮寄、个别分送、集体分发等方法发送,由被调查者按照问卷所提问题来回答。问卷有开放型和闭卷型两种。问卷由题目、指导语、调查问题的陈述等内容组成。在调查问卷中,要对调查进行简要说明,包括调查的性质、目的、调查单位、问卷填写及对被调查者的各种责任承诺。在陈述调查问题时,要注意避免对被调查者进行暗示,问题排列要有逻辑性,一张问卷上的问题不要过多,一般以被调查者可以在20～30分钟内顺利完成为宜。问卷的措辞要准确简洁,通俗易懂。另外,调查问卷的印数也是值得注意的问题。因为,有些调查问卷发放之后,不能全部收回,即使收回的问卷也可能是无效问卷。所以,问卷的印数就不能与研究对象的数量等同,它与问卷的回复率、有效率有关。具体调查问卷的印数可用如下公式计算:调查问卷的数量＝研究对象的数量/(回复率×有效率)。

下面以某商场服务质量及公共关系形象调查问卷为例。

某商场服务质量及公共关系形象调查问卷

您的基本情况:

1.您是:A.本地人　B.外地人

2.性别:A.男　B.女

3.年龄:A.22岁以下　B.23～40岁　C.41～60岁　D.61岁以上

4.文化程度:A.小学　B.初中　C.高中　D.大专以上

5.家庭月人均收入:

A. 300～500 元　B. 501～800 元　C. 801 元～1 000 元　D. 1 001 元以上

商场基本情况：

6. 您认为该商场外观设计及商品橱窗的装饰：

A. 很好　B. 较好　C. 一般　D. 不好　E. 很差

7. 您认为该商场的内部布局：

A. 巧妙美观、井井有条　B. 没有特色、很一般　C. 乱七八糟

8. 您认为该商场的服务质量：

A. 很好　B. 较好　C. 一般　D. 较差

9. 您认为该商场人员的业务水平：

A. 很好　B. 较好　C. 一般　D. 较差

10. 在大多数情况下，您在该商场曾经受到人员的：

A. 热情接待　B. 一般接待　C. 冷漠对待　D. 斥责和嘲笑

11. 您认为该商场的商品种类：

A. 很齐全　B. 比较齐全　C. 一般　D. 不齐全

12. 您每年光顾该商场的次数大概有：

A. 10 次以下　B. 10～20 次　C. 21～30 次　D. 30 次以上

13. 您每年在该商场购物的总金额大约在：

A. 1 000 元以内　B. 1 000～2 000 元　C. 2 001～5 000 元　D. 5 000 元以上

14. 您认为该商场的商品质量：

A. 很好　B. 较好　C. 一般　D. 较差

15. 您在该商场购得的商品不能令您满意时，一般来说：

A. 都能得到退换　B. 只有个别的能得到退换　C. 一个都不能退换

16. 在该商场买东西时，如果您的利益受到侵害，您是否想到去找消费者协会？

A. 想到过　B. 没有想到　C. 认为没有必要　D. 想找，但不知道到哪儿去找

17. 您认为该商场哪一类活动搞得最好？

A. 优质服务竞赛活动　B. 优惠展销　C. 有效销售

18. 您认为该商场的售后服务：

A. 很好　B. 较好　C. 一般　D. 较差

19. 您认为该商场急需解决的问题是：

A. 提高服务质量　B. 提高业务水平　C. 改变内部结构　D. 提高商品质量

20. 您认为应怎样解决这一(些)急需解决的问题？

(二)访谈调查法

访谈调查法是调查人员通过与调查对象进行有计划的访问和交谈来收集口头资料的一种调查方法。具体可分为：

1. 个人访谈

个人访谈是指公共关系人员与公众直接接触，了解情况，这是准确把握信息的重要途径。

2. 重点访谈

公共关系：理论、实务与案例

重点访谈是有意识地选择少数有代表性的公众对象进行比较深入、细致、全面的调查了解。通过对这部分公众的深入调查、分析，判断总体公众的意愿，掌握公众对某一反应的深层心理原因和情感原因，便于开展公共关系活动。

3.公众座谈会

公众座谈会是就某一主题，选择有代表性的公众参加座谈，面对面地征求意见、了解情况。公众座谈会因参加者往往有很强的代表性，能就某一方面的问题在短时间内获得来自不同公众的信息，是各种组织比较熟悉和经常使用的方法。

4.通信访谈

通信访谈是指通过信函、电传等方式进行的访问调查。信函调查能使调查对象有充裕的时间认真考虑，从容作答，不必受调查者的主观影响，而且适用面广、费用和成本低；但回收率低，调查对象未必有一定的代表性，样本资料信息价值降低。电传调查问卷回收率高，只适用于有电传设备的组织和公众，调查成本高，实际应用低。

（三）科学观察法

科学观察法是指调查者进入调查现场，用自己的感官及辅助工具，观察和记录调查对象表现，从而获得第一手材料的调查方法。使用观察法时，首先要制订观察计划与提纲，其次要进入观察现场，做好观察记录。

（四）文献调查法

文献调查法是指收集、研究与组织和调查对象有关的各方面的文献资料来调查组织形象的方法。其主要步骤如下：首先是收集资料，收集国内外重大事件，以及各行业新的进展和新成就，组织的历史和现状、基本的经营状况等；其次是检索资料，对收集到的资料进行分类整理，建立检索系统；再次是保存资料；最后是分析资料。

（五）新闻调查法

新闻调查法是指调查人员对各种传播媒介出现的所有与组织有关的信息加以收集分析，间接了解公众的意见和态度，并由此研究影响公众意见和态度的一种公共关系调查法。通过各种传播媒介收集有关本组织的情况、竞争对手的情况、市场情况、科技进步情况、国际市场动向等，从中发现问题、预测发展趋势。它是组织有效地观察、了解社会的工具。

新闻调查法是利用别人的工作成果来获取信息的一种调查方法。信息源具有自发性，所以其代表性、全面性会受到限制。因此，公共关系人员对这些信息应注明出处，以此确定其价值的大小和权威性，切忌以偏概全、以点代面。

（六）量表测量法

量表测量法是指公共关系调查人员根据一定的调查目的和调查任务的要求，借由测量量表对调查对象的主观态度和潜在特征进行测量，以收集公共关系信息资料的公共关系调查方法。量表是适用于较精确地调查人们主观态度和潜在特征的调查工具，它由一组精心设计的问题构成，用以间接测量人们对某一事物的态度、观念和某一方面的潜在特征。

五、公共关系调查的基本程序

公共关系调查是一种对社会组织的公共关系现象进行科学考察的科学认识活动，它必须根据人的认识过程和认识规律,科学地安排调查程序。公共关系调查的程序指的是社会组织的公共关系人员对社会组织客观存在的公共关系现象进行科学调查的基本过程。

（一）确定调查任务

它是根据组织所要了解的问题而确定的。公共关系调查任务的确定,要符合组织自身运行和公共关系目标的需要。

公共关系调查课题包括两种类型,一种是描述性课题,即通过调查来详尽描述对象的轮廓和细节。另一种是解释性课题,即通过调查阐述既成事实为何或如何发生的原因,解释某些急需了解的现象的因果关系,以便采取对策。无论是哪种课题,一旦确定,就要以科学的调查得出结论。

（二）设计调查方案

公共关系调查成败的关键就是看调查方案制订的好坏。制订科学正确的调查方案,可以确保调查工作有条不紊、有的放矢。

1.调查指标的设计

调查指标是公共关系调查的目的和科学假设的集中体现,必须要紧密围绕课题来设计,并把这些调查指标进一步细化为具体问题。

2.确定调查对象和范围

根据调查课题,确定调查在什么范围内进行,对哪类公众进行调查。

3.确定调查方式和方法

在方案中,应规定采用什么组织方式和方法取得调查资料。收集资料的方式有普查、重点调查、典型调查、抽样调查等多种方式。调查方法有访谈法、文献法等。调查采取的方式、方法不是固定不变的,而应取决于调查对象和调查任务。

4.确定调查队伍

公共关系调查队伍不仅包括数量要求,而且包括知识、能力、素质等方面的质量要求。要根据调查者的素质、知识结构、经验结构和能力,优化配置,有针对性地开展调查人员的培训工作。

5.经费和物质条件

公共关系调查活动不仅需要经费的支持,也需要一些物质技术手段的支持。在进行调查前,要做好经费预算,要考虑到调查方案设计费与策划费,问卷印刷、装订费,调查实施费用等,数据录入与统计分析费,资料费等费用。同时,要准备好调查用的录音机、摄像机、摄影机、电传机等设备。

（三）收集调查资料

收集调查资料的核心工作是确保资料的客观和完备。因此,公共关系调查人员在实际收集资料过程中,要注重原始资料和现成资料收集的真实性、准确性和及时性。在资料收集过程中,要协调好与被调查者的关系,协调好与那些和被调查者有关的组织及人员的关系,争取多方支持,以保证资料的可获性。

（四）处理调查结果

处理调查结果是对公关调查进行分析、研究的阶段。它包括:(1)整理调查资料,即对调查资料进行审核、检查,使之条理化、系统化。(2)分析调查资料,即对系统化的材料进行统计、比较和思考，从中得出公关状态和问题的有关结论。（3）形成调查报告，即将统计的数据列成图表，进行文字分析，并对调查结果和整个调查过程进行一次总体评价，对其科学性、准确性进行必要说明。

（五）总结评估

总结评估是公共关系调查的最后阶段。它包括：（1）评估调查成果，即对调查成果价值的评估。评估调查成果的价值一般通过两个指标，即调查成果的学术价值和应用价值来进行。（2）总结调查工作，即对整个公共关系调查活动的工作过程和有关情况进行回顾和检讨，包括对调查工作的完成情况的总结，对调查取得的经验教训进行总结，从而积累成功经验，吸取失败教训，为下一步的公共关系调查工作提供参考和借鉴的依据。

第二节　公共关系策划

公共关系策划是公共关系"四步工作法"中极为重要的步骤，成功的公共关系策划方案及其活动，会极大地提升组织形象，短时间内为组织营造良好的"人和"环境，推动组织公关活动和其他各项活动向前发展。因此，公共关系策划必须引起公共关系人员的高度重视。

今日集团前身是乐百氏公司下属的乳酸饮料厂，企业经过艰苦奋斗，排名在全国同行业的前列，因事业发展需要更换名称。他们首先用征询型公关征集集团名称和产品名称，征来"今日"这个集团名称和"反斗星"的品牌名称，提高企业的知名度。随后，他们又在广州天河体育场搞儿童拼图活动，画了世界上最大的一只和平鸽，打破了吉尼斯世界纪录。最轰动的是他们很好地利用了马俊仁指导的"马家军"连破三项世界纪录的轰动效应。马俊仁对中药食疗很有研究，队员喝了他配制的饮品，对增强体力很有好处。今日集团"制造"出 1 000 万元买断马俊仁神秘配方的新闻，将依该配方生产出的保健饮品命名为"生命核能"。1 000 万元买一个配方，这简直是天文数字，一下子引得全国几百家报纸、杂志、电台、电视台纷纷报道，其热度持续两个多月，今日集团的新名字也随之家喻户晓。因为有了轰动效应，"生命核能"在全国的经销权的拍卖，一下子就卖了 1 800 万元。今日集团凭借公关智慧既解决了更名的知名度、美誉度问题，又开发了新产品，卖了经销权，一箭三雕，无形资产、有形资产双丰收。

案例分析：今日集团的成功策划是很好地利用了马俊仁指导的"马家军"连破三项世界纪录的轰动效应，又"制造"出 1 000 万元买断马俊仁神秘配方的新闻，将依该配方生产出的保健饮品命名为"生命核能"，引得全国几百家报纸、杂志、电台电视台纷纷报道，从而达到了公关策划的轰动效应。

一、策划思想探源及其含义

（一）中国策划思想探源

如果说公关策划是现代经济发展、市场竞争的产物，起源于西方经济发达国家，那么策划活动却是自古有之。中国有几千年灿烂文明的优秀传统文化，追溯中国传统文化中的策划思想，必将有助于推动中国公共关系策划理论的向前发展。

策划是一种独特的创造性思维活动。从上古的神话到钻木取火的发明无不显示着祖先们善用策划的印迹。奴隶社会便出现了谋士；春秋战国时期，东周洛阳的苏秦说服六国实现了合纵，佩六国相印，使秦兵不敢窥视函谷关 15 年；秦末汉初，刘邦战胜项羽的原因之一就是善用谋士。

在诸子百家的著述中，尤以兵法及治术成为中国策划思想的典范。如《孙子兵法》是人类军事学经典著作，总结了春秋末期及以前军事斗争的治军思想、原则和经验，从头到尾都贯穿着策划思想，是集前人策划之成果、树后人策划之典范的传世之作。拿破仑兵败滑铁卢，见到《孙子兵法》后发出相见恨晚的感叹。

除兵书外，众多历史著作、学部书籍中，蕴藏了丰富的策划思想，以《三国演义》为代表的一批古典文学名著，就充分体现了政治谋略与军事谋划的思想。

以发生在公元 208 年的三国赤壁之战为例，赤壁之战是《三国演义》中三大战役之一，是曹操与孙权、刘备在今天的湖北江陵至汉口的长江沿岸地区进行的一场重大战役，是以少胜多、以弱胜强、运用策划和智谋的经典战例。"群英会蒋干中计"、"苦肉计"、"借东风"、"草船借箭"、"连环计"等计谋使曹操 83 万号称百万的大军大败。

中国历史上大到两国交战，权力相等，小到双方对弈、唇枪舌剑，无不蕴含丰富深邃的策划思想，是世界上其他国家和民族无法比拟的，是我国公关策划业的宝贵遗产。

（二）策划的含义

策划源于军事领域，后向政治、外交、经济、文化扩展。其赖以产生的社会基础是人类生产斗争、政治斗争、经济斗争、军事斗争实践。没有竞争、斗争、实践，就无所谓策划。

策划，在日本、中国港台地区称企划，在美国叫咨询。"策"在《辞海》中有八个义项：如"马鞭"、"杖"等。最重要的义项，也是用得多的义项是"谋略"。《辞海》中"划"也作"画"，意指"计划"、"打算"。简单地讲，策划就是指谋划、筹划。

"凡事预则立，不预则废。"好名字名扬天下，好点子点石成金。凡人＋策划＝名人；产品＋策划＝名牌；知识＋策划＝财富。头脑就是银行，谋略决定天下。

不同的专家从不同角度给策划下了不同定义，我们将策划定义为：

策划是依据已有的信息，遵循一定的程序，发挥人的想象力和创造力，设计出一套可行性方案，通过方案的实施达到一定目标的过程。

策划不是采取行动本身，而是事先决策做什么、何时做、如何做、谁去做的过程，换句话说，策划在本质上是一种运用脑力的理性行为。

策划不同于计划。策划把握原则和方向；计划把握程序和细节，计划是连接策划与实施的桥梁，是策划过程与实施过程之间的产物。策划不同于点子、决策和建议，策划不仅仅要有点子，还要有具体的实施，是动词性概念；策划不仅是结果，还包括结果产生的动态过程。点子是创造性思维的结晶，是思维者的灵感火花凝结而成的，是名词性概念，是结果。策划不同于决策，它是决策的前奏或决策后的具体补充，决策包括策划。策划形成的是系统的方案，而建议可以是零星的、不系统的。

二、公共关系策划的含义及其构成要素

随着策划业的迅猛发展，策划已渗透到社会的各个领域和部门。公共关系策划是策划的类型之一。

1. 公共关系策划的含义

公共关系策划是公共关系工作的最高层次，它贯穿于公共关系工作的始终，其水平高低是衡量公共关系工作水准的重要尺度。公共关系策划是指以公共关系调查研究为基础，根据组织形象的现状和目标要求，确定公共关系活动的战略与谋略，并设计出最佳方案的过程。公共关系策划包括谋略、计划和设计方案三个方面的工作，具有目的性、系统性、超前性、程序性、创新性、可调整性。

2. 公共关系策划的构成要素

任何一个完整的公共关系策划方案和活动，都不可缺少基本的要素是：

(1)公共关系策划主体。公共关系策划主体是指一项策划的策划者，具体参与策划的人。策划者即可以是个人，也可以是一个部门，或者是独立的社会组织。

(2)公共关系策划客体。公共关系策划客体是指策划的对象。它的本质特征是对象性。综观任何策划都是有所指向的、有针对性的，指向的对象是策划的必要条件，否则，策划就无从谈起。

(3)公共关系策划方法。策划方法是一项策划能否取得成功的关键。常见的策划方法有移植法。1989年5月，保加利亚普罗夫迪夫市，第九届春季国际博览会在此举行。来自50个国家1 000多家公司的10 000多种产品参展。贵州鸭溪窖酒作为中国的名酒之一，素有"酒中美人"的雅号，在此博览会上是唯一的酒类金牌得主。鸭溪酒厂的负责人没有忘记，贵州茅台酒在巴拿马国际博览会上，是靠摔碎酒瓶让香气四溢征服了所有评判官而获得金奖的。在普罗夫迪夫市，鸭溪酒厂的与会人员决定如法炮制。他们主动打开酒瓶，让人来亲口品尝，一显"酒中美人"的特有风姿。短短七天的展期中，普罗夫迪夫市掀起了一股"鸭溪热"，近5 000名不同国度、不同肤色的人品尝了鸭溪酒，近千人在留言簿上写下了赞美之辞。鸭溪窖酒的名声不胫而走。莫斯科糖酒公司一位客商品尝后，立即要求购买200吨。意大利的客商则要购买100万美元的酒，其他客商也纷纷订购。

(4)公共关系策划信息。策划的依据是适量的信息。信息是公共关系策划必备的要素，也是产生创意的触媒。适量的信息，使策划者策划工作游刃有余。信息既来自于组织的内部环境，也来自于组织的外部环境，所以也可以称策划信息为策划环境。创意是策划的核心，而信息是公共关系策划必备的要素，也是产生创意的触媒。牛顿因为苹果落地，发现了万有引力；瓦特因为水蒸气鼓起了壶盖，发明了蒸汽机。

(5)公共关系策划目标。公共关系策划目标是公共关系策划的起点，是公共关系策划所期望达到的预期目的。合理的目标，可以为管理工作指明方向，具有激励作用、凝聚作用。

三、公共关系策划的类型

根据不同标准，公共关系策划可以划分为不同的类型。

(一)根据策划执行时间的长短划分

1. 长期战略策划

长期战略策划一般指三年以上的公共关系策划，直接体现公共关系战略目标，即塑造组织形象，具有全局性、长期性、指导性和稳定性等特征。这种策划内容宜粗不宜细，宜简不宜繁。20 世纪 80 年代日本丰田公司在中国打出的广告"车到山前必有路，有路必有丰田车"，就是典型的战略策划。

2.年度公共关系策划

年度公共关系策划是对一个年度的公共关系活动目标、内容、措施的策划，是年度公共关系活动的依据。

3.项目公共关系策划

项目公共关系策划是具体实务活动方案的策划，它是在公共关系战略策划的指导下，对组织日常的公共关系和专门性的公共关系活动的谋划、构思和设计。项目公共关系策划的内容要具体，时间地点要准确无误，规模范围要确定清楚，形式与内容要互相协调，标准与预算要适宜。

（二）根据策划执行的时间是否延续划分

1.公共关系时期策划

公共关系时期策划是对一定时期内开展公共关系活动的策划，它包括公共关系长期战略策划和年度公共关系策划。

2.公共关系时点策划

公共关系时点策划是对某一个具体时间里开展重大公共关系的策划。这种策划要求主体明确、内容明确、具体工作步骤和追求目标明确。

（三）根据公众归属关系的不同划分

1.组织内部公共关系策划

所谓内部公共关系，是一个社会组织内部横向的公共关系与纵向的公共关系的总称，是塑造组织形象的起点。内部公共关系具有稳定性、可控性等特点，具有导向、规范和约束、凝聚、激励和辐射等功能。好的或者成功的内部公共关系，必须能够增加内部公众的认知，激励内部公众的动机，转变内部公众的态度并引导内部公众的行为，从而达到塑造员工良好的价值观念、协调和改善组织内部的人际关系、培养组织内部"家庭式氛围"的目标。

2.组织外部公共关系策划

组织外部公共关系，是一个社会组织针对外部公众开展的公共关系活动。对于一个企业而言，它的外部公众包括消费者、政府、社区、媒介等，所以组织外部公共关系策划，就是社会组织为了达到一定目标，而对具体的目标公众而设计的活动方案。

（四）根据公共关系活动类型划分

根据公共关系活动的类型，可将公共关系策划划分为：组织形象策划、公共关系广告策划、庆典活动策划、联谊活动策划、危机公共关系策划等。

四、公共关系策划的原则

1.创新性原则

策划的核心是产生创意，所以，公共关系策划必须坚持创新原则，只有创新的策划方案，才有竞争力，才更有价值。

2.系统性原则

公共关系策划涉及诸多因素，要把这些因素作为一个整体来考虑，同时，还要明确各个因素之间的相互关系,所以,要坚持系统性原则。

3.可行性原则

公共关系策划方案的可行性包括方案的可操作性和目标的可实现性两个方面。

4.目标导向原则

公共关系策划必须首先确定公共关系活动目标,具体的公共关系活动方案应该紧紧围绕这一目标进行策划。只有这样,组织的公共关系活动才有目的性和针对性,各项工作才能协调一致。

五、公共关系策划的基本程序

每一项公共关系策划虽然都有其特殊性,但作为一个过程来讲,它自然有其自身的规律性。公共关系策划的基本程序如下:

(一)确定目标

确定公共关系的目标是公共关系策划的关键步骤,没有目标或目标不明确,必然影响公共关系策划的质量。公共关系目标是组织在一定时期内公共关系工作所要达到的目的以及衡量这一目的是否达到的具体指标。

目标必须是具体的,能够量化;目标必须具有可行性;目标必须具有可接受性和挑战性,只有两者的统一,才能起到很好的激励作用。同时,目标还要有时间性,必须在规定的时间内完成。

(二)设计主题

主题是指公共关系活动中联结所有项目、统率整个活动的思想纽带和思想核心。公共关系活动的主题对公共关系活动起指导作用,是公共关系活动内容的高度概括和升华。主题的设计、选择与确定是否准确、是否具有冲击力,对公共关系活动的成败影响很大。

设计主题时,需要创意,表现形式要多样,不拘一格。它可以是一个口号,也可以是一个陈述性句子。设计主题时,一要独特新颖、言简意赅,富有号召力和感染力;二是内容要适应公众心理需求,优美不失亲切,简洁不失感人,便于公众传颂和记忆,如蓝岛大厦购物节主题:蓝岛——给您一个温馨的梦。

(三)分析公众

分析公众是公共关系策划中最具科学性和挑战性的工作环节。公众是组织公共关系所指向的对象,但组织在不同时期、不同情况下所面对的公众是不同的,因而,在进行公共关系策划时,要根据组织的公共关系问题和所确立的目标,对公众进行分析研究,确定哪些是该项公共关系活动必须关注、交流和影响的目标公众,这样才能使公共关系活动有的放矢、重点突出,使公共关系活动更具有针对性和科学性,从而才能顺利地达到公共关系的目标。不同公众对组织的不同期望和要求如表5-1所示。

表 5-1　不同对象公众对组织的不同期望和要求

公众对象	对组织的期望和要求
员工	就业安全和适当的工作条件，合理的工资和福利，培训和上进的机会；了解公司的内情；社会地位，人格尊重和心理满足；有效的领导，和谐的人事关系；参与和表达的机会
顾客	产品质量保证和适当的保用期；公平合理的价格，优良的服务态度，完善的售后服务，获取必要的产品技术资料及消费者信任的各项服务；必要的消费教育及指导
社区	向当地社区提供健康的就业机会；保护社区环境和秩序；正规招聘，公平竞争；关心支持当地政府，支持文化慈善事业，赞助地方公益活动；扶持地方小企业发展
政府	保证各项税收；遵守各项法律政策；公平竞争；承担法律义务
媒介	公平提供消息来源；尊重新闻界的职业尊严，有机会参加公司重要庆典等社交活动；保证记者采访的独家新闻不被泄露，提供采访的方便条件等

(四)把握活动时机

时机，简而言之，就是随着时间的变化所带来的机会。公共关系策划时机的选择，直接关系到公共关系活动的效果。时机选得好，公共关系活动将会收到事半功倍的效果，时机不对，再好的策划方案也不会取得应有的效果。公共关系策划可利用的时机很多，主要有以下几个方面：

1.组织拥有的时机

组织创办、开业、更名、迁址、周年庆典或周期性纪念活动之际，与其他组织合作、兼并、资产重组之时，组织内部改组、转型、品牌延伸、新股票上市之时，组织推出新产品、新技术、新服务之时，组织形象出现危机之时，均可作为公共关系活动的时机选择。

2.公众提供的时机

当公众观念和需求发生转变时，公众投诉、提出意见与建议之时，公众有喜事或忧愁之时，也是开展公共关系活动的较好时机。

3.社会环境提供的时机

重大的社会活动和社会事件出现之时，国家或地方政府新政策出台或新领导人上台之时，社会公益活动开展之际，国际国内政治经济大环境、大气候转变之际，各种偶然事件和社会热点问题等，都是可供选择的公共关系时机。

4.传播媒介提供的时机

当传播媒介需要有关的传播内容之际，传播媒介前来采访，传媒对组织报道失实或误解时，也可作为公共关系活动的时机。选择时机时，要尽量选择那些能够引起公众关注的时机。

可口可乐是改革开放以后第一个进入中国内地的国际消费品牌。多年来，该公司一直利用各种手段，要把可口可乐建成一个真正的中国本土化公司。2001 年我国申奥成功，7 月 13 日，萨马兰奇一宣布："Beijing！"可口可乐工厂的机器就立即开足马力生产奥运金罐可乐，并连夜通宵往各地的超市、商铺运货。第二天，当人们一走进商场，便看到了纪念奥运的金罐：可口可乐与你一同喝彩，见证中国申奥成功。仅仅两三天时间，这种包装的可口可乐便销售一空。

（五）选择活动场所

场所是公共关系活动的舞台，舞台选取的恰当与否，直接关系着公共关系活动的效果。因而，公共关系活动场所的选择一定要慎重，要尽量选择便于开展公共关系活动的场地，尽可能地考虑如何充分利用环境的有利条件，扬长避短。具体应考虑：

1.空间大小与条件

公共关系场所的大小要以活动参与者与活动所需物资的多少、大小为依据，过大是浪费，过小则显得拥挤混乱，并且需要有一定的空间作为应急和临时性变动所需。公共关系活动场所应具有开展公共关系活动的基本设施和基本条件。

2.空间位置与审美

公共关系活动场所的位置选择要与活动内容相吻合，而且要能给人带来感官上的愉悦。

3.空间环境

空间环境主要指公共关系活动场地周围的建筑环境、人文环境、生态环境等。

（六）选择媒介

媒介，是公共关系信息传播的载体，是组织与公众联系的桥梁。公共关系活动传播媒介的选择，要根据公共关系目标的要求和针对目标公众的情况分析来确定。

1.公共关系目标

如果组织的目标是在全国范围内提高知名度，就要选择覆盖面广的大众传媒；如果目标是说服少数重点公众或缓和内部紧张关系，则可通过人际传播。

2.传播内容

不同的传播内容应选择不同的传播媒介。一般说来，比较形象浅显的内容应选用电子媒介，而难以理解的信息内容适合用印刷媒介。同样是印刷媒介，要传播系统的理论、深奥的知识，应选择书籍；内容不太多，但专业性很强，应选择杂志；内容相对通俗易懂、易引起普通公众关注，应选择报纸。同为电子媒介，靠美好悦耳的声音就能打动公众，要选择广播；有丰富多彩的画面、有变化多端的动作，则可选择电视和电影；如果要求场面宏大、气势磅礴，则更适宜选择电影。如果传播内容有一定保密性，则宜选择电话、信函；如果内容要求迅速广泛传播，则广播、电视、报纸、互联网是理想选择。

3.受传者的特点

受传者是传播的目标和对象，传播效果取决于受传者接受信息的多少和对信息的理解程度，因此应对受传者进行全面细致的考察。根据受传者的文化层次进行选择：对文化水平高、喜欢思考的知识分子，宜采用图书、杂志、报纸；对文化程度不高的农民和生产一线的工人，宜采用电影、电视、杂志、连环画。根据工作性质进行选择：对经常加班加点的出租车司机和从事简单劳动的农民，宜采用广播；对从事复杂劳动且时间比较紧张的公司白领，宜用报纸。根据年龄特征进行选择：对中老年人，宜采用广播、报纸作媒介；对于青年人，宜采用电视、互联网作媒介；对于儿童宜采用电视。

4.讲求经济效益

各种传播媒介的成本和使用费用相差极大。因此，在选择传播媒介时，公共关系人员应根据公共关系经费的支付能力，进行成本效益分析，遵守"花最少的钱争取最大的传播效果"的信条。

5.注重时间安排

有些信息传播的目的是为了吸引公众的适时注意,有的则为了引起公众的持久注意;有的信息要求迅速传送出去,不同的信息,其传播的目的不同。因此,选择媒介应注意时效性和频率上的合理性。

(七)制定预算

美国内布拉斯加大学著名传播学教授罗伯特·罗雷在《管理公共关系学——理论与实践》一书中指出,"公共关系活动往往由于以下原因归于失败:第一,由于没有足够的经费,难以为继,关键时刻不得不下马;第二,因经费不足,只得削足适履,大幅度修改原计划;第三,活动耗资过大,得不偿失"。这是我们策划时必须引以为戒的。公共关系策划的经费预算一般包括:

1.劳务报酬

劳务报酬主要包括公共关系专家、公共关系专职人员、公共关系礼仪人员、名人、摄影师等参与公共关系活动人员的开支、奖金、补贴等。

2.项目开支

项目开支指实施专项公共关系活动中相对独立的大宗项目支出,如信息咨询费、宣传品制作费、广告支出费、场地租金、专项赞助费、突发事件的处理费用等。

3.器材费

实施公共关系活动所使用的各种材料、物品的支出费用,如样品实物、音像材料、纪念品等。

4.管理费用

实施公共关系活动过程中的各项管理费用,如房租、水电费、电话费、保险费、差旅费、维修折旧费等。如"拉丁歌王"瑞奇·马丁参加第十届大连国际服装节开幕式的演出,其保险费高达数万美元。

(八)撰写策划书

策划书是公共关系策划实施的指导性蓝图,是公共关系活动的"剧本",它是对公共关系方案的系统化、体例化的方案表述。它不仅能有效地体现策划方案而且便于实施者操作、落实。所以,编制策划书是公共关系策划中最重要的环节。

六、公共关系策划书的制作

(一)策划书的价值

策划书,即拟订书面活动方案,将实现公共关系目标的思路具体化,以公共关系活动计划书的形式表现出来。制作策划书是为了将策划的各个环节和形成的初始文件进行整理加工,使之系统化、规范化、完善化,便于指导具体的策划实施。其价值具体体现在:

1.策划书是策划者思维水准的具体体现

它反映着策划者的知识修养、实践经验和各方面的能力素质。策划者总是利用策划方案及其实施效果来证明自己的价值。

2.策划书是公共关系行动的说明书和实施指南

策划者通常利用策划书来阐明公共关系行动的缘由、主题、目标、内容、形式、实施步骤、可能出现的结果，是说服打动决策者、赢得他们拍板认可的先决条件，也是公共关系活动取得成功的保证。

3. 策划书是公共关系活动效果评估的依据和标准

每一项策划方案实施后，都要对其评估，而评估的依据和标准就是策划书。

（二）策划书的制作顺序

在策划书的制作过程中，为了能准确而细致地表达构想，必须经过再三考虑，打下草稿，才能开始动笔。策划书的制作顺序如下：(1)撰写整个策划书的大纲；(2)列出大纲中各章的大致内容；(3)检查大纲中各部分是否平衡；(4)重新调整后，确定各章节分配；(5)将自己收集的资料及构思的要点进行阐述，写进各章节。

（三）策划书的构成要素

公共关系策划书无定式，策划者要依实际的需要和自己的文笔风格而定。但无论策划书形式如何、内容怎样，都必须包括如下要素，即 5W、2H、1E。

What（什么）——策划的目的、内容、主题；

Who（谁）——策划组织者、策划者、策划所涉及的公众；

Where（何地）——策划实施地点；

When（何时）——策划实施时机；

Why（为什么）——策划的缘由；

How（如何）——策划实施的基本条件、动作过程和具体方法、实施的形式；

How much（多少）——策划的预算；

Effect（效果）——策划结果的预测。

上述 8 个要素组合即是一份完整的公共关系策划书应当具备的基本构架。

（四）策划书的基本格式

公共关系策划书没有统一的格式，一般格式是：

1. 封面

封面内容一般包括：(1)题目。公共关系策划书的题目有两种，一种是由公共关系活动主体——社会组织的名称、公共关系活动的主要内容，再加上策划书的文件名称构成；另一种是在上一种题目上方再加上一行揭示主题的文字，从而形成虚实结合的复合性题目。(2)策划者单位或个人名称。(3)策划书完成日期。(4)编号。(5)如策划方案尚属草稿或初稿，还应在题目下加括号注明，写上"草案"、"送审稿"、"讨论稿"、"修订案"或"实施"案等字样。

2. 序文

并非所有的策划书都需要加序，除非方案内容较多较复杂，才有必要加序。序文是指把策划书所讲的概要加以整理，内容简明扼要，让人一目了然。

3. 目录

目录描述策划书的全貌，具有与序文相同的作用。目录的内容必须下工夫，目录是标题的细化和明确化，要做到让读者通过看标题和目录后，便知整个策划书的概貌。

4. 宗旨

宗旨包括策划的活动背景分析，必要性、社会性、可能性等问题的具体说明。目的是想说明为什么要进行策划。

5.正文

正文是策划书中最重要的部分。其主要内容有:(1)创意;(2)活动目标;(3)公众分析;(4)基本活动程序;(5)传播与沟通方式;(6)经费概算;(7)效果预测。正文的写作要周到,但应以纲目式为好,不必过分详尽地加以描述渲染。

6.附录

附录包括方案实施进度表、人员职务分配表、补充材料、参考文献、专家意见、注释文字、注意事项等。

公共关系策划书——"宝洁"闯中国

背景:

1989 年之后,外商对中国的投资持观望态度,吸引外资也有了一定的难度。随着中国体制改革的不断深化,国民经济发展需要大量的投资。要摆脱外商投资少的困境,使外商对中国的投资重新活跃起来,就有必要支持一些在国际市场上具有影响力的企业,在中国迅速打开局面得以发展,以事实证明中国的投资环境和对外政策没有改变。

主题:宝洁使你生活更清洁

策划目标:

宏观目标是通过本次"宝洁"项目公关策划,打破外商对中国投资的僵局,以事实说明中国的对外政策。

微观目标是通过项目策划,加大对"海飞丝"、"玉兰油"产品的宣传力度,提高宝洁产品的知名度,以新颖的活动吸引消费者参加,拓展中国市场,两年内使"宝洁"公司成为中外合资企业典型。

基本活动程序:

第一阶段:(1)掀起产品宣传商潮,让广大消费者了解产品的品质。1990 年 2 月,人民日报社为"宝洁"公司在北京人民大会堂举办了新闻发布会,中央和首都 20 余家新闻单位先后进行了报道,《市场报》还组织了专版介绍。(2)在北京首次举办有效销售活动,部分销售利润赞助给亚运会,争取得到北京市副市长的特批,准予在北京开展有效促销活动。(3)由北京市百货公司组织全市 160 多家商场,开展"海飞丝"、"玉兰油"有效销售活动,《市场报》刊登"宝洁"专版,加印 20 万份,摆在商场的柜台上赠送,进行宣传配合促销活动的开展。

第二阶段:(1)选定"康乐宫"开展有奖销售,以新颖的活动吸引读者。(2)举办新闻发布会与产品订货会,扩大宣传效果,力争完成促销目标。(3)选择大学公关专业学生,参加"康乐宫"活动服务工作。

传播与沟通方式:

(1)利用新闻发布会、北京电视台"今晚我们相识"栏目,以及《北京晚报》、《人民日报》、《市场报》等报纸杂志等诸多媒介,争取活动的最佳效果。

(2)由北京国际关系学院等大学三年级的公关专业学生,举办专题讲座,剖析"宝洁"公司的活动案例。

效果预测:

（1）通过系列策划活动的实施，消费者可熟悉公司产品，销售额会增加，一个月内销售额达到400万，打破了外商对中国投资的僵局。

（2）可提高产品的知名度和美誉度，可使"宝洁"公司成为中外合资企业的典型。

（资料来源：于朝晖，邵喜武主编.公共关系学[M].北京：北京大学出版社，2008.）

案例讨论

案例一：生命唯真，挚爱永存
——"泰坦尼克号"正版VCD中国市场推广公关案例

"泰坦尼克号"以其耗资巨大的专业制作和感人至深的爱情故事，赢得了来自不同国家和不同年龄的人们的广泛喜爱。在中国的放映同样获得了巨大成功，而电影的成功也必然带来中国盗版VCD市场的"繁荣"，盗版"泰坦尼克号"VCD成为最热门的收藏品。为了有效地打击盗版市场，在影片播出一年之后，宣伟公司策划了正版"泰坦尼克号"VCD上市的公关宣传活动。

宣伟公司在策划之前展开了一系列调查，首先浏览了全国报纸，了解了有关"泰坦尼克号"电影的报道，预计消费者对"泰坦尼克号"的热情程度及变化。其次通过各地的娱乐新闻记者，考察了"泰坦尼克号"在当地的影响力，确定此次全国性宣传活动的中心为上海。另外，还对盗版VCD市场进行了调查，比较了正版和盗版VCD之间价格的差异，了解到盗版VCD热销的主要原因是价格，同时也注意到对于具有收藏价值的影片来说，消费者也会考虑画质、音质等质量因素。

据此，宣伟公司制定了相应的公关策略以重建市场对"泰坦尼克号"的兴奋感，带动正版VCD的销售。在宣传的重点上，宣伟偏重于传达正版VCD带给人们的情感价值，如电影宣扬的真爱等情感因素来调动消费者拥有正版VCD的购买意愿。

由于电影本身的影响力，"泰坦尼克号"VCD的上市必然会引起新闻界的关注。但如何增强其新闻价值，使之成为记者争相报道的热点话题，成为宣伟公关策略的重点。如果"泰坦尼克号"电影的成功是商业的成功，那么其正版VCD上市发行的成功则意味着在中国打击盗版VCD市场的成功。这也是此次事件的新闻由头。

为了重建人们对"泰坦尼克号"的兴趣，宣伟公司设计了大型上市活动。活动的主旨是原汁原味，即无论你看到的、听到的还是吃到的，都与你在电影中看到的一样。这一活动主旨鲜明地向消费者传达了正版VCD所含有的附加价值，并在真情、真爱与正版VCD之间架起了一座无形的桥梁。

为了造成持续的宣传效果，宣传公司将活动分为前期媒体预热活动和正式上市活动两个部分。前期宣传活动的重点是调动消费者和媒体对即将上市的VCD的心理期待，而正式活动是使"泰坦尼克号"正版VCD成为人们议论的话题和争相购买的物品。

（1）前期预热活动。

①在发行活动的前两个星期，宣伟公司在上海举行了前期新闻发布会，请到了上海各界的主要媒体，并于当天在北京、广州等城市进行新闻发稿。

②举办了一个小型的时装表演，模特展示的正是当年杰克和露丝上船第一天穿的服

装。这个巧妙的安排使新闻发布会进入高潮并为摄影记者提供了绝佳的拍照机会。

②在会后举行了对客户发言人及其中方合作伙伴就打击盗版市场的新闻专访。

④在正式上市活动的前一天,宣伟公司又把国际和国内记者聚集在浦东香格里拉饭店,请"泰坦尼克号"电影的制片人约翰·兰度先生介绍电影制作背后的花絮。

(2)正式上市活动。

①上市当天下午,由20世纪福克斯公司的发言人向中外记者介绍了当天晚会的精彩节目,积极地调动了媒介的兴奋度。

②晚上6时,邀请了包括政府官员、新闻媒体、行业代表和企业赞助商等270位来宾参加了仿照1912年杰克和露丝共进晚餐的那一夜的晚会。会场用仿古家具布置,老式电话、照相机、皮箱、水晶吊灯,还有现场小乐队演奏,使来宾仿佛置身于当年的泰坦尼克号上。

②当张光北扮演的爱德华船长拉响了开船的汽笛时,明星邵兵和瞿颖身着杰克和露丝的服装,出现在来宾面前,晚会在欢呼声中开始了。

④整个晚餐是按照泰坦尼克号上的菜单定制的,共12道菜。在晚宴的间歇,安排了丰富的娱乐性节目,均取材于原剧。瞿颖和邵兵走上船头,即兴表演了剧中的精彩片断,一曲感人至深的《我心依旧》,使来宾重温了此剧的浪漫主题。现场还安排了一场小型的时装表演,表演的舞台就是在巨型船模上。模特们身着按原剧制作的戏服及其他欧式的怀旧礼服,将来宾带回到了1870年。

⑤正当来宾沉浸在浪漫的遐想中,宴会厅的大门打开了。爱尔兰民族音乐响起,一群身着民族服装的舞蹈演员踏着欢快的步子舞进了大厅,再现了当年杰克带着露丝去三等舱跳舞的情景。来宾禁不住纷纷走上舞台,跳起了爱尔兰民族舞蹈。

⑥当约翰·兰度手捧奥斯卡金像奖走上舞台,全场的观众雀跃了。大家争相与这位好莱坞大制片人合影留念,晚会就在人们的欢笑声中结束了。270位来宾带着美好的回忆,带着随请柬奉送的正版"泰坦尼克号"VCD离开了会场。

整个晚会主题鲜明,风格独特,寓教于乐。"泰坦尼克号"正版VCD的上市发行与其电影的放映造成了同样的轰动,成为百姓议论的话题。第一批到货的正版VCD在上市活动举行后24小时内全部售罄,并打破了以往任何VCD在中国的销售记录。

宣伟公司在活动结束后的几周内还不断受到来自媒介和消费者的电话,询问去何处购买正版VCD。

(资料来源:曾琳智主编《新编公关案例教程》2010.9)

讨论题:

1."泰坦尼克号"正版VCD市场推广活动中,你认为最有创意的是什么?为什么?

2.公共关系策划应该注意些什么?

案例二:中国好声音让加多宝品牌更响亮

"正宗好凉茶,正宗好声音,欢迎收看由凉茶领导品牌加多宝为您冠名的加多宝凉茶中国好声音……"浙江卫视知名主持人华少的一分钟"贯口"广告词,不仅引发了公众挑战最快语速的热潮,也让加多宝的品牌愈发深入人心。

作为独家冠名商的加多宝集团通过这样一档原版引进的听觉栏目,在去年的营销较量中拔得头筹,迅速实现了品牌的完美转身。2013年,加多宝集团除了继续延续"正宗好凉茶＋正宗好声音"的合作,冠名第二季"中国好声音"之外,还与浙江卫视联合推出了"唱·饮加多宝,直通中国好声音"活动。业内营销专家表示,加多宝凭借与《中国好声音》的捆绑,欲在输掉"王老吉"商标使用权之后,用最短的时间在消费者心中实现品牌转换并提升认可度。

品牌借力"好声音"

2013年4月10日,由加多宝集团、浙江卫视联合主办的"唱·饮加多宝,直通中国好声音"大型活动启动仪式在北京举行。据介绍,此次"唱·饮加多宝,直通中国好声音"活动共分"征集唱饮好声音""选拔直通好声音"和"决战加多宝好声音"三个阶段,历时半年。

加多宝集团品牌管理部副总经理王月贵称,2012年,加多宝与浙江卫视"正宗＋正版"的合作缔造了娱乐界的传奇,同时也缔造了营销史上的一个奇迹,加多宝凭借"中国好声音"的完美营销,顺利实现了品牌的转换。浙江卫视营销中心副主任张晓晖表示,加多宝集团此次推出的"唱·饮加多宝,直通中国好声音"无疑将是一次全新的"梦想与市场大胆结合的尝试",借助于加多宝的品牌影响力,完成更多有才华的年轻人的音乐梦想。

多年来,红罐加多宝凉茶几乎从未更换过包装,但为了本次活动,加多宝特意推出全新罐体包装,并同时为所有消费者提供了参与活动的权力和获奖机会。据悉,即日起至10月8日,凡购买加多宝新罐包装产品,即可凭"拉环括号内字符＋罐顶8位码"登录活动官方网站票选自己心目中的好声音,同时获取积分赢得更多惊喜。"中国好声音唱饮梦想大礼包"——总价值4999元的2013年中国好声音总决赛门票2张及观赛基金,共计88份,更有888份iPad mini、88888份京东商城电子礼品券以及1888万份京东商城电子彩票券等多重好礼。

随着网络报名的火热,一些专业录音室的生意也逐渐火爆起来。近日,有报道称,自从"唱·饮加多宝,直通中国好声音"网络报名开始以后,一些城市的录音室档期都被排满了,"因为自己录的效果不好,所以就来找录音室了",某录音室老板这样说。

记者了解到,为配合好"好声音"的主题传播,加多宝集团于近期推出了"唱·饮加多宝,直通中国好声音"消费者促销装,设置了丰厚的奖品。消费者可以通过购买促销装产品参加活动,"本次活动,我们共计推出了近2 000万个奖项,一等奖获得者还可亲临2013年中国好声音总决赛现场观赛。同时,凭借拉环字符和罐顶8位码组成的加油码还可以为参赛选手投票加分"。加多宝相关负责人告诉记者,"希望可以借助这些丰富多彩的活动,拉近消费者与'中国好声音'的距离"。目前新包装产品已陆续上市,各大超市也开始开展现场促销活动。记者在一家超市见到了促销装加多宝凉茶,罐身上印制的"唱·饮加多宝,直通中国好声音"活动信息吸引了众多消费者的注意。

"好声音"带来好生意

去年11月2日举行的第二季《中国好声音》广告招标会上,有10余家企业参与竞标。最终加多宝以2亿元拿下《中国好声音》第二季的冠名权。此外,加多宝还以总值1.2266亿元的价格竞得底价总额为1 880万元的浙江卫视"中国蓝剧场"全年正片结束后的第一个广告。

"《中国好声音》模式新颖，节目定位各个层面的观众，开播后关注度必然很高；加多宝正处于'去王老吉'后的特殊时期，需要高曝光率增加品牌认知度，强化'加多宝就是原来的王老吉'这一印象。因此加多宝选择了'好声音'。"北京志起未来营销咨询集团董事长李志起分析，尽管第一季"好声音"已经结束，但关于"好声音"的话题还在热议，加多宝今年再度冠名好声音也正是出于这样的考虑。

央视索福瑞媒介研究有限公司数据显示，2012 年，《中国好声音》首期节目收视率超过 1.5，第二期节目的收视率达到 2.8，已经位列同时段节目榜首，此后节节攀升，第三期节目达到 3.093，第五期节目更是以 3.302 创下收视新高，遥遥领先其他节目，位列同时段第一。

在"好声音"收获口碑之时，冠名商加多宝也借助这次娱乐营销火了一把。"正宗好凉茶正宗好声音欢迎收看由凉茶领导品牌加多宝为您冠名的加多宝凉茶中国好声音……"这一被主持人华少以 47 秒说完 350 个字的广告词也激起了公众挑战最快语速的热潮，网友们纷纷调侃"华少就是来卖凉茶的"。

在第一季花 6 000 万元，把"中国好声音"变为"加多宝中国好声音"，加多宝品牌管理部副总经理王月贵认为"花得很值"："不仅有《中国好声音》的收视率数据佐证栏目的火热程度，还有一份来自第三方的数据显示，更名后的加多宝凉茶销量大幅攀升，同比增长已超过 50%，在广东、浙江等凉茶重点销售区，同比增长甚至超过了 70%。"

加多宝这次在合作中，并不乐享于其"项目投资人"的地位，而更是很好地诠释了"项目合伙人"的身份。王月贵说："从开始的权益谈判，到后期的利用线下终端、网络做推广，加多宝实际上是一个参与者、一个合伙人。作为国内顶级饮料品牌，加多宝拥有无可比拟的终端推广能力和各种资源的整合能力。电视＋微博＋网络推广＋终端推广，各方资源充分整合，成就了加多宝中国好声音完整、立体式的推广模式，其成效也是显而易见的。"

王月贵还强调，加多宝一贯的做事风格是：做一件事时，并不是眼瞅着对方在做，而是与其一起做。在投资合作中，也并不是把钱扔给对方就不管了。浙江卫视是一家媒体，线上是其强项，但线下则是加多宝的强项。而只有把双方的强项结合起来，影响才会最大程度地得以发挥。这种从上而下的执行，也促成了"正宗好凉茶、中国好声音"。

加多宝盯准娱乐营销

"今年 5 月下旬，加多宝接到了浙江卫视方面关于《中国好声音》合作的电话，对方想问问我们的态度，所以按照惯常的流程，通话之后，对方还发了一些资料过来。当我们看完资料，就觉得这个项目不错，'正宗版权'的概念很好，与'正宗凉茶'的诉求吻合。"加多宝品牌管理部副总经理王月贵说，一周后，浙江卫视、灿星的团队到了北京，双方开始沟通。"在商言商，双方是一定要考虑投资回报率的。我们在与对方的沟通中，也多次跟对方表示我们想要的资源，想让对方拿出更多的资源来做这个节目，同时，我们也告诉对方，我们能拿出多少资源，能为这个项目做什么。"

王月贵认为，《中国好声音》从国外购买版权、严格按照版权手册制作节目，并接受版权方现场监督，与'山寨版'娱乐选秀项目有本质不同，这与加多宝凉茶原滋原味、正宗的品牌内涵契合。"加多宝利用自身渠道资源，与浙江卫视在西安、武汉、北京、广州等地进行了十多场推介会，并且让'加多宝中国好声音'的宣传海报遍布终端销售渠道。"

博盖咨询董事总经理高剑锋认为，加多宝此次运用的娱乐营销手段无疑是成功的，加多宝不仅争得节目冠名，在节目的推广过程中，加多宝也搭了"好声音"的"顺风车"："广药赢得了商标案之后，在品牌方面自然更胜一筹，但加多宝通过'好声音'，已经达到了在消费者心中提升品牌认可度的目的。"

加多宝集团董事长办公室总监冯志敏介绍，就目前市场的反馈情况来看，市场上已经普遍接受加多宝这一品牌。"通过《销售与市场》近日公布的零点调研公司的调研数据，短短三个月时间，知道加多宝凉茶的被访者已经高达99.6%，远远高于广药王老吉的71.2%。"

高剑锋表示，在营销的精细化及创新方面，加多宝一直很成熟。"虽然'好声音'结束后加多宝的娱乐营销效应会有所降低，但冠名'好声音'仅仅是加多宝营销中的一个重要环节，加多宝在广告方面也非常舍得投入，持续的广告会使加多宝得到它想要的曝光度。'好声音'让加多宝的品牌上一个台阶，这将更利于加多宝后续的宣传。"

事实上，自原罐红罐凉茶更名为加多宝以来，加多宝集团已采用了一系列组合拳式的营销手段来塑造品牌，《向上吧，少年》《势不可挡》等栏目也是加多宝冠名。在往年，加多宝也曾与浙江卫视合作，赞助《2010年先声夺金》《2011年唱支红歌给你听》等。

渠道与产品更重要

李志起称，加多宝今年高调的宣传已经达到了塑造品牌的目的，接下来面临的就是销售渠道的巩固。"无论营销、宣传手段如何，最终的目的还是要卖掉产品。"

除了对于产品品质的严格把控，精耕细作的渠道建设也为加多宝的成功打下了良好的基础。王月贵说，加多宝通过17年的努力，与全国范围内的终端客户和渠道商都建立了深厚的联系，品牌更名后，我们很多客户自发地声援或者支持加多宝，这说明我们经销商是非常支持加多宝的，并以实际行动表示出来，这对加多宝凉茶的推广起到重要作用。这种稳固的合作伙伴关系，在未来肯定会更加巩固强化。

业界认为，在产品上狠下功夫，对于渠道建设不遗余力，让消费者真真切切感受产品品质，这才是加多宝能获得市场与口碑双丰收的成功秘诀。加多宝中国好声音的成功，不仅潜移默化地迅速提升了加多宝的品牌知名度，也进一步巩固了加多宝在凉茶行业的领导者地位。

李志起认为，除了和广药在凉茶市场方面的竞争，加多宝产品的丰富化和系列化也是其接下来需要考虑的问题。"从长远来看，加多宝的凉茶会一枝独秀，凉茶之后如果有系列化的产品推出，将进一步巩固加多宝在饮料市场中的地位。"高剑锋预测，明年加多宝仍将占据最多的凉茶市场份额，第二名王老吉将是其最大的竞争对手，和其正等其他品牌的凉茶也将加剧凉茶市场的竞争程度。

有媒体评论，加多宝对于中国好声音的高投入并不意味着盲目投钱，加多宝凉茶的正宗性与好声音的正版品质相得益彰，在短期内就成功地让消费者在心中熟悉了一个概念——现在的加多宝就是过去的红罐凉茶，凉茶品质、配方、工艺、口感都没有任何变化，因此消费者还是会像以前一样、一如既往地选择它。第三方数据显示，更名后的加多宝凉茶销量大幅攀升，同比增长已超过50%，在广东、浙江等凉茶重点销售区，同比增长甚至超过了 70%。

(资料来源:国际金融报 2013 年 06 月 27 日)

讨论题:

1. 加多宝成功的原因何在?

2. 公关策划中强调时空选择的重要性,你认为加多宝是如何把握时机的?

本章小结

公共关系调查和公共关系策划是公共关系工作程序中的基础和关键工作。它是公共关系工作的规范化和科学化的过程中出现的一种社会调查类型。公共关系调查是指社会组织的公关部门和公关人员运用科学的调查手段,有目的、有意识、有步骤地考察了解分析,研究社会组织客观存在的公共关系现象,以把握社会组织的公共关系及其影响因素的实际状况的一种科学认识活动。公共关系调查的内容包括组织自身情况的调查、相关公众状况的调查、传播媒介情况的调查、组织环境情况的调查、公共关系状况的调查。公共关系的调查方法有问卷调查法、访谈调查法、科学观察法、文献调查法、新闻调查法、量表测量法等。公共关系调查的基本程序包括确定调查任务、设计调查方案、收集调查资料、处理调查结果、总结评估这五大步骤。

公共关系策划是公共关系策划者为实现组织的公共关系目标,对公共关系活动的性质、内容、形式和行动方案进行谋划与设计的思维过程。公共关系策划的构成要素包括公共关系策划主体、公共关系策划客体、公共关系策划目标、公共关系策划信息、公共关系策划方法等。公共关系策划的基本程序包括确定目标、设计主题、分析公众、把握活动时机、选择活动场所、选择媒介、制定预算、撰写策划书。策划书的基本格式包括封面、序文、目录、宗旨、正文、附录等。

习　题

一、辨析题

在公共关系工作中,公共关系调查环节可有可无,只要公共关系策划有创新,就能达到公共关系的目标。

二、问答题

1. 简述公共关系调查的内容。

2. 简述公共关系调查的方法。

3. 简述公共关系策划的基本类型。

4. 简述公共关系策划的基本程序。

三、计算题

1. 某社会组织在四万人的区域内,其中有两万人知晓该组织,有一万人熟悉该组织,有 0.8 万人持赞赏态度。请计算该组织在这一区域内的知晓度。

2. 某公关人员计划抽样研究 100 人,但预计问卷的回复率为 50%,有效率为 80%,请计算公关人员应印发调查问卷的数量。

四、实训题

××组织公关调查

[实训目的]

通过本次实训,使学生明确公关调查对塑造组织形象、制定决策、监测组织内外环境等方面的重要作用,掌握公关调查的基本内容、程序、方法,提高学生参与公关调查的实际能力。

[情景设计]

某组织经过多年的发展,在本行业占有一席之地。为了扩大再生产,提高组织运行效率,拟对组织的相关公众以及所处的内外部环境进行调查,以便作出更科学合理的决策。

[实训要求与内容]

1.运用文献法、访谈法,调查了解本组织的公关历史与现状。

2.运用访谈法、问卷法,调查本组织内部公众与外部公众的需要,归纳相关公众的物质需求与精神需求。

3.运用访谈法、观察法,调查组织领导者和管理者,了解组织的经营情况。

4.综合运用各种公关调查法,调查组织所处的社会环境,了解本组织的认知度、美誉度。

5.对公关调查结果进行整理,撰写公关调查报告。

[工作程序]

1.公关调查准备阶段

(1)划分小组,每12人为一组,选派其中一名组织领导能力强的人作为组长;

(2)调查设计,分配任务,明确每人的任务和工作内容;

(3)文献调查,初步了解公关调查对象。

2.公关调查实施阶段

(1)组织基本情况调查,一人了解组织公关历史和现状,一人调查组织经营管理情况;

(2)相关公众调查,两人走访调查内部公众,两人走访调查外部公众;

(3)社会环境调查,四人调查相关组织的公共关系,两人调查组织的知名度、美誉度、和谐度。

3.公关调查分析总结阶段

小组成员就调查资料进行整理,分析调查资料,撰写调研报告,并对此次公关调查进行总结评价。

[效果评价]

教师教学点评、打分,将评价结果填入表5-2中。

表 5-2 "××组织公关调查"评价表

专业		班级		学号		姓名	
考评内容	组织公关调查						
考评标准		项目内容				分值	评分
	准备环节	公关调查设计是否科学				15	
		任务分配是否合理				5	
		组织公关文献调查是否真实有效				5	
	调查环节	组织基本情况调查是否客观				10	
		相关公众调查是否全面				10	
		外部环境调查是否高效				10	
		公关调查分析结果是否符合组织实际				10	
		调查报告是否真实、书写是否规范、文字是否准确				10	
	公关调查能力	沟通协调技巧				5	
		团队合作精神				10	
		应变能力				10	
		总　计				100	

拓展分析

观看网络视频《教师也疯狂》,分析创意在公关策划中的重要性(搜狐视频 2010-02-26)。

第 **6** 章

公共关系实施与评估

本章知识点:公关目标的分解和落实;公关实施的保障机制及其细则的制定、执行;公共关系效果评估的目的、内容和相关指标;开展公共关系效果评估的意义与价值;公共关系效果评估的方法与技巧;公共关系活动的绩效的考核。

案例导读

顾客争座时,肯德基怎么办?

2000年8月,江西第一家肯德基餐厅落户南昌,开张数周,一直人如蜂拥,非常火爆。不想一月未到,即有顾客因争座被殴打而向报社投诉肯德基,造成一场不小的风波。

事件经过大致如下:一位女顾客用所携带物品占座位后去排队购买套餐时,座位被一位男顾客坐住而发生争执。先是两位顾客因争座发生口角,尽管已引起其他顾客的注意,但都未太在意,此时餐厅的员工未能及时平息两人的争端。接着两人争吵上升到大声争吵,店内所有顾客则都开始关注事态,邻座的顾客则停止用餐,离座回避,带小孩的家长担心事态危险和小孩受到粗话影响,开始领着小孩离店。最后二人争吵上升到斗殴,男顾客大打出手,殴伤女顾客后离店,别的顾客也纷纷离座外逃和远远地看热闹。女顾客非常气愤,当即要求肯德基餐厅对此事负责,并加以赔偿。到此时,其影响面还局限于人际范围,如果餐厅经理能满足顾客的要求,女顾客就不至于向报社投诉。但餐厅经理表示"这是顾客之间的事情,肯德基不应该负责",拒绝了女顾客的要求。女顾客马上打电话向《南昌晚报》和《江西都市报》两报投诉。两报立即派出记者到场采访。女顾客陈述了事件的经过并坚持自己的要求,而餐厅经理在接受采访时对女顾客被殴表示同情和遗憾,但是认为餐厅没有责任,不能作出道歉和赔偿。两报很快对此事作了报道,结果引起众多市民的议论和有关法律专家的关注。事后,根据消费者权益保护法,肯德基被认为对此事负有部分责任,向女顾客公开道歉,并赔偿了部分医药费,两报对此也都作了后续报道。

(资料来源:百度文库)

启发总结:南昌肯德基因未及时处理好该事件而使舆论影响不断升级,形象损失越来越大。在这一事件中,即使从自身形象出发,肯德基也应主动及早处理,使消费者免伤和气,心情愉快地消费。

第一节 公共关系计划实施

一、组织机构的设立及人员配备

（一）组织机构设立必要性

公共关系是现代组织不可或缺的一项职能，为了确保它的实施，一定要设立与其相适应的公共关系组织机构。公共关系组织机构是观测公共关系思想、实现公共关系目标、执行公共关系职能、开展公共关系客户、处理公共关系日常事务的由专门人员组成的职能部门。各种不同类型的组织，都会有具体情况和需求的差异，不可能也不应该要求它们按一定的模式来设置。

伴随着现代社会的发展，经济形势瞬息万变，各种社会组织对公共关系机构设立的需要越来越迫切。公共关系组织机构设立的必要性表现如下：

1.公共关系工作在组织活动中所处的重要地位

公共关系组织机构代表整个组织，它的工作范围包括整个组织的诸多事务。对内，它代表组织决策层协调各部门以及人员之间的关系；对外，它代表整个组织向社会发布信息、征询意见、接待来访、处理危机。公共关系组织机构所担任的角色及公关工作的性质，是其他部门所无法替代的。

2.公共关系组织机构的设置有利于提升组织整体效能

由于"整体总是大于部分之和"的系统论论断，一项有系统的整体工作，如果有一个相应系统的组织来完成，就可以发挥出强大的、超过个体总和的力量。公关工作本身就是一个有系统的整体，只有由相应的公关组织机构来完成，才能有效地统筹安排工作，充分调动相关人员的积极性和聪明才智，产生最佳的工作效率和社会效益。

3.公共关系工作的丰富内容和一致目标有利于树立组织的良好形象

公共关系肩负着组织与外部环境的衔接责任，工作范围广泛，甚至包括文字编辑、推广策划、摄影广告等各种活动。如果没有一个专门的机构来系统安排和组织施行，公关工作很难达到预期效果。但不管公关的工作有多么琐碎繁杂，它的目标只有一个，那就是优化组织的内外部环境、树立良好形象。公关工作与其他日常工作组成一个既相对独立又相互联系的有机整体。公共关系工作内容的丰富性和目标的一致性，是设置公共关系组织机构必要性和可能性的客观依据。

（二）公共关系实施的人员配备

前国际公关协会主席卡洛琳·法齐奥曾经说，"对于客户来说，为他们提供客户服务的团体的素质和稳定性，一直是他们选择公关公司的最重要的标准之一"。组织内公共关系人员的素质是决定组织公共关系工作成败的关键因素之一，因而选择合适的公共关系人员对于完成组织目标极其重要。

1.公共关系部的人员配备

公共关系部的人员配备应该根据组织的规模以及需要而设定。公共关系部的成员应各有所长，相互补充。大型的社会组织的公共关系部一般为几十人，中型的则以十几人为宜，小型企业可以不设立专门的公共关系部而只配备少数的公共关系人员。根据公共关系的工作内容，一般需要以下两种人员：

（1）公关活动执行人员：负责具体的公共关系活动的准备、组织、执行、管理工作。他们既要充分了解公共关系实务的工作原则和工作方法、技巧，还要具有良好的组织管理能力及应变能力。

（2）公关活动协调人员：公关活动包括一些临时性大型专题活动的组织和临时性突发事件的处理，如公关宣传、摄影师、平面设计师、法律顾问等都是公关活动的协调人员。

2.公共关系公司的人员配备

公共关系公司的人员配备应该包括管理人员、咨询人员、执行人员等。其中咨询人员和执行人员是公司的主要人员，超过总数的一半以上。此外，在公共关系公司中，其人员的性别、年龄、学历、外语水平等方面都应该有一个合理的结构，以便适应不同客户的需要和公司业务的发展。

3.公共关系社团的人员配备

公共关系社团组织的成员应该是由具有共同意愿和热心公共关系事务的社会组织和个人共同组成的。公关社团的主要类型包括：综合型社团组织、学术型社团组织、行业型社团组织和联谊型社团组织四种类型。

学术型社团组织主要指的是公共关系学会，例如中国高等教育学会公共关系教育专业委员会、公共关系教学研究会、公共关系研究所等学术团体。这些团体在拥有少数专职人员的同时，还会聘请著名的专家、学者担任公共关系客座教授和研究员，这些专家学者平时从事的就是公关理论与实际课题的研究工作。

二、目标责任的分解与落实

在公共关系实施过程中，制定公共关系目标是其中最重要的一环。它是公共关系活动中想要达到的目标体系。目标是实施公共关系活动的原因所在。公共关系工作不是满足于获得分散的、孤立的效益，而是执着地追求整合效益。公共关系的目标就是塑造良好形象，提高企业的内聚力和对外吸引力，通过长远的社会效益来获得最大的经济效益，提高员工的思想、业务能力，获取素质效益，以完善的道德人格力量促进社会组织的发展。为此，公共关系必须引入目标程控、管理机制。

（一）公共关系目标责任的分解

1.目标体系的分类

公共关系目标是一个内容丰富而有机整合的体系，从不同的角度来划分，其划分条件是不一样的。

（1）时间意义上的公共关系目标体系

从目标期限上讲，公共关系目标分为长远目标、中程目标、短期目标和具体活动目标。

长远目标：企业的战略目标，公共关系的长远目标主要是经过10年甚至更长时间的努力，在公众心目中所确定的总体形象，是每一个公共关系活动的努力方向和奋斗目标，强调相对稳定，不能随意更改。

中程目标:实际上就是把长远目标提炼的基本任务进行分解,使之具体化,以便付诸实施。长远目标虽然具有形象定位的作用,但是它不可能在短时间内实现,所以真正发挥具体指导作用的是中程目标。中程目标确定的任务,使得在 2～5 年这样一个较长的时间内,公共关系工作都有一个明确的目标。

短期目标:公共关系的年度工作计划目标,主要是确定每一年度的日常工作、定期活动、专题活动中分别需要完成的任务。短期目标的任务已经相对细分,对年度各项公共关系活动均有明确的指标、要求,因而具有很强的约束、导向作用。

具体活动目标:为某项专门的公共关系活动确定的目标,具有很强的规范作用。

(2)内容意义上的公共关系目标体系

根据具体内容,公共关系目标分为塑造内在形象和外延形象两个方面。

塑造内在形象就是运用 CIS 对企业内部的形象要素进行总体规划,创造具有一流水准的形象特质。企业的内在形象,包括产品形象、科技形象、实力形象、资本形象、管理形象和人员形象六个方面。这六个方面的公共关系目标体系如表 6-1 所示。

表 6-1　塑造企业内在形象的目标体系

项目	公共关系目标内容	项目	公共关系目标内容
产品形象	①产品质量形象 ②产品功能形象 ③产品地位形象 ④产品文化形象 ⑤产品心理形象 ⑥产品高附加值形象 ⑦产品道德人格形象 ⑧产品创新发展形象	实力形象	①房地产规模 ②设备等级与规模 ③企业等级 ④市场占有率 ⑤生产能力 ⑥市场拓展能力 ⑦员工福利待遇 ⑧国际国内排名
科技形象	①院士与杰出专家数量 ②研发基金数额与比例 ③技术开发成果数量 ④技术开发成果获奖情况 ⑤实验室级别与规模 ⑥专利数量 ⑦研发创新能力	资本形象	①注册资金数量与性质 ②有形资产 ③无形资产 ④股本规模 ⑤融资渠道与能力 ⑥流动资金数量与走势 ⑦金融信用等级
管理形象	①管理理论模式 ②信息管理的有效性 ③管理机构设置模式 ④管理特色风格 ⑤管理制度的健全 ⑥民主管理制度 ⑦信息化管理程度 ⑧改革机制 ⑨人事管理风格 ⑩外部公众关系管理	人员形象	①法人代表的资历与威望 ②法人代表的社会地位 ③决策者的杰出决策事件 ④决策者的决策风格 ⑤员工的学历结构 ⑥员工的道德风尚 ⑦员工的业务素质 ⑧员工的精神风貌 ⑨员工的凝聚力 ⑩员工的公益事件

塑造外延形象就是提高企业的知名度、美誉度和首选度。这三个方面的公共关系目

标体系如表 6-2 所示。

表 6-2　塑造企业外延形象的目标体系

项目	公共关系目标内容	项目	公共关系目标内容
知名度	①企业名称及变革 ②子公司名称 ③商标 ④经营项目 ⑤产品总览 ⑥国际国内排名 ⑦公司历史 ⑧创业理念 ⑨营业时间与变革 ⑩新产品上市 ⑪广告名牌工程 ⑫企业纪念日 ⑬企业标准色 ⑭企业造型等	美誉度	①创业者、经营者介绍 ②企业制度介绍 ③创造销售记录 ④环境保护 ⑤社会公益事业 ⑥慈善基金 ⑦传统特色服务 ⑧人道主义活动 ⑨促进行业革新与进步
		首选度	①积极购买本企业产品 ②认同科研开发成果与技术 ③认同企业倡导的观念 ④踊跃参与本企业的活动 ⑤主动提供建设性意见 ⑥给予支持与配合

（3）对象意义上的公共关系目标体系

公共关系的目标决策受制于对象因素，对于企业来说，由于消费者、中间商和销售员的身份不同，其目标也是不尽相同的。具体如表 6-3 所示。

表 6-3　对象意义上的公共关系目标

对象	公共关系目标
消费者	①了解商品知识，掌握操作方法 ②刺激潜在消费者尝试进而反复购买 ③争取其他品牌消费者转向自己品牌的商品 ④刺激消费者大量购买商品，提高购买频率 ⑤高度认同企业品牌，强化品牌忠诚度 ⑥积极向周围公众推荐商品 ⑦毫无顾忌地消费品牌延伸的新商品
中间商	①提升商品展示位置，在商店显著位置陈列商品 ②提高货架陈列率，增加销售面积 ③加强橱窗设计和 POP 广告，有效展示商品形象 ④增加库存量，提高交易量 ⑤在店内积极开展商品文化节、品牌专题公共关系活动 ⑥强化品牌忠诚度，排除竞争品牌 ⑦积极宣传公共关系品牌延伸的新产品 ⑧配合企业开展公共关系活动，提供公共关系支持
销售员	①树立首选介绍意识，频繁向顾客推荐本品牌的商品 ②寻找潜在顾客，扩大顾客队伍 ③积极向顾客宣传品牌延伸的新商品 ④维护商品的品牌形象 ⑤在淡季宣传、销售商品，维持商品销量

2.公共关系目标分解的原则

公共关系目标责任的分解可运用企业的目标管理法(MBO)。在目标管理法中,目标的设定开始于组织的最高层,他们提出组织使命声明和战略目标,然后通过部门层次往下传递至具体的各个员工。

(1)一般目标设定的原则

公共关系目标的设定,在遵循一般目标设定原则的基础上,要有科学的依据,还应符合公共关系工作的客观现实。

第一,这个目标必须是上下级员工一致认同的。

除了企业范围的最高领导与最基层员工外,大部分员工都具有上级和下级的两重性。当每一目标都是上下一致认同的,目标体系就建立起来了,形成全员目标管理,企业的目标就一定能够实现。如图 6-1 所示。

图 6-1　上下级员工一致认同目标

对上级来说,要善于提出下级认同的愿景,设定明确的目标,它能让下级觉得工作有意义,这是成功的灯塔;还要有放权的思想,允许下级多实践,自主控制工作;并且上级要有毫不吝啬地帮助下级的思想,允许下级的工作能力超过自己。

对下级来说,最高境界是自我发展、奋斗的愿望与企业的愿景统一,这样下级就能想企业所想、做企业所做,成为为企业献身的企业人。退一步说,下级没有那么远大高尚的理想,但愿意服从企业的需要,享受完成工作的成就感;或者干脆就是为报酬而工作,达到一定成果就有一定的收获。这是下级主动工作的动力之源。

第二,这个目标必须符合 SMART 原则。

目标的 SMART 原则为:

Specific,目标必须尽可能具体,缩小范围;

Measurable,目标达到与否有可衡量的标准和尺度;

Attainable,目标设定必须是通过努力可达到的;

Relevant，相关的，尽可能体现其客观要求与其他任务的关联性；

Timeable，以时间为基础的，计划目标的完成程度必须与时间相关联。

目标有两个含义：一是一般意义的目标，就是要做成什么事，只能是愿望而已，它不是目标管理的目标；二是对做成这个事有准确的定义和完成时间限制，也就是有符合SMART 的目标。

第三，目标最好有个人努力的成分。

个人有收益，包括个人学习知识、训练技能、克服困难、改正错误等等。让目标管理的应用者自身在工作中有所提高，符合其个人发展方向和个人需要的成果，或者是让个人觉得争了一口"气"，这样也是增强个人的工作动力。

第四，目标最好存在于一项完整的工作任务中。

这样工作者可将工作努力集中在一件事情上，便于实现目标，如图 6-2 所示。

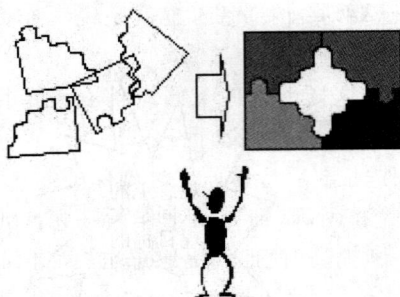

目标最好存在于一项
完整的工作任务中

图 6-2

目标越少越好

图 6-3

第五，目标越少越好。

让目标集中，这样可以集中精力，解决一个完整的事，哪怕这个目标再进行多项分解，如图 6-3 所示。

(2)公共关系目标设定的具体原则

公共关系目标的设定除了遵循上述目标设定的一般原则外，还必须符合公共关系工作的客观现实。

①符合企业战略规划。即符合企业的事业发展目标、市场拓展战略、产品发展战略、科技开发战略，这是公共关系目标设定的依据。公共关系活动不仅要为企业实现目前短期的目标服务，而且要为企业的长远发展创造良好的条件。

②符合企业形象定位。即符合企业的公共关系战略，它规定了形象定位的基调和规格。公共关系只有以此为中心，注重整合性，统筹安排，形成具有"名牌工程"的意义的公共关系活动，才能有效地完成塑造企业良好形象的任务。

③符合公众物质需求。从某种意义上讲，公共关系活动也是为市场营销服务的，在客观功效上与广告宣传有异曲同工之妙。因此，公共关系活动的策划，从主题内容到活动方

式都要符合产品定位、性能特征和基本用途,以有效地塑造和强化产品形象。

④符合公众的习俗需求。即符合公众的生活方式、价值观念、经济条件、时尚追求、社会生活特点,确定符合公众尤其是目标公众要求的公共关系目标。

⑤符合社会文化及其发展趋势。公共关系活动的社会效益取决于它与社会发展要求之间的一致性,只有促进良好社会风气的形成,推广科学文明的社会生活方式,才能取得良好的社会效益。因此,在公共关系目标决策中,要注意观察社会现象,捕捉社会热点事件,分析社会发展趋势并从中提炼出具有公共关系价值的主题,开展公共关系活动。

(二)目标责任的落实

公共关系实施的目标分解结束之后,就需要对目标的责任进行落实。

1.目标过程管理

目标设定后,还必须加强目标过程的管理,管理步骤如下:

(1)在行动开始前列出方案和措施。它促使你认真思考,作出规划并告知上级,以便上级在你开始做计划时就进行辅导。但你自己要对结果负责,也就是说工作计划的好坏及执行结果由你自己负责。

(2)上级必须让下级分担责任和进行授权。这样能够使下属有信心设定目标并自我实现,同时创造机会让他对工作自主控制,激发其工作的能动性。

(3)上级与下级保持沟通,对下级进行工作辅导。上级必须时刻保持与下级的沟通、进行工作辅导。沟通能掌握工作过程中的经验和困难,辅导使工作始终朝向正确的方向发展,也使下级的工作能力和知识在工作中不断提高,使他们更愿意也更有信心投身于工作中。

(4)若遇情况变化,需要调整计划与目标值,向上级请示。如果工作有变化,不能按时按质达到目标设定的结果,需要立即向上级汇报,必要时调整目标。

2.落实目标

落实目标有三种:信息落实目标、态度落实目标以及行为影响目标。

(1)信息落实目标

信息落实目标包括信息传播、公众对信息的接受和记忆有三个步骤。例如公共关系人员想宣传一个产品或一个事件、交流经验,或者传达其他信息,让公众对其有所了解。

(2)态度落实目标

态度落实目标主要在于改变公众对组织或者其产品的态度,以达到组织公共关系的目标。主要包括以下三个方面的内容:

①形成新态度。对于一个新出现在公众视野的组织机构,公众或许对其没有什么印象,公共关系的目标就是要提高这个组织的知名度,在公众的心目中塑造良好的形象。下面是关于形成新态度的示例:

2002年以前,从表面看,红色罐装王老吉(以下简称"红罐王老吉")是一个很不错的品牌,在广东、浙南地区销量稳定,盈利状况良好,有比较固定的消费群,红罐王老吉饮料的销售业绩连续几年维持在1亿多元。发展到这个规模后,加多宝的管理层发现,要把企业做大,要走向全国,就必须克服一连串的问题,甚至原本的一些优势也成为困扰企业继续成长的障碍。

公共关系:理论、实务与案例

2002 年年底,加多宝找到成美营销顾问公司(以下简称"成美"),初衷是想为红罐王老吉拍一条以赞助奥运会为主题的广告片,要以"体育、健康"的口号来进行宣传,以期推动销售。成美经初步研究后发现,红罐王老吉的销售问题不是通过简单的拍广告就可以解决的。成美为红罐王老吉确定了推广主题"怕上火,喝王老吉",在传播上尽量凸现红罐王老吉作为饮料的性质。在第一阶段的广告宣传中,红罐王老吉都以轻松、欢快、健康的形象出现,避免出现对症下药式的负面诉求,从而把红罐王老吉和"传统凉茶"区分开来。在地面推广上,除了强调传统渠道的 POP 广告外,还配合餐饮新渠道的开拓,为餐饮渠道设计布置了大量终端物料,如设计制作了电子显示屏、灯笼等餐饮场所乐于接受的实用物品,免费赠送。在频繁的消费者促销活动中,同样是围绕着"怕上火,喝王老吉"这一主题进行。如在一次促销活动中,加多宝公司举行了"炎夏消暑王老吉,绿水青山任我行"刮刮卡活动。同时,在针对中间商的促销活动中,加多宝除了继续巩固传统渠道的"加多宝销售精英俱乐部"外,还充分考虑了如何加强餐饮渠道的开拓与控制,推行"火锅店铺市"与"合作酒店"的计划,选择主要的火锅店、酒楼作为"王老吉诚意合作店",投入资金与它们共同进行节假日的促销活动。

红罐王老吉成功的品牌定位和传播,给这个有 175 年历史、带有浓厚岭南特色的产品带来了巨大的效益:2003 年红罐王老吉的销售额比 2002 年同期增长了近 4 倍,由 2002 年的 1 亿多元猛增至 6 亿元,并以迅雷不及掩耳之势冲出广东。2004 年,尽管企业不断扩大产能,但仍供不应求,订单如雪片般纷至沓来,全年销量突破 10 亿元,以后几年持续高速增长,2009 年销量突破 170 亿元大关。

在树立一个新形象的时候,对于那些没有争议的组织或者活动是比较适合的。一些新的组织或者活动一推出,就能得到强烈的反应。在这种前期目标已经完成的情况下,在制定加强或者转变公众态度的目标,并进行落实就更加容易。

②强化已有的态度。在公众对组织已经有一定的认识,有一定的好的印象但并不是很深刻的情况下,强化这种态度就成为公共关系目标落实的重要途径。

③改变已有的态度。这种改变通常是公众对组织已经有了一些认识,而且多是不好的印象的情况下实施的。公共关系人员在落实这种目标的时候,就应该更加慎重,不要为一个不可能实现的目标去浪费时间和金钱。这是公共关系目标落实中最难的一种。公共关系的先驱艾维·李用了很大的力气,花了很多年才使约翰·洛克菲勒的形象在公众的心目中有所转变,变成了一个受人爱戴的慈善家。

3.行为落实目标

行为落实目标涉及改变公众对机构的态度。行为的改变伴随着新的行为的产生、新行为的强化或者对机构不利的行为的改变。

三、保障机制的确立

公共关系的实施是在公共关系策划被采纳后,将公共关系策划所确定的内容变成现实的过程,这是公共关系工作中最为复杂和最多变的环节,那么怎样才能确保公共关系实施的完成呢? 这就需要一个完整的保障机制。

（一）影响公共关系实施的因素

影响公共关系实施成败的因素很复杂，一般来说，主要来自三个方面：第一，实施方案本身的目标障碍；第二，实施过程中的沟通障碍；第三，实施中的突发危机。

1. 目标障碍

公共关系实施的目标障碍是指在公共关系策划中因所拟定的公共关系不正确或者不明确而给实施带来的障碍。例如，策划目标损害了公众的利益，必然会引起公众的反感甚至抵制；策划目标过低，而引不起公众的重视，或者策划目标太高，挫伤了公共关系人员的积极性。

2. 沟通障碍

公共关系策划的实施过程包括很多传播沟通的过程。若沟通正常，则有利于公共关系策划的实施；反之若沟通工具选用不当或者方式不对、渠道不畅，则将阻碍公共关系的实施，难以达成策划目标。

3. 语言障碍

语言障碍是指由于不同国家不同地区的语言不通或者词不达意、模棱两可、语义不明而引起的沟通障碍。语言是人与人沟通的重要工具，当出现语言障碍时，往往会影响公共关系实施的正常进行，因而良好的语言能力、沟通能力、表达能力是一个公关人员应该具备的基本功。

4. 观念障碍

观念障碍是指由于人们在一定的条件下对客观事物的根本看法的不同，而造成的沟通障碍。观念对沟通的效果有巨大的作用，是沟通的重要内容之一。人们用观念来指导自己的行动和言论。具有相近甚至相同观念的人更加容易沟通，反之，具有不同甚至相悖观念的人，则难以沟通，形成观念障碍。因而，在公共关系实施的过程中，一定要在充分分析目标公众的基础上，采取他们易于接受的方法，与他们相互交流，以达到良好的沟通传播效果。

5. 心理障碍

心理障碍是指由于人们的认知、感情、态度等心理因素造成的沟通障碍。若在沟通的过程中，一方由于一些心理因素而常常不能理解对方的意图，甚至扭曲对方的意图，会使沟通的效果大打折扣，或者朝相反的方向发展。因而在沟通的过程中，一定要注意检查自己的各种假设的合理性并对对方的假设作出预测。同时，在沟通中不冷静、态度欠佳也会导致沟通的障碍。很多广告没有抓住受众的心理，只是一味地采用空洞乏味的内容和广告语，这只会让受众产生反感。

6. 习俗障碍

习俗障碍是指由于个人或集体的传统、传承的风尚、礼节、习性的差异而造成的沟通障碍。习俗是人们在长期的生活中约定俗成、难以改变的，公共关系活动人员必须密切关注活动实施相关公众的习俗特点。例如，一位外国青年想讨得一位中国女性的芳心，却送这位女性一束洁白的菊花，自然只会取得相反的效果，因为在中国的习俗中，白色的菊花代表的是悼念。

7. 组织障碍

公共关系:理论、实务与案例

组织障碍是指由于不合理的组织机构产生的沟通束缚导致的沟通障碍。具体表现为:第一,组织结构不合理导致的信息传播障碍。在信息传递的过程中,传递的层次越多,正确率越低,有时甚至被篡改得面目全非,因而,为了保证信息的正确性,要尽量减少传播层次,才能有效地保证沟通的准确无误。除此之外,机构臃肿,虽然传播层次不多但是每一层次上的构成单位多,也会消耗大量的时间,对信息的传播造成不利影响。第二,组织的信息渠道单一也会导致信息量不足而引起沟通障碍。信息单向的上传下达,没有双向的反馈系统,忽视了由下往上的信息传递,会导致决策层的信息量不足。

8. 危机障碍

公共关系受到突发危机的干扰,主要有两种类型:(1)人为的突发危机,诸如公众投诉、新闻媒体的批评报道等;(2)不以人的意志为转移的突发危机,比如自然灾害。突发事件对公共关系的影响很大,具有速度快、后果严重、涉及面广的特点,如若处理不当很容易产生严重的后果,不仅使公共关系实施难以执行,还会影响整个组织的声誉。因而处理这类危机,公共关系人员应该足够地注意并关注事态的发展。

(二)公共关系实施过程的保障

1. 保障公共关系目标准确

公共关系策划所拟定的公共关系目标不正确或者不明确、不具体,都会给公共关系实施带来某些障碍。在这个时候,为了确保公共关系的顺利实施,消除策划目标障碍,必须对公共关系策划目标进行认真检查,使目标明确具体,以有效地实施策划。具体来说,我们可以通过前期检查、中期调整和后期评价三个方面来保障公共关系实施目标的明确性。首先,组织在公共关系目标确定之后,不能产生一劳永逸的想法,在公关活动实施之前,应该进行前期检查,确定目标的设定和组织的内外部环境相适应。其次,在活动实施的过程中,要不断地对照公关目标,确保公关活动的进行没有偏离或者违背公关目标。当公关目标与现实环境不相符合,依照之前设定的目标很难满足组织的需求时,就需要对公关目标进行一定的调整和修正。最后,在公关活动结束之后,应该对整个公关活动进行后期的评价,检查目标是否完成、效果如何,以便给以后的公关工作目标的设定做一个参考。

2. 保障公共关系传播的通畅

影响有效传播的因素既有积极因素又有消极因素,前者有利于沟通,后者不利于沟通。分析这两种类型的因素,有利于我们取得更好的传播效果。上文中我们已经了解到了影响传播的一些障碍,即消极因素,现在我们将着力陈述促进宣传沟通的积极因素,在实施执行的过程中,应利用好这些因素,以保障执行活动的顺利完成。

(1)可信性

有效的宣传沟通,应该在彼此信任的氛围中进行,两个相互不信任的沟通者是不可能进行良好有效的沟通的。进行公关活动的组织必须肩负创造彼此信任这种氛围的制造者的责任,这样才能使目标公众产生信赖感,接受组织传播的信息,在心目中树立良好的组织形象。

(2)一致性

组织应该在充分调查研究的基础上,制订一个与其内外环境相一致的宣传计划,以便更好地进行宣传,以及和目标公众进行沟通。除此之外,一个组织对公众发送的信息的口径要保持一致,不能前后矛盾。

(3)互利性

组织在进行公共关系执行的时候,要注意所传播的信息,应该是既符合组织的利益又兼顾目标公众的利益的,必须与目标公众的价值观相适宜,和其所处的环境相关。

(4)明确性

传递的信息要用最简明的语言来表达,所用的词汇为一般通用的词汇,简单易懂,在传播者和接受者之间不会产生歧义,信息需要传送的环节越多就越要简单明确。

(5)持续性

沟通是一个连续的过程,要达到最好的效果不是一蹴而就的,一定要对信息进行重复,但是又要在重复中不断地更新内容,一味地重复枯燥乏味的内容是没有意义的,反而会让人反感。比如恒源祥 2008 年奥运会期间的十二生肖广告系列。

(6)适宜性

适宜性指的是选择合适的传播渠道。传播者应该利用现实生活中已经存在的信息传播渠道,这些渠道多是公众日常习惯使用的。在传播的过程中,不同的渠道在不同的阶段具有不同的影响,所以应该根据自己的公关目标·适当地选择相应的渠道。

(三)公共关系实施过程中的社会保障

1.公共关系职业道德的自律

公共关系从业人员,不仅要向商界、政府以及其他社会公众传递本职业的基本观念,对自身的工作也是如此,因而,公共关系人员必须把自己也当成自己的客户。当公共关系还处在初步发展阶段的时候,公众对公关一无所知,即使会导致一些莫名其妙的愤怒,还不至于对公关人员以及其组织本身造成什么太大的伤害,但是随着公民意识的提高,这种破坏力是难以估计的。公共关系领域的欺诈活动是让公关人为之心寒的,如果公关欺诈得到广泛的认同,公关就必须承担起巨大的信用成本。这个时候,除了一定的监督机制之外,更重要的是公关人员自身的职业道德的自律·只有这样才能保证公关实施的成功。

2.组织行为社会责任的约束

20 世纪 60 年代以来,美国的宗教人士开始呼吁人们重视企业伦理,提出企业应该承担一定的社会责任,强调企业的竞争要以道德为本,不能只顾自身的收益,而忽视它们对于社会的责任。企业开始逐步肩负起一系列的经济责任、法律责任、道德责任、环境保护责任、社区责任等,而不仅仅是单纯地追求利益最大化。企业在公示公共关系活动的时候,也要将自己作为社会的一个组成部分,它的任何行为都要符合社会的、法律的、道德的要求,而这种社会的责任同样要体现在公共关系实施的过程当中。从公关的地位来看,除了体现组织对利益的追求之外,也要塑造一定的组织形象,这与体现社会利益和精神文明是一致的,不相冲突的。企业不仅要提供合格的产品,也要进行负责任的公关,参加社会活动,实施可持续发展战略,保护环境。如环境公关的兴起就充分体现了国际社会对于塑造绿色公关的要求和趋势。

四、实施细则的制定和执行

(一)公共关系实施细则的制定

1.公共关系实施细则制定的原则

在确定了公共关系的目标之后,就必须围绕公共关系计划的目标制定详细的实施细则,作为公共关系活动的蓝本,但公共关系实施细则的制定并不是随性而为的,而是要遵循一定的原则,这些原则包含了制订公共关系计划和策划的原则。

(1)实用性原则

公共关系实施细则应该是切实可行的,必须从组织本身的情况出发来设计和制定公共关系细则,而且公共关系实施细则还应该与组织的长期发展计划相适应,应该与社会环境条件相配合。因为,公共关系活动不是孤立进行的,而必须配合经营、销售、管理等工作一起去进行。比如新产品或新技术的发布、新部门的成立、新服务的推广等等,这些都可以成为开展公共关系执行的时机。除此之外,社会上新的流行风尚、重大节日或重要活动等也均是公共关系细则执行的好时机。总之,要注意组织内外部的环境,在适当的时间、地点,以适当的方式,不失时机又不着痕迹地展开公共关系,同时细则的制定也要让人觉得切实可行、真实可信。

(2)一致性原则

公共关系人员在制定公共关系实施细则时,必须时刻谨记组织的核心目标。一个组织在不同的发展阶段有不同的目标,自然也就会有不同的公关需求,公关实施细则也要随着需求的变化而变化。在组织的初始阶段,组织的内外部环境处于不稳定的时期,这时公共关系的主要目的是取得建设性的进展以促进组织的发展;在组织的蓬勃发展阶段,组织处于扩张的状态,这时候就应该采取积极的公关策略。如果组织没有认清自己所处的阶段,不了解自己的第一需求是什么,脱离实际,细则过于宽泛或者盲目,公共关系实施细则不但不能起到作用,还会失去所有的意义。

(3)重点性原则

公共关系实施细则的制定必须突出重点,将有限的人力、物力、财力都用在"刀刃"上,达到最大的效用。公共关系实施细则不能期望过高、面面俱到,一定要抓住重点,抓住主要矛盾,集中力量解决主要问题,关注长远利益。但是在关注重点的同时,也要注意有一定的平衡性,避免顾此失彼,在公共关系执行的整个过程中出现较大的缺陷。在照顾重点对象的情形下,也要兼顾次要的矛盾,注意消除潜在的问题。另外,公共关系在时间安排、财务预算等方面也要留有余地,保持一定的灵活性,当突发状况发生的时候,不至于使公共关系活动陷入僵局。在制定公共关系实施细则的时候,要突出公共关系细则的重要性和应变性,这样有主次、有刚有柔的设计,才会有可能让实施细则万无一失。

(4)双赢性原则

公共关系实施细则的制定要求既考虑到组织的利益又兼顾到公众的利益,必须尽力保证组织和公众利益的一致性。公共关系实施细则在保证组织和公众双方利益一致的情况下,要注意承上启下的衔接性,使整个公共关系实施细则执行保持连续性。公共关系实施的效果是累积性的,良好的公共关系状态非一朝一夕所能形成,因此制定执行细则时切忌心血来潮,虎头蛇尾,不顾公众的利益,只考虑组织的利益。这样做不仅会伤害公众的感情,甚至会失去公众的信任,给组织带来恶劣的影响。当各方公众的利益有冲突的时候,面对不同的公众要有所侧重,选择一定的主要对象。

(5)创新性原则

公共关系实施细则的制定必须有一定的创意,要与众不同。公共关系的环境在不断变化,越来越复杂,只有根据组织的外部环境和公众特点,不断地推出新的计划,不因循守旧、照搬别人的计划,才能立于不败之地。创新是公共关系计划的重要标志,而模仿则是死敌。

2.公共关系实施细则制定的程序

制定公共关系实施细则的过程就是组织为实现其公共关系目标,对公共关系活动的性质、内容、行动和方案进行筹划和设计的思维过程。公共关系实施细则的制定要按照一定的程序进行操作,在公共关系目标确定之后,公共关系实施细则主要按照以下的程序进行,即:执行准备——筹备阶段——进场布置——活动进行,如图 6-4 所示。

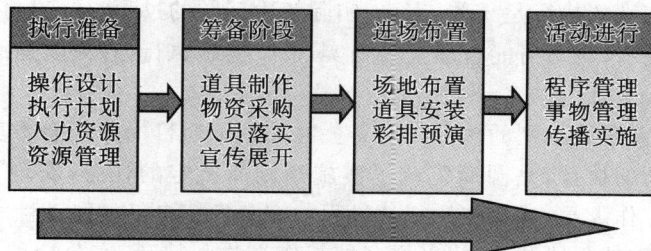

图 6-4　公共关系实施程序

（1）执行准备

执行准备主要包括操作设计、执行计划、人力资源、资源管理四个部分的配合,以保证公共关系活动的可行性。

（2）筹备阶段

筹备阶段主要包括道具制作、物质采购、人员落实、宣传展开四个方面的具体分工。

（3）进场布置

进场布置包括场地布置、道具安装、彩排预演等内外景或活动场地的背景布置。

（4）活动进行

活动进行包括程序管理、事务管理、传播实施三个方面的落实和配合。

具体地说,公共关系实施执行管理流程图如图 6-5 所示。

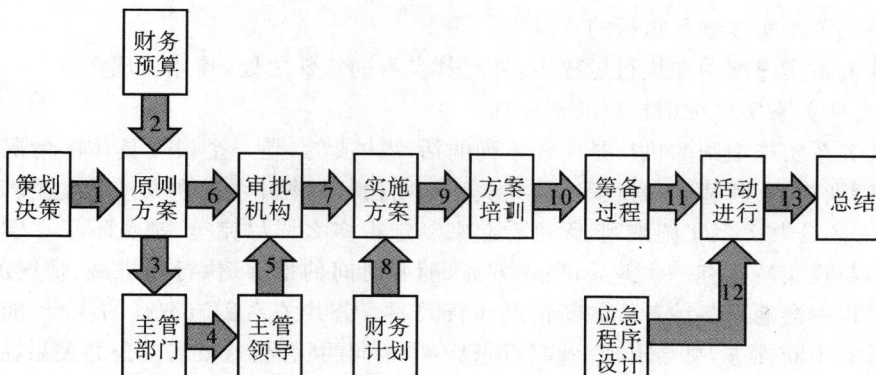

图 6-5　公共关系实施执行管理流程图

(二)公共关系实施细则的执行

1.公共关系实施细则执行的意义

公共关系实施细则的执行就是公共关系策划被采纳后，把细则中的每项事务都逐一变为现实的过程。整个公共关系实施细则的执行，要借助调查和策划的双翼，通过实施而开始飞翔。因此，一项公共关系实施细则的执行，对于整个公关活动成功与否有重要的作用。

第一，公共关系实施细则的执行是解决问题的重要部分，公共关系的最终目标不是研究问题而是解决问题。公共关系实施细则的制定是研究问题的过程，也是公共关系细则执行的先行令。细则的执行是具体、直接、实际解决问题的过程。一项再完美的公共关系实施细则在制定之后，也不可能自动变为现实，没有实施执行，它只能是纸上谈兵，没有任何意义。

第二，公共关系实施细则的执行决定着公共关系策划目标是否能够实现，以及实现的范围和程度。成功的执行，是圆满完成了实施细则所规定的任务，实现了公关目标的执行。公共关系的工作人员，应该在执行的过程中充分发挥自己的能动性，弥补细则制定中的不足，选择最有效的手段和途径，采用多种工作方法和技巧，在公众的心目中树立良好的组织形象。反之，失败的公共关系实施细则的执行，不但不能完成任务、实现目标，甚至会加深矛盾，使本来应该解决的问题恶化，和公共关系本来的目标背道而驰。由此可见，公共关系实施细则的执行，不仅决定了公共关系目标能否实现，更决定了公共关系的效果。

第三，公共关系实施细则的执行是后续公共关系方案制订的重要借鉴。无论公共关系实施细则执行的效果如何，都会对公众造成一定的影响，产生一定的后果。因此，在制定公共关系实施细则的时候，我们一定要以组织面临的社会现状为依据，特别是以上一次公共关系实施细则执行的结果所显示出的一系列的数据和信息为依据。这样做有利于公共关系实施细则的制定，可以及时根据新出现的问题制订出新的方案。

总之，公共关系实施细则的执行是整个公共关系工作中极其重要的一个环节，它的作用和影响将贯穿整个公关活动的始终。公共关系实施细则的执行对公共关系工作的效果和效益有着重大的现实意义。

2.公共关系实施细则执行的特点

公共关系实施细则在执行过程中，具有其自身的特殊之处，具体表现在：

(1)公共关系实施细则执行的适应性

公共关系实施细则的执行是由一系列的活动构成的，是一个根据具体的情况而不断变化、不断调整、不断适应的过程。公共关系细则执行过程中的这种适应性，主要是因为：一方面，一项公共关系实施细则，无论看起来制定得多么详尽完美，都免不了在实际的执行过程中与现实情况有一些差异；另一方面，随着时间的推移、执行的进展、情况的变化，在实施过程中会遇到各种各样的新情况和新问题。公共关系实施细则的执行，随着整个公共关系的不断推进，总会出现一些和预想不尽相同的状况；这就需要公共关系在实施细则执行的过程中，不断地适时调整原来的方案，使之适应新的变化。可以说在公共关系实施细则的执行过程中，这种不断的变化和调整，几乎贯穿于整个执行中。反之，如果公共关系人员在执行公共关系实施细则的时候,不能适时地调整细则,只按照一种模式机械地执行,那就不仅不能实现组织的既定目标,还有可能给组织和自身带来意想不到的麻烦。但是,我们所说的这种适应性和变化性,并不意味着公共关系人员可以以此为借口,轻率地不按照原本的实施细则执行,公共关系实施细则执行中的适应性,不可以和工作人员的随意性混为一谈。

（2）公共关系实施细则的创造性

在公共关系实施细则执行的过程当中,必须不断地发挥公共关系人员自身的主观能动性,这既是原有计划的执行过程,也是实施公共关系细则的创新过程。公共关系实施细则的执行过程,不是简单的照章办事、僵化机械的操作过程,而是由一系列不同层次的实施者发挥主观能动性、充分发挥自身创造力的过程。执行人员应该充分发挥自己的积极性、主动性和创造性。由此而来,我们甚至可以说,公共关系实施细则的执行过程就是对原有的计划进行艺术加工再创造的完善过程,也是不断丰富公共关系实务经验的过程。在执行公共关系实施细则的过程中,公共关系人员经常会遇到意想不到的突发事件,而原本的计划中难以找到为处理这些事件而定的具体措施,这个时候公共关系人员就要充分发挥自己的创造力,以确保执行活动的顺利进行。公共关系实施细则的执行过程更是公共关系人员展现其才能和智慧的过程,由于公共关系人员具备的素质不同,同样的公共关系实施细则的执行,会因不同的人员具体执行而产生不同的结果,所以公共关系人员要充分发挥自身的创造性促成公共关系实施细则的成功执行。

（3）公共关系实施细则执行影响的广泛性

公共关系实施细则的执行会受到目标公众的关注,从而广泛地影响辐射到很多目标公众的观念、行为和态度,并使目标公众通过公共关系实施细则的执行而转变某种观念和态度,向着有利于组织的方向转换。公共关系实施细则的执行,总的来说表现在以下三个方面:

第一,细则的执行会对众多的目标公众产生深远的影响。一项公共关系从策划成功到实施后,常常会使该社会组织的对立方转变为自己的合作者或者支持者,这就是公共关系的魅力所在。而有时候,即使不能彻底转变公众的某些立场,也能对他们的观点、态度等产生一定程度上的影响,至少可以令目标公众对组织的负面观感向正面观感转变。

第二,公共关系实施细则的执行有时候还会对整个社会的习俗、文化产生深刻的影响。公共关系实施细则的执行所产生的影响不仅仅局限于其自身的目标,还有一些潜在的影响,对社会的进步产生巨大的推动作用。

第三,一项公共关系实施细则在执行的过程中产生的影响还表现在:细则在研究过程中没有认识到的、隐蔽着的问题,常常在执行过程中显示出来,带来一些始料未及的影响和变化。

（4）公共关系实施细则执行的形象性

公共关系实施细则在执行的过程中,必须使用具有良好的公众形象和社会意识的策略、手段和方法,以此赢得良好的公众观感,获得公众的信任和喜爱,这是公共关系以塑造良好的公众形象为核心的目标属性所决定的。良好的组织形象,给组织带来的收益是无法估量的。形象的竞争是现代社会市场竞争的最高形式,良好的形象是现代社会组织生存和发展的制胜法宝。在公共关系实施细则的执行当中，公共关系工作人员要注重了解公众的心理，以情感人、以情动人、以情服人，把公众当成自己的朋友，真诚、热情、礼貌地服务和奉献公众，使公众对公共关系人员，特别是社会组织留下良好的印象。在整个公共关系实施细则执行的过程中，要时刻谨记把良好的组织形象作为工作的最高出发点，深入地研究影响组织形象的各种因素，充分地利用各种手段、方法来塑造良好的组织形象。

（5）公共关系实施细则执行的文化性

成功的公共关系实施细则的执行必然具有浓郁的文化色彩。入乡随俗，公共关系实施细则执行的策略、方法、手段必须与不同地域、不同环境的文化特性相适应，才能顺利进行，达到组织的预期目标。随着社会的进步、经济的发展，具有文化属性将成为社会生活方式的大趋势。我们甚至可以说现代社会中人们的生活必将是文化的生活，因此公共关系实施细则的执行必然也要有一定的文化品位，迎合大众对于文化的追求，用文化的力量去影响公众。没有文化品位的公共关系实施执行是低层次的公关执行行为，不是现代的公关行为。

（6）公共关系实施细则执行的艺术性

公共关系实施细则执行的艺术性包括以下两个内容：第一，公共关系实施细则的执行设计要有艺术性。同一个公共策划项目，在实施执行的时候可以采取不同的策略、手段、方法，只有打破常规、独树一帜、别具一格，才能出奇制胜；要运用竞争对手意想不到的、传播效果最好的操作手段和方法。第二，公共关系实施细则的执行策略有艺术性。公共关系实施细则的执行要关注目标公众的心中所想，要迎合公众的心理，不同的年龄、性别、学历、职业、收入、血型、民族、宗教等可能有不同的心理诉求，要有针对性地根据特定的心理来执行细则。因此，公共关系实施细则执行的过程实际就是攻心的过程。因而，公共关系实施细则的执行要注重策略、方法、手段的艺术性，既要达到组织目标，又要自然不做作。

3. 公共关系实施细则执行的原则

公共关系实施过程中的动态性、广泛性和创造性决定了公共关系细则执行的复杂性，为了使公共关系实施细则的执行不偏离既定的轨道，公共关系实施细则的执行就要以公共关系目标和公众的需要为出发点，使公共关系实施细则遵循一定的原则，切实有效地执行。具体原则有：

（1）目标导向原则

目标导向原则指的是在公共关系实施细则的执行过程中，由始至终不偏离公共关系实施细则的目标，遵循公共关系实施细则执行的目标，它是加强控制公共关系实施细则执行的一种手段。控制也被作为管理的一个职能，而且多和实施活动联系在一起，如管理科学的五要素说（计划、组织、指挥、协调、控制）和三种有机职能说（计划、组织和控制）。实际上，在公共关系实施细则的执行过程中也是离不开控制的，其控制过程就是把握公共关系实施的方向和进程。因此目标导向原则也叫作目标控制原则。不同的控制有不同的控制主体、客体和手段。目标控制的主体是实施公共关系活动的社会组织，客体是目标公众，其手段就是目标本身。

为了使目标导向的原则得到正确的应用,在公共关系的实施过程中,我们常常采用线性排列法和多线性排列法,将所有公共关系行动和措施按先后顺序有机排列组合起来,然后加以实施。

①线性排列法

线性排列法是按照公共关系行动、措施的内在联系为先后顺序逐一排列出来的,一步一步地向目标迈进。如图 6-6 所示。

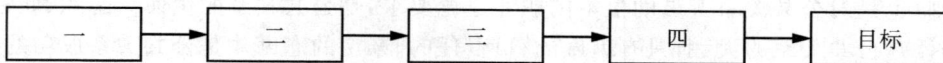

图 6-6 线性排列法

例如:美国有一家公司计划将本公司的消毒牛奶在日本推出,但是它遇到了一系列的障碍:

A. 日本消费者对于喝这种牛奶是否有好处抱有怀疑;

B. 日本的消费者联盟担心这种牛奶的安全问题;

C. 牛奶场主们反对消毒牛奶的分销,害怕与其竞争;

D. 相关利益集团的施压,零售商和牛奶专业商店的抵触;

E. 卫生部门和农业部门的质疑。

为了消除这些障碍,公司的第一步行动就是与日本的卫生部门取得联系,使之批准该产品的引入,因为如果没有该政府部门的批准,其后的一系列活动都没有执行的可能;第二步,说服零售商来经营消毒牛奶;第三步,与牛奶场取得联系;第四步,对消费者进行消费引导。这四步都是在前面的行动取得成功的情况下,逐步靠近目标的。线性排列法的优点是当前一步行动没有取得成功的时候,不急于开展下一步工作,以避免损耗人力、物力、财力。

②多线性排列法

多线性排列法是将几个行动同时展开,共同向成功迈进的排列方法,如图 6-7 所示。

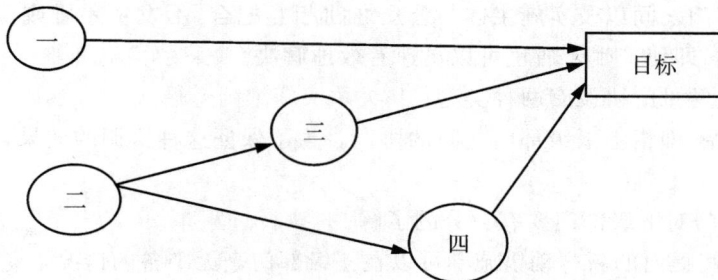

图 6-7 多线性排列法

这种排列法的优势在于,可以节省整个细则执行的时间,但是花费的人力、物力、财力相对比第一种排列法要多,而且一旦某一步的工作无法获得成功,那么其他的工作将造成浪费。

(2)诚实守信原则

公共关系：理论、实务与案例

诚实守信原则指的是组织在开展公共关系活动时，必须建立在组织良好行为和掌握实际情况的基础上，向公众传达关于组织的真实的信息，同时向组织管理者传达真实的关于公众的信息。

公共关系是建立良好的形象、信誉的一门艺术，它又不仅仅是简单纯粹的艺术或者宣传，而是有事实依据的一门科学的行为。公共关系不是"制造"而是"塑造"良好的形象，这种塑造所用的材料都应该是真实可信的，并非妄自臆断的。所以说诚实是公共关系的基本原则，也是对公共关系人员的根本的职业道德要求，是公共关系的生命。隐瞒、欺骗、歪曲、推诿是公共关系的大敌，只有坦诚的、负责任的、亲切的态度才是公共关系成功的关键所在。

艾维·李是第一个说出要说真话的人，他认为一个组织要获得好的声誉，就一定要把真实情况告知公众，即使真相对组织不利，也不能掩饰，而是应该调整企业的行为，公共关系和说真话是联系在一起的。从艾维·李的诚实做起，才能使公共关系成为一门科学和艺术。

公共关系在塑造组织形象时所做的大部分工作是传递信息，因而一定要保证所传递信息的内容的真实可信，绝对不能有任何虚假。如果公共关系传递的信息受到了质疑，那么公共关系活动就很难取得效果，甚至会一败涂地。坚持对外宣传的实事求是原则，在宣传中既要做到真实、客观，又要全面、公正。报喜不报忧、不全面的报道，也是一种不真实的宣传。当企业出现过失的时候，只有以诚恳的态度承认自己的错误和不足，才能获得公众的谅解。如果只是一味地掩盖真相、借口推脱，只会使矛盾激化，产生更恶劣的后果。在公共关系实施细则执行的过程中，也一定要本着诚信的原则，实事求是，才能使公众信赖组织，帮助组织建立起良好的信誉。

（3）整体协调原则

整体协调原则就是指在细则执行的过程中使公共关系工作涉及的各方面都达到和谐、合理、配合、补充和统一的原则。协调不同于控制，控制是对一个组织执行计划的过程中与计划目标的差异或偏离进行纠正或者克服的行为；协调强调的是在执行过程中的各个环节之间、部门之间以及实施主体与公众之间相互配合，不发生矛盾或者少发生矛盾，和谐化、合理化，即使产生矛盾也可以迅速有效地解决。

最普通、最常见的协调有两种类型：

①纵向协调，即指上下级部门之间的协调。为了保证这种协调的效果，往往需要注意以下几点：

A. 上级部门对下级部门要有充分的了解；

B. 上级部门提出的新行动措施不可以在下级部门毫无准备的情况下忽然付诸实施；

C. 实施细则中的主要目标和措施必须告知下级部门以及全体实施人员；

D. 下级部门必须实事求是，如实反映情况。

②横向协调，即指同级部门或者实施人员之间的协调。这种协调常常采用当面协调、文件往来等方式进行，从而达到沟通协调的目的。

无论是哪一种协调都要依赖信息的沟通，沟通中信息的明晰性、一致性、正确性和完整性都会影响到沟通的效果。所谓明晰性就是对沟通的信息的表达要明晰。如果不能明晰地表达实施计划所必要的指令和概念,目标上不能统一,那么公共关系实施细则的执行人员就不能抓住整个执行工作的重点,协调工作也会因为目标不明确而无所适从。一致性就是实施人员所接收到的指令往往不止一个,那么这些指令就必须前后一致,这样公共关系工作人员就不会对指令感到困惑,才能使协调顺利进行。正确性是要尽量避免信息的失真,这就要求公共关系工作人员在工作的过程中,不凭自己的主观臆断去随便改变信息的内容,否则协调工作就可能因为信息的不准确甚至偏离而无法达到既定目标。完整性是要求建立双向的交流通道,只有双向的信息交流,才能保证协调的有效进行。

总之,协调的目的就是使全体公共关系工作人员在认识和行动上取得一致,确保执行活动的顺利进行,提高工作效率,统一意志、统一指挥、统一行动,减少或者杜绝人力、财力、物力的浪费。

(4)反馈调整原则

反馈调整原则指的是把实施控制的系统信息用于受控系统后产生的结果再输送回来,并对信息的再输出产生影响的过程。组织通过监督机制发现公共关系实施细则执行过程中的方法存在偏差和错误,要及时地进行调整和修正。由于公共关系执行人员的素质差异以及其他的影响因素,会使公共关系实施细则在执行的过程中不能按照设计好的路线来执行,这就需要组织不断地收集有关公共关系实施细则执行结果的各类反馈信息,对实施细则进行优化,直至实现组织目标。

反馈是实施细则执行中的一个重要概念。由于组织通常需要这种反馈后获得的信息来进一步调整整个活动的执行,因此又称为"反馈调整"。它的特点是,根据过去的实施情况来调整未来的行动。如图 6-8 所示。

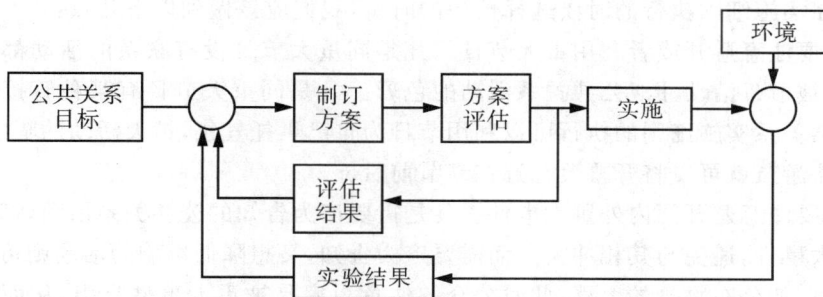

图 6-8　反馈调整

反馈调整的过程是:公共关系策划方案制订者确定公共关系目标,根据公共关系计划的目标制定具体的实施细则,实施细则制定好以后,组织有关部门和人员对方案进行评估,然后把评估结果与原定的公共关系目标进行比较,发现问题后再重新修订整个公共关系实施细则。之后,就开始将经过修正的细则付诸实施。实施后再将实施结果和原定的目标进行比较,以调整下一步公共关系计划的制订和实施。

由于公共关系实施细则执行的环境和目标公众的情况是复杂的,因而在细则执行的过程中,必须不断地把公共关系实施细则在客观环境中执行的结果与公共关系的目标相对照,如有偏差,及时对细则、行动或者目标作出相应的调整。而调整就要依靠各种渠道的执行结果反馈的信息，把细则执行的公众信息及时、准确地收集起来，经过研究分析，作为采取调整细则或者行动的依据。其实，一项公共关系实施细则的制定和执行，并不是依据一次反馈就可以作出调整并解决问题的，它需要经过多次的循环反馈、调整，才能使实施行动不断地完善，直至达到公关目标。

（5）选择时机的原则

在公共关系实施细则执行的过程中，必须考虑到一个关键的因素，就是时机问题。正确选择时机是提高公共关系计划成功率的必要条件。忽视这一因素，就很有可能导致整个公共关系执行工作的失败，究其原因主要有以下三点：

①人们不习惯接受任何突然的、剧烈的变化，而需要一个他们认为是正常的发展过程；

②沟通的目的在于取得预期的反应，所以应该循序渐进地沟通、传播和灌输信息；

③广告宣传和新闻报道本身，就应该是事件发生以后的逻辑后果。

正确选择时机的原则是克服时机障碍的有效方法。例如，一项公共关系实施细则的执行时机，恰恰和奥运会举办的时间发生冲突，那么无论这个计划本身多么完美，执行人员花多么大的力气去宣传，恐怕在这个举世瞩目的事件面前，该活动还是会暗淡无光。这就是没有选择正确时机的必然结果。相反，如果细则执行的时机由于精心选择和安排十分恰当，则将收到良好的效果。例如美国一家中学的公共关系部主任为了唤起公众对于中学生大量失学这一严重问题的关注，准备了一篇文章。经过研究，该文的广播时间被定在了黄昏时分，由于这个时间段人们的情绪比较放松，选择这个时间可以提高宣传效果并且缓和失学者对文章的抵触情绪。

为了在实施细则执行的时候选择恰当的时机，我们应该做到以下几点：

第一，要注意避开或者利用重大节日。凡是同重大节日没有联系的活动都应避开节日，以避免被节日活动冲淡公共关系活动的色彩。凡是同重大节日有某种直接或者间接联系的公共关系实施细则的执行可以利用节日为自己烘托气氛，扩大活动的辐射范围，如龙年国际旅游节就可以将开幕典礼选在春节前后。

第二，要注意避开国内外重大事件。凡是需要广为告知的公共关系活动，都应该避开国内外重大事件，避免与其相冲突。而需要广为告知，又想降低影响的活动则可以选择在重大活动时，如公布物价的上涨，此时公众的注意力容易被重大事件吸引，从而减少了活动的影响和舆论的压力。

第三，在同一时期内同时进行多项细则执行时，要避免效果两相抵消。

总之，正确地选择时机，是公共关系实施细则执行的一个技巧和方法。它并不能按一种固定的模式去进行，应具体问题具体分析，把握时机和运用时机以达到预期的效果。

4. 公共关系实施细则执行的方式

公共关系实施细则的执行要根据不同类型的公众对象、不同类型的公共对象、不同类型的组织以及其发展过程中的不同阶段，采取不同的工作方式，才能既快又好地执行，实现公关的目标。公共关系实施细则执行采用的方式有以下几种：

（1）宣传型工作方式

宣传型工作方式，是指利用各种传播媒介，向组织内外公众传播组织的信息。向内部公众宣传,其目的是让组织员工了解组织的发展历史和取得的成就,以及组织正采取的行动和努力的方向,以增进他们的自信心和自豪感为目的,使他们始终和组织保持高度的一致;向外部公众宣传,是为了使社会公众获得对组织有利的信息,树立良好的形象,扩大组织的影响力,它的特点是主导性强、时效性强,有助于迅速提高组织的知名度。

(2)交际型工作方式

交际型工作方式,是指以无媒介的人际交往为主,目的是通过人与人之间的直接接触,使组织能迅速建立广泛的社会关系网。其特点就是形式灵活的直接沟通,信息反馈快,富有人情味,能使公共关系实施细则在执行的时候进入"情感"的沟通层次。这种方式包括团体交往和个人交往。团体交往包括各种宴会、恳谈会、年会、联谊会等,个人交往包括交谈、拜访、信件往来等。除此之外,交际型公关不仅可以广泛地用于外部,也适用于内部公共关系的处理,以体现组织富有人性关怀的企业文化。

(3)服务型工作方式

服务型工作方式,是指组织通过良好的服务,以实际行动来加强与公众的联系。对于组织来说,在进行公共关系实施细则执行的时候,宣传工作固然重要,但是如果没有实际行动,宣传活动只能是夸夸其谈,没有任何意义。所以,组织只有不断地增强服务意识,端正服务态度,丰富服务项目,提高服务技能,实际有效地为公众服务,才能切实地赢得公众的赞扬,获得良好的组织形象。

(4)专题型工作方式

专题型工作方式,是指以各种有组织的社会性、公益性、赞助性的活动为主,其特点主要在于公益性和文化性。这类活动一般不拘泥于眼前的得失,而是着眼于组织整体的形象和长远的利益。它一般有四种:

第一,以组织机构本身的重要活动为中心展开传播,如利用开业剪彩、启动仪式、邀请嘉宾媒体,渲染气氛,扩大影响;

第二,以参加各种活动为中心展开传播,如参加各种比赛、文艺演出等扩大影响;

第三,以投身社会福利事业为中心展开传播;

第四,以资助大众传媒为中心展开传播,如资助电台、电视台、报社等举办各种大奖赛、专题节目等。

(5)征询型工作方式

征询型工作方式,是指组织通过搜集资料、舆论调查、民意测验等手段,了解社会公众的反应和组织目前的公共关系状态,为组织今后的公共关系管理提供依据,使组织公关的目标和方案尽量与公众的利益保持一致,以便公关的执行取得良好的效果。其显著的特点是信息丰富,便于组织调整公关实施细则和行动。

第二节　公共关系效果评估

公共关系效果评估作为改进公关工作的重要环节,是指有关专家或机构依据某种科学的标准和方法,对公共关系活动的整体策划、准备过程、实施过程以及实施效果进行测量、检查、判断和评价的一种活动,是激励内部公众士气的重要方式,也是下一步改进公关工作的必要前提。

一、公共关系效果评估的内容与作用

（一）公共关系效果评估的内容

1. 评价原定目标是否达成

(1)日常效果评估;

(2)专项活动效果评估;

(3)年度公关活动效果评估。

2. 评价具体手段、目的

(1)形象效果的评估,包括企业形象、商品形象和环境形象目标效果的评估。

(2)传播效果的评估,包括内部信息传播和外部信息传播效果。

3. 普通公众的态度

(1)接受信息内容的公众数量;

(2)改变态度观点的公众数量;

(3)发生期望行为与重复期望行动的公众数量。

（二）公共关系效果评估的作用

1. 有利于争取本组织的领导对公关工作的重视与支持

公关人员通过评估,提供有说服力的材料,证明公关工作的重要价值,赢得领导的认同与支持。

2. 有助于检验公关工作效果

公关效果评估,通过定量、定性的分析,从全局上客观、科学地把握公关工作的成败,从而测定组织形象的优劣,为进一步优化工作效能奠定良好基础。

3. 有助于控制公关活动,提高工作的科学性

公关效果评估的过程,实际上就是一个收集和反馈信息的过程,不断收集来自公众的反馈信息,对照相关标准,找出公关活动存在的问题,提高公关工作的效果,使各项指标早日达成,工作绩效最优化。

4. 有助于增加全员公关意识

公关效果评估,使人人参与、个个争先,让组织全体成员认识公关工作的重要性,自觉增强公关意识。

资料链接

公关绩效评估的难度

公关绩效评估是公关活动过程中非常重要的一环,影响深远,难度也较大。

难度一:难以量化

这是因为公关活动有时可以定性,却无法定量,难以非常准确地把握客观实际情况的变化。

难度二：难定标准

公关活动的复杂性，有时无法确定统一的标准，即使使用同一种识别方法，但在标准上却很难统一。

难度三：时效变化

公关活动与其他营销活动的手段不一样，其功效要持续很长时间才能显现。

难度四：持续性缺乏

由于一般公关活动重视前期工作，忽视后期的评估，缺乏持续、长久的效果评估资料，无法通过对于历史的总结而形成一套科学、客观、有效的评估方法。

二、公共关系效果评估的程序与方法

（一）公共关系效果评估的程序

1.重温目标，明确标准

在公关效果评估中，首先就要重温一下原定的公关目标，用其作为标尺来衡量组织所做的工作，以便作出客观、科学的评价。

2.收集资料，衡量绩效

积极围绕目标，广泛、认真地收集组织实施过程中的各种相关信息，权衡、界定实现目标的情况，以便客观评估。

3.分析结果，用于决策

公关人员以正式报告的形式，将公关评估与组织的总目标、总任务联系起来，提供给决策者参考、鉴别、借鉴，以便作出科学决策。

4.纠正偏颇，不断完善

针对报告中发现的问题与失误，找出具体原因以便因势利导、对症下药，确保制订的目标和计划更加完善并减少实施过程中的偏差，为下一阶段公关活动提供有用的背景材料和借鉴经验。

（二）公共关系效果评估的方法

1.民意测验法

民意测验法，英文名称 Public Opinion Poll，基本做法是，按一定抽查法的要求，选定相关数量的调查对象，用问卷、表格等方式，征求他们对指定问题的意见、态度和倾向，再加以统计、分析和说明，从中了解公关活动的效果。

2.访谈法

访谈法是选择一定对象，采用座谈、个别访问等方式，了解公众对公关实施的意见、态度和评价。有个别访谈、集体座谈两种具体方式。个别访谈的优点是谈话深入、干扰小，缺点是费时费力；集体座谈信息来源广、省时，但易受他人发言（观点）的影响。

3.专家法

专家法是由各学科、各领域的专家会同公关人员组成专门评议组，对公关工作进行仔细、全面、客观的评估，接受质询，予以论证。具体步骤为：

（1）成立专家组。以 10～40 人为宜，涉及组织内外部公关、管理、心理和传播专家。

（2）拟订调查评估项目，确定评价标准。可根据舆论的变化分为好转、略好转、原状、略恶化和恶化五个标准，必要时附上相关背景资料，供各位专家参考。

（3）请专家们匿名、独立地提出评估意见，并说明理由。

（4）把分散的意见和说明列表，再次分发给各位专家，以便专家们重新发表意见，直至意见趋于统一。

（5）分析、综合各位专家的意见，获得代表大多数专家意见的结论，作为专家集体对公关活动效果的权威性评估。

4. 实验法

实验法是根据一定的研究目的选择一组研究对象，人为地改变和控制其中的某些因素，然后观察其结果的方法。其实质是利用事物、现象间客观存在的相互关系，通过调节某个变量（如公关活动前后某个企业的声誉），来测定另一些量（如产品订货量、销售量）的增减。这种方法最好在经历和未曾经历公关活动的两组公众之间展开。对两组公众进行相同的测验，对测验机构进行比较，最终评估结论。

5. 要素法

要素法是根据组织形象的具体要素，诸如知名度、美誉度、信誉度等所包含的因素，分析了解组织的实际形象与自我期望形象的差距，确认公关活动中所存在的问题。

6. 媒介评估法

媒介评估法是通过对大众传媒发布的本组织信息的统计分析，评估组织公关信息传播情况。一般有定量、定性分析两种。

（1）定量分析

①沟通有效率：指沟通有效数与沟通信息总数之比。用公式表示为：

$$沟通有效率 = \frac{沟通信息总数 - 无效数}{沟通信息总数} \times 100\%$$

②公关信息传播速度：指单位时间内传播的信息量，或一定的信息量传递所需的时间。用公式表示为：

$$传播速度 = \frac{传播信息量}{传播的时间}$$

③视听率：指实际视听人数占所调查总人数的比重。用公式表示为：

$$视听率 = \frac{实际视听人数}{调查总人数} \times 100\%$$

④知名率：指掌握某一信息内容的人数与该项调查总人数之比。用公式表示为：

$$知名度 = \frac{掌握某一信息内容的人数}{调查总人数} \times 100\%$$

相关链接

某集团公共关系总部季度绩效考核表

考核期间			考核时间			
	序号	指　标	权重	得分	计分＝得分×权重×10	绩效考核者
关键业绩（权重80％）	1	制度建设	5％			
	2	国家级媒体宣传情况	15％			
	3	省级媒体宣传情况	12％			
	4	市级媒体宣传请款	8％			
	5	危机管理	20％			
	6	媒体负面报道情况	10％			
	7	形象建设情况	10％			
	8	内部宣传情况	5％			
	9	部门费用控制	10％			
	10	绩效考核数据提供情况	5％			
		关键业绩得分合计				
部门满意度得分（权重20％）						
总得分＝关键业绩得分×80％＋满意度得分×20％						

董事长签字：

月　　日

（2）定性分析

①报道的内容。报道中，对组织的成就、发展情况报道得越多，效果就会越好，在公众中树立起组织的良好形象的可能性也就越大。这是"质"的分析。

②报道的篇幅和时数。报道本组织的篇幅越大，出现频率越高、时数越多，引起公众兴趣和注意的程度就越高。这是"量"的分析。

③新闻载体的层次和重要性。衡量媒体的标准，主要看级别、发行、覆盖和权威性，从而界定其影响力强弱。中央级、全面性、综合性的媒介发表对本组织有利的报道，往往比其他媒介更有利于提高组织的知名度和美誉度。

④新闻媒介所宣传的新闻价值。对组织宣传是正面报道还是反面报道，全面报道还是摘要报道，重点报道还是一般报道，醒目版面还是次要版面，这些差异均会影响报道的新闻价值。

⑤新闻媒介报道的时机。新闻媒介对组织的报道，时机选择是否及时、适时，是否能恰到好处地配合组织的实际发展状况；倘若迟发或延误，不但无益反而有害。

温馨提示：

在开展公关效果评估时，选择何种方法，要根据实际情况。一般来看，对于中长期计划的实施效果评估，最佳的方式是多种评估方法交替或同时使用；倘若是短期计划，一两种方法就行了。

案例讨论

案例一：北京申办 2008 年奥运会

众所周知，在中国政府和全体人民的支持下，承蒙国际奥委会和国际体育界人士的信赖，经过近两年的努力，北京获得了第 29 届奥林匹克运动会的举办权，实现了中华民族百年来的梦想。

北京申奥的对手城市多且竞争力强。申办 2008 奥运会的城市有 10 个之多，其中加拿大多伦多、法国巴黎、日本大阪都具有很强的竞争力。加之，从 1999 年开始，国际奥委会制定了新的申办规则和程序，增加了委员直接了解北京的难度。新规则概括起来是"9 个不准"，如不允许委员与申办城市进行互访；除国际奥委会组织的活动外，不允许委员与城市就申办问题进行接触；不允许互赠礼品等。当然，与其他城市综合比较，北京也具有一些独特的优势。比如，中国是世界上为数不多的经济发展迅速的国家之一，综合国力不断增强，人民生活大幅改善，体育事业迅速发展。这一切都为公关工作奠定了坚实的基础，构成了我们争取申奥成功的巨大资源。

申办奥运会的过程是一个特殊的竞争过程，申办中的每一项工作都不同程度地带有公关的性质。在强手如林的情况下，要想实现取得举办权的目标，就需要明确公关工作的对象，采取灵活多样的方式，充分展示自身的独特优势，多方面、多渠道、多角度地开展工作，努力争取各方面的理解和支持。

第一，高水平完成各项规定任务，多出精品，赢得国际奥委会委员对北京的信心。北京奥申委针对前面提到的新情况，充分利用申办规则所允许的活动空间，向国际奥委会委员及奥林匹克大家庭的成员展示北京的独特优势，不断增强他们对北京的信心。在申办之初，通过在国内外的广泛征集，形成了独具特色的申办会徽和口号，提出了"绿色奥运、科技奥运、人文奥运"的理念，使北京的申办一开始就带有自己的特色，收到了独树一帜的效果。"三个奥运"的主题既表现我们继承以往奥运会的成果，又突出北京奥运会作为一届人文奥运会的特色。

莫斯科陈述是整个申办的决定性环节，是北京奥申委唯一一次与全体委员进行的直接交流。为胜利完成这项任务，奥申委进行了长时间的、周密的、反复的谋划和演练。在全体人员的共同努力下，陈述取得圆满成功，深深打动了全体委员，为赢得申办打好了最后一个漂亮仗。

第二，积极主动地加强与国际媒体的联系，开展丰富多样的外宣工作，向世界展示北京和中国的风采，赢得国际舆论的广泛支持。争取舆论支持，营造良好的舆论环境是取得申办成功的重要条件。申办期间，北京奥申委与 300 多家境外媒体驻京机构建立了密切联系，定期召开新闻发布会。北京奥申委网站是申办城市中最早开通的官方网站，每天用中、英、法、西班牙四个语种向外发布大量信息，介绍中国，宣传北京。2001年7月13、14两天，日均访问量创下了660万的纪录。北京奥申委还在海外人士集中的20个四、五星级饭店、首都机场，以及中国国际航空公司、美国西北航空公司等7家外国航空公司发送申办宣传品20万份。大规模的对外宣传和公关活动，使北京蓬勃发展、充满生机的形象得到国际社会越来越充分的认同。

第三，将申办奥运会与加快城市发展紧密联系起来，最大限度地争取人民群众对申办的支持。民众的支持率如何，是国际奥委会选择举办城市时重点考虑的因素之一。北京市委、市政府始终坚持"以申办促发展，以发展助申办"的方针，从基础设施建设、环境保护、市容管理、新闻宣传等七个方面提出了40多项与申奥直接相关的任务，并逐项加以落实，大大加快首都各项建设的步伐，使群众亲身感受到申奥带来的巨大变化，支持申办奥运的热情更高了。正因为有90%以上市民的坚定支持，我们才能在五个候选城市中，一直雄踞民众支持率之首。

2001年7月13日北京时间22：00，万众瞩目的2008年奥运会举办城市终于在莫斯科国际奥委会第112次全会上揭晓。萨马兰奇浑厚的宣告声中只有一个名字：BEIJING！中国北京凭借其过人的优势、完美的陈述报告，在五个2008年奥运会申办城市中脱颖而出，夺得2008年奥运会举办权。中国人民将记住这一时刻！奥林匹克将记住这一时刻！

（资料来源：百度空间，http://hi.baidu.com/wzl6677/blog/item/1e38ba7ff816cd300cd7daaf.html。）

讨论题：

1. 这次国际公关成功的原因是什么？
2. 申奥团队是如何分解和落实公关目标的？

案例二：三一集团起诉奥巴马

三一集团在美国收购风电场的项目，由于美国外国投资审查委员会以及总统奥巴马的干预，吃了闭门羹，项目直接损失高达两千万美元。按照企业的常规思维，既然连总统都拍板否决了，收购肯定是没戏，打道回府算了。三一集团偏偏不吃这一套，来了个将计就计，对美国总统奥巴马提起诉讼。

危机公关讲的是借力打力，借势造势。三一集团在恰当的时机，巧妙地借势造势。现在，还有比奥巴马风头更强的"势"吗？美国总统这一特殊身份，已经是顶级的大腕了。又加之现在恰是美国大选之际，人们对奥巴马的关注度陡升。身份敏感的人物，恰逢大选这一敏感的时期，又是"外来企业诉讼美国总统"这么火爆的话题，三一集团想保持低调都难。

三一集团诉讼奥巴马，至少为三一集团带来了两大好处。

其一，三一集团知名度快速提高，增强了品牌晕轮效应。

的确，三一集团在中国名气不小，梁稳根家族也多次在中国各大财富排行榜上抛头露面。不过，在品牌影响力上还欠些火候。

三一集团属于机械行业，远离百姓的衣食住行，尤其对财经关注度较少的公众，并不怎么了解三一集团。人们可能不了解三一集团，但绝对知道政治明星奥巴马。借助奥巴马的晕轮效应，三一集团成功实现了品牌传播，品牌知名度大大增加，其品牌影响力也从

公共关系：理论、实务与案例

之前的财经圈子延伸到社会以及时政圈子。

其二，三一集团成为民族企业的榜样，增加了品牌美誉度。

中国有大量的民族企业在美国投资，他们也曾遇到与三一集团同样的问题，被美国打着"国家安全"的幌子拒之门外，其中还不乏华为、中兴这样实力雄厚的中国大企业，但他们大多数忍气吞声，并未采取太多积极的维权行为。三一集团在美国利益受损后，出人意料地提起诉讼，且诉讼对象是美国总统，这给了中国企业积极的信号——海外投资受挫，并不只打道回府这一条路，中国企业完全可以拿起法律武器维护自己的合法权益。三一集团的勇敢诉讼行为，鼓舞了国内企业的士气，成为中国企业的榜样。

三一集团也巧妙了地利用了当下的民族情绪。不少人用"被载入中美经贸关系的史册""外国公司起诉'外国在美投资委员会'（CFIUS）'的先河""史无前例的起诉美国总统"等字眼形容"三一案"，其中透出民族的自豪情绪与对三一集团诉讼行为的认同感。而且，三一集团业还懂得时不时为自己的"英雄行为"再添把火。三一重工向文波总裁在10月19日晚上发布的微博中写道："有人问我起诉奥巴马总统会赢吗？我说过程比结果重要；有人问我要花多少钱？我说尊严比金钱重要；有人问我不担心三一在美的发展吗？我说三一做事向来取义不取利！"看重过程、民族尊严、取义不取利，这样的舆论造势足以把三一集团置于民族企业的高度，公众对其的印象分高了很多。

当然，三一集团对奥巴马提起诉讼结局并不乐观。毕竟是"民告官"，又是海外企业状告美国总统，成功的几率并不高。不过，也有赢的可能性。毕竟，正值美国大选，奥巴马的一言一行都是公众关注的焦点，也影响着选民对他的投票。奥巴马本人不希望节外生枝，以免影响他的连任。成为被告总归不是什么好事，如果再因为三一集团事件影响到国内相关部门对在华美国企业的态度，那情形就更不妙了，当然不会有利于奥巴马的选情。如果中国政府相关部门对美国在华企业如思科、苹果等也采取一定的反制措施，对其是否给中国政府带来安全隐患进行审查，也是向美国政府以及奥巴马施压，迫使奥巴马政府作出让步的以危化危之举，运用得好，或许三一集团还会有意外的收获。

诉讼是输是赢且是后话，无论结局如何，三一集团在此次危机公关中有勇有谋，可圈可点的地方不少，的确值得我们已走出去或将走出去的其他国内企业学习和借鉴。

（资料来源：中国公关网 http://www.chinapr.com.cn/templates/T_Second/index.aspx? nodeid=76&page=ContentPage&contentid=1214,2012.11.13）

讨论题：

从执行效果看，三一集团起诉奥巴马的结果预期并不乐观，他们为何要坚持起诉呢？

本章小结

公共关系实施是整个公共关系活动中的一个重要部分，本章主要涉及了如何设置公共关系实施机构，以及实施机构人员的配置；公共关系实施目标的分解和落实的原则、方法；确保公共关系顺利实施的机制；公共关系实施细则是如何制定以及执行的。力图让同学们了解到公共关系实施整个过程中的各项工作以及操作方式。在课后以及课前的案例中，我们可以探寻公共关系实施过程中的一些问题，以及更深刻地理解本章的部分内容。

公共关系效果评估也是公共关系活动不可或缺的重要环节,评估既是对前面活动的总结,也是对后期活动问题的预防。本章主要介绍了公关效果评估的含义、作用、内容及程序,公关活动效果评估的方法及其对于公关活动的影响与价值。

习　题

一、辨析题

只要公共关系方案是可行的,其实施结果一定是成功的。

二、问答题

1.设计一个完整的公共关系部或者公共关系公司或者社会团体的人员图谱。

2.独立完成一项公关目标的分解。

3.制定一个新产品的宣传执行途径。

4.公关效果评估的作用有哪些?

5.公关效果评估的方法有哪些?

6.如何运用媒介评估的方法?

三、实训题

撰写公关联谊会效果评估报告

[情景设计]

校庆活动结束后,学院要求团委、学生会就公关联谊会整体策划、准备过程、实施过程以及实施效果进行评估,提交一篇评估报告。

[角色扮演]

学生分组进行角色扮演,每组 6 人。

[制作程序]

1.选择评估人员,包括专业教师、学生会主席、团委书记和文艺部部长。

2.收集师生对于联谊会的反应情况。

3.归纳整理各种相关资料。

4.提出评估标准。

5.比较实施效果。

6.得出评估结论。

[实训要求]

撰写一篇联谊会评估报告。

[效果评价]

教师教学评点、打分,将评估结果填入表 6-4 中。

公共关系:理论、实务与案例

表 6-4　公关联谊会效果评估表

专业		班级		学号		姓名	
考评内容	公关联谊会效果评估						
考评标准			项目内容			分值	评分
	准备环节		项目设计是否科学			15	
			任务分配是否合理			5	
			文献调查是否真实有效			5	
	实施环节		计划实施是否客观			10	
			相关公众调查是否全面			10	
			协调是否高效			10	
			是否符合组织实际			10	
			活动时机选择是否恰当			10	
	能力测试		沟通协调技巧			5	
			团队合作精神			10	
			应变能力			10	
总　计						100	

拓展分析

观看电视剧《公关小姐》第 3 集,对其中的"借老虎"活动进行评估。

第 **7** 章

公共关系专题活动

> **本章知识点：**公共关系专题活动的概念、特征及类型，开展公关活动的意义
> 与价值；公关专题活动的方法与技巧；新闻发布会、展览、赞助、开放参观、宴请和
> 联谊等活动的策划及实施。

案例导读

三星电子花巨资赞助奥斯卡

据美国《华尔街日报》报道，知情人士透露，美国奥斯卡颁奖礼主持人艾伦用三星手机为一众明星自拍并非自发行为，而是有意为之，这是三星奥斯卡推广战略的一部分，总花费接近 2 000 万美元。

据估计，为了在周日晚间的奥斯卡颁奖礼期间插播广告，三星投入了大约 2 000 万美元资金。不过，令三星获益最大的还要数主持人艾伦·德杰尼勒斯（Ellen DeGeneres）在奥斯卡颁奖礼期间的主动推广。

艾伦在颁奖礼期间使用了一款白色的三星手机，她还将一部 Galaxy Note3 交给影星布莱德利·库珀（Bradley Cooper），让他给包括他自己、布拉德·皮特（Brad Pitt）、梅丽尔·斯特里普（Meryl Streep）、凯文·斯派西（Kevin Spacey）和珍妮佛·劳伦斯（Jennifer Lawrence）在内的大牌影星合影自拍。

（资料来源：2014-03-07 来源：中国公关网）

启发总结：当代企业对参与各类赞助活动的热情和兴趣比以往任何时候都要高涨，各式各样的商业赞助活动渗透到社会、经济和文化兰活的各个角落。不同的是，过去的商业赞助活动往往与企业经营脱钩，并或多或少地与慈善活动联系在一起；现在，商业赞助活动则已成为企业与目标消费群进行沟通，从而传播和扩大企业知名度、塑造良好品牌形象和推广产品的重要营销手段。

第一节　公关专题活动概要

一、公共关系专题活动含义

公共关系专题活动又称公共关系特殊事件,它有别于一般日常的公共关系活动,涉及范围也很广泛,例如各种开幕典礼、新闻发布会、社会赞助、展览、联谊、宴请、开放参观等皆属于此列。它是社会组织为达到一定的目的,在一个特定的时期、特定的场合下,围绕一个明确的主题,经过精心策划,有计划、有步骤地开展的各种专项公关活动。几乎所有的社会组织在建立、发展和壮大过程中,都要定期或不定期地举办一些专题活动来宣传自己、协调关系、塑造形象、争取公众,达到提高组织知名度、信誉度和美誉度的目的。策划和举办成功的专题活动,要求公关人员不仅要有广博的知识,而且要熟练掌握开展专题活动的技能。

二、公共关系专题活动的特点

公共关系专题活动是公共关系实务的重点,被许多社会组织广泛运用,成为其开展公共关系活动的重要方式。其主要特点有:

(一)针对性强

公共关系专题活动是社会组织在审时度势后,根据某种特殊需要举办的,也就是说活动的目标很明确,能够较好地解决某一特殊问题。

(二)感染力强

在公共关系专题活动中,社会组织借助多种媒介手段直接作用于公众的各种感觉器官,与公众面对面地交流和沟通。这种亲身体验会给公众留下深刻的印象,再加上情境气氛的烘托,从而具有较强的感染力。

(三)不受时间限制

公共关系专题活动是组织根据需要举办的,举办时间也可选在需要的任何时候;时限可长可短,既可控制在两小时之内,也可持续数周时间。

(四)弥补日常工作之不足

社会组织在制订公关计划和进行日常公关工作时难免有疏忽和遗漏。这些疏忽和遗漏在工作中或多或少地会给组织造成一些麻烦,给公关工作带来不利影响。公关专题活动的开展则可以灵活地拾遗补缺,弥补日常工作的不足,使组织的整个公关活动更加完美。

三、组织和策划公共关系专题活动的基本要求

(一)目标明确,内容具体

一般来说,每项专题活动只有一个基本目标,而且这个目标必须具体明确。专题活动的目标主要有:让公众接受某个信息;消除公众对社会组织的误解和偏见;让公众知晓社会组织的新发展;加强内部公众的相互了解及相互信任;巩固社会组织与社区公众的友好

关系;鼓动公众支持社会组织的某项决策;收集公众对社会组织的意见和对社会组织提出的建议等。

(二)时机恰当,规模适中

社会组织应在适宜的时机,举办适当规模的活动。例如,广州花园酒店曾在母亲节举办了一场以歌颂母亲为主题的专题活动。选择在母亲节举办歌颂母亲活动,是十分恰当的,但我国在此之前几乎没有举办过母亲节庆祝活动。广州花园酒店率先开展母亲节庆祝活动,迎合了社会的客观要求,因而吸引了公众的注意,取得了很好的公共关系活动效果。

(三)周密筹备,精心安排

公共关系专题活动涉及面广、工作量大,所以,社会组织在开展专题活动时需要周密筹备。

公共关系专题活动的筹备工作主要是做好以下几件事:

1.确定公关专题活动的名称

名称是公共关系专题活动的眼睛,一个好的名称可以增强公共关系专题活动的吸引力。理想的公共关系专题活动的名称,既要明确体现专题活动的主题内容,又要有丰富的文学艺术色彩。

2.选择公关专题活动的日期、地点

开张吉庆、周年纪念、节假日以及某些社会活动时期,都是开展公共关系专题活动的大好时机。但应注意的是,公共关系专题活动的时间安排不能与重大事件或重大节日的庆祝活动相冲突,否则不易收到好的效果。开展公共关系专题活动的地点,一般应选择社会组织所在地或社会组织熟悉的地方,因为社会组织在熟悉的地域内容易支配公众的心理过程。此外,也可以选择在交通方便或公众集中的地方。

3.选择需要邀请的来宾

每个公共关系专题活动都要根据活动的目标选择特定的公众,除了邀请这些公众参加活动之外,还可邀请公众所欢迎的社会名流助兴,以渲染气氛。

4.做好接待工作

公共关系专题活动的效果与接待工作有很大关系。每个公共关系专题活动都要做好以下接待工作:提前一周左右发出请柬和通知,预先布置好活动现场,培训接待人员和服务人员,精心准备讲话稿和致辞,等等。

第二节 新闻发布会

一、新闻发布会的含义和特点

新闻发布会又叫记者招待会,是一个社会组织把各类新闻媒介的记者召集在一起,宣布某一有关信息,并让记者就此进行提问,然后由召集者来回答的一种特殊会议。新闻发布会曾被作为进行公共关系宣传的最好方式之一,主要用于树立或维护组织形象,协调公共关系,引导社会舆论朝着有利于本组织的方向发展。尤其是在现代社会铺天盖地的信息面前,如果没有一个权威性的信息来源,杂乱的信息就容易搅乱人们的思想,让人无所适从。召开新闻发布会,有利于人们看到具有权威性的言论,避免小道信息蔓延,干扰人们正确的判断力。

在现代社会,新闻发布会日益成为社会组织与新闻界保持联系的一种重要的活动方式,同时,它也是社会组织向公众广泛传播各类信息的一种重要工具。一般来说,新闻发布会有这样几个特点:

第一,权威性。新闻发布会是一种比较正规、隆重、规格较高的传播方式,与其他传播方式相比,其影响面更广、权威性更强。

第二,两极性。新闻发布会是一种两级传播。社会组织先将信息告知记者,再通过记者所属的大众媒介告知公众。

第三,双向性。新闻发布会属于双向对称沟通:一方面,社会组织根据自己的需要向记者发布信息;另一方面,记者可根据自己感兴趣的问题,以及所着重的角度进行提问,能更好地发掘消息,从而增加信息传递的深度和广度。

第四,现场性。新闻发布会一般安排记者提问,并需要现场回答,这就要求新闻发言人和会议主持人有较强的表达能力和反应能力。

二、新闻发布会的策划和组织

社会组织是否能通过新闻发布会将组织的有关信息成功地传递出去,并借此树立自己的形象,提高组织的知名度、美誉度,关键在于新闻发布会的策划和组织。一般来说,组织好一次新闻发布会需要做好以下工作:

（一）会前的筹备工作

会前的筹备工作主要包括:确定举行新闻发布会的必要性;选择会议的地点和时间;确定主持人和发言人;准备发言和报道提纲;准备宣传辅助资料;选择邀请记者的范围。

1. 确定举行新闻发布会的必要性

根据新闻发布会的特点,会前必须对所发布的信息是否重要、是否具有广泛传播的新闻价值,以及新闻发布的紧迫性和最佳时机,进行研究和分析。新闻发布会的召开,总是有一个具体而充分的理由,或是解释一件已为许多人知道但不够详细的事件;或者是公布一件人所未知的重大信息;或者是介绍一件新产品;或者是澄清某些造成重大影响的事情真相内幕。只有在确认了召开新闻发布会的必要性和可能性后,才可决定是否举行新闻发布会。

2. 确定会议地点和举办时间

在地点选择上主要考虑要给记者创造各种便利的采访条件,如会场要具备拍摄的照明设备、视听设备和通信设备等;并且会场要安静,不受电话干扰,交通要方便。会议的时间要尽量避免节假日、重大社会活动和其他重大新闻发布的日子。

3. 确定会议主持人和新闻发言人

会议主持人和新闻发言人必须头脑清醒,反应机敏,有较高的文化修养和较强的表达能力。会议的主持人一般由有较高专业技巧的公关人员担任,新闻发言人由组织或部门的高级领导担任,因为他们清楚组织的整体情况、方针、政策和计划等问题,熟悉媒介运作规律,并能通过媒介把信息有效地发布出去。

4. 准备发言和报道提纲

召开新闻发布会之前,公关人员应对本组织所发生的重大事件进行详细周密的调查和研究,对事情发生的来龙去脉要一清二楚。诸如问题产生的原因、造成的损失、产生的影响、采取的善后措施、解决问题的态度、发展变化的趋势等等,公关人员均应了如指掌,以备记者咨询时能够对答如流。重要事件还应准备书面材料,在新闻发布会上可以提供给记者备查,以免在报道中发生差错。此外,公关人员还应及时写出情况报告,一来供领导层采取善后措施时作决策参考;二来使领导者在正式向外界发布新闻时,不致发生遗漏或差错。

5. 准备宣传辅助材料

宣传辅助材料要围绕主题准备,尽量做到全面、详细、具体和形象;形式应多样,要有口头的、文字的、实物的、照片和模型等,以增强发言人的讲话效果。

6. 确定邀请记者的范围

应根据新闻发布会的主题,有选择地邀请有关的新闻记者来参加,例如发布工业产品信息,就不用邀请《少儿报》、《文艺报》等报刊的记者参加。另外也应考虑事件发生后的波及范围,若只限于地方性影响,邀请地方新闻记者参加即可;若影响范围波及全国,就应邀请全国各大媒介新闻记者参加。

（二）会议的程序安排

举办新闻发布会,会议程序要安排得有条不紊,避免出现冷场和混乱局面。一般来说,新闻发布会应包括以下程序:

1. 签到

设立签到处,并派专人引导记者前往会场。与会人员要在签到簿上签上自己的姓名、单位、职业、联系电话等。

2. 发放资料

会议工作人员应将写有姓名和新闻机构名称的入场证发给与会记者,并发放有关宣传资料。

3. 介绍会议内容

会议开始时要由会议主持人说明召开新闻发布会的原因、所要公布的信息或事件发生的简单经过。

4. 主持人讲话

主持人要充分发挥主持和组织作用,活跃会场气氛,并引导记者踊跃提问。当记者的提问离会议主题太远时,要善于巧妙地将话题引向主题。会场出现紧张气氛时,要能够及时调节缓和,不要随便延长预定会议时间。

5. 回答记者提问

要准确、流利地回答记者提出的各种问题,不要随便打断记者的提问,也不要以各种动作、表情和语言对记者表示不满。对于涉密或不宜公开回答的问题,不要回避,而要婉转、幽默地进行反问或回答。

6. 参观和其他安排

会议结束后还应由专人陪同记者参观考察,给记者创造实地采访、摄影、录像等机会,增加记者对会议主题的感性认识。如果有条件,社会组织还可举行茶会和酒会,以便个别记者能够单独提问,并能融洽和新闻界的关系。

（三）会后效果测评

新闻发布会结束后,社会组织应对新闻发布会的效果进行测评。

(1)尽快整理新闻发布会的记录材料,对会议的筹备、组织、主持和回答问题等环节的工作进行总结,并将总结材料存档。

(2)编发公关新闻稿。公共关系工作人员应善于编写公关新闻稿。一般说来,公关新闻稿的写作要注意以下几点:一是主题开门见山,即首先说明组织正在做什么;二是尽量使用简短的、口语化的句子进行表述;三是清楚地表达思想,不使公众产生误解或者曲解。

(3)收集反馈信息。及时了解与会记者对新闻发布会的态度和意见,追踪媒体和公众的反应,广泛搜集与会记者对新闻发布会的相关报道,进行归类分析,检查是否达到了会议的预定目标,以便策划下一步的公关活动。

三、策划和组织新闻发布会的注意事项

社会组织是否能通过新闻发布会将组织的有关信息成功地传递出去,并借此树立组织的良好形象,关键在于新闻发布会的策划和组织工作。具体来讲,新闻发布会的策划应注意以下几方面:

(1)会议的场所选择和场所布置要符合事件的氛围,体现严肃性、权威性、庄重性。

(2)同新闻界搞好关系,尊重新闻记者,为他们的工作提供方便。无论权威媒介还是普通媒介,名记者或者一般记者,都要一视同仁,不能厚此薄彼。

(3)要确保所发布的信息准确无误,若发现错误,应及时更正。

(4)切忌口气生硬、随意打断记者提问。对记者提出的有偏见、挑衅性的问题,应保持镇静,有理有节地予以反驳,不应激动发怒。

第三节　展览

社会组织为了更形象直观地展示自己,让公众加深对组织的感性印象,常常要举办丰富多彩的展览活动。

一、展览的含义与特点

所谓展览,是指综合地运用产品说明书、宣传手册、活页广告等文字媒介,照片、幻灯片、录像片及电影等音像媒介,讲解、交谈和现场广播等声音媒介,现场表演、示范等动作语言媒介以及实物媒介等多种传播手段,进行全方位的宣传和展现社会组织的成果、风貌、特征的公关专题活动。

展览是综合性的传播媒介,因此,要办好展览会就需要了解其特点:

第一,它是一种十分直观、形象生动的复合型传播方式,直接冲击公众的视觉、听觉、触觉,并产生强烈效果;

第二,能有效地引起社会公众及新闻媒介的注意。一个展览会可以集中许多行业的不同展品,也可以集中同一行业中多种牌号的同类展品,这就为参观者提供了更多的机会,而且价格也较优惠,可以为公众节约大量的时间和费用。因此,很多公众都比较喜欢这种形式,新闻媒介也常对其追踪报道。

第三,能给组织提供与公众直接双向沟通的机会,及时获得公众对新产品的反馈信息。现在不少工厂和商店的商品展一般都要安排专人在展览会上回答参观者的问题,并同参观者就其感兴趣的问题进行深入讨论。企业组织在让公众了解自身的同时,也在即时地了解公众对自身形象、展品等的反应,可根据公众反馈的信息进一步改进各项工作。这种直接双向沟通针对性很强,能对个别公众或其一特殊情况进行交流,从而收到较好的效果。

第四,它所传递的是最新的消息,展示的是最新的产品。展销会,也是展览会的一种形式,如广州每年春秋两季的出口商品交易会,也正是因为它力求展出新的商品和新的特色,所以才吸引了一批批国外及中国港澳等地区的厂商前来观看、洽谈生意。

二、展览的类型

展览的类型,可从不同的角度进行划分:

（一）按展览的时间划分

从展览的时间来划分,可分为长期固定展览、定期更换内容的展览、一次性展览。长期固定展览,如北京的故宫博物院、自然博物馆等;定期更换内容的展览,如北京的工业展览馆、农业展览馆等;一次性展览会;如食品展销会、服装展示会等。

（二）按展览的地点划分

从展览的地点来划分,可分为室内展览和露天展览。室内展览较为隆重,不受天气影响,举办时间也较灵活,长短皆宜。大多数展览都在室内举办。但室内展览的设计布置较为复杂,所需费用也较多。露天展览的最大特点是设计布置比较简便,场地较大,可以放置大型展品,所需费用不多。但受天气的影响大,往往会由于天气原因而影响展览效果。农产品展览、大型机器展览、花展等通常在露天举办,而较为精致、价值高的商品展览等则宜在室内举办。

（三）按展览的性质划分

从展览的性质来划分,可分为贸易性展览和宣传性展览。贸易性展览的特点是"展"且"销",展出实物产品,目的是打开产品的营销局面,提高产品的市场占有率,促进商品的销售,如"迎春节吃穿用商品大展销"等。宣传性展览是只展不销,目的是宣传一种观念、思想、成就等,通常通过展出照片、资料、图表和有关实物达到宣传的效果,如北京的中国国际展览中心举办的国际图书博览会。

（四）按展出商品种类的多少划分

从展出商品种类的多少来划分,可分为单一商品展览和混合商品展览。单一商品展览又称纵向展览,是指展出商品品种的单一性,由于展出的商品品种单一而型号和品牌相对较多,并出自同一行业的各个不同的厂家,因此这种展览竞争较激烈。混合商品展览又称横向展览,这种展览会展出的商品种类多,参加展出的厂家来自不同行业。

（五）按展览规模划分

从展览的规模来划分,可分为大型展览、小型展览、微型展览。大型展览通常由专门的单位主办,参展企业则通过报名加入。这种展览的规模一般很大,参展项目多,搞好展览需要很高的展览会举办技术。小型展览的规模较小,一般是由企业自办,展出的商品也是本企业所生产的。这类展览经常会选择图书馆门厅、车站候车室、酒店房间等地作为展出地点。微型展览是商店橱窗展览和流动车展览等,这类展览看似简单,但技巧性要求较高,要求更具吸引力。

（六）从展览的内容可分为综合性展览和专题性展览

综合性展览全面介绍一个国家、一个地区或一个组织的情况,要求纵览全局,内容全面,有一定的整体性和概括性,既要突出重点,又要照顾一般,力求给观众以完整的印象,如每年春秋两季在广州举行的"广交会"等。专题性展览是围绕某一专题、某一专业或某类产品举办的展览会,要求主题突出、内容集中、有一定的深度,如"摩托车展览会"、"科技图书展览会"等。

三、展览的组织与策划

不论何种类型的展览,均要求对展品进行筛选,紧扣展览主题,整个展览会经过精心设计,给观众留下深刻的印象。为办好展览会需要具体抓好以下几个环节:

（一）展览的前期筹备工作

（1）确定展览的主题和目的。每次展览会都应有一个明确的主题和目的,并以此决定展览会中将使用的沟通方法、展览形式和接待形式。

（2）在主题思想的指导下去精心挑选、制作展览的实物,如图表、照片、文字、影像及音响等,设计不落俗套的会徽和纪念品。

（3）根据展览的主题确定参展单位、参展项目与参展标准,然后采取广告和发邀请信的方式召集参展者。广告和邀请信要写清楚展览会的宗旨、展出项目类型、对参观者人数和类型的预测、展览会的要求和费用等,给潜在的参展单位提供决策所需的资料。

（4）确定展览的时间和地点。展览的时间依据展览的内容和天气情况而确定;在地点的选择上,首先要考虑的是方便参观者,如交通要方便、易寻找等;其次,要考虑展览会周围的环境是否与展览主题相得益彰;再次,要考虑辅助设施是否容易配备和安置等

（5）编印介绍展览会的宣传小册子,撰写好精练的、深入浅出的前言、解说词和结束语。

（6）预测参观人数和参观者的类型。参观者的类型将影响到信息传播手段的复杂性和多样性。如果参展者对展出项目有较深的了解和研究,展览会讲解人就需要是这方面的专家,介绍的资料要较为专业化和详细深入;如果是一般观众,则应采用通俗易懂的语言,进行直观普及性的宣传。在展览会的策划阶段,就应该对展览会针对的公众及其所包括的范围有较精确的估计。

（7）做好环境布置以及照明、音响、影像等设置,并做好调试工作,确保展览顺利进行。

（二）培训讲解及示范操作人员

展览既是组织产品、服务的展示,也是组织员工精神面貌和综合素质的展示。展览会工作人员的素质和对展览技能的掌握程度,会对整个展览效果产生重要影响。必须对展

览会工作人员,如讲解员、接待员、服务员、示范员等进行良好的公共关系训练,并对每次展出的项目进行起码的专业知识培训,以满足展览会的要求,使参观者满意。培训内容包括:

(1)各项目、内容的专业基础知识;

(2)公关接待和公关礼仪方面的基本知识;

(3)各自的职责、各种可能发生的突发性事件的处理原则和基本程序。

（三）成立专门对外发布新闻的机构

新闻媒介对展览会及展品的传播,会对公众产生很大的影响,参展单位对展览活动本身要有足够的宣传影响,通过新闻传播、广告、海报、传单、邀请函、入场券、门面装饰等方式将展览会的信息传送出去,吸引观众,并可以利用与新闻记者广泛接触的机会,搞好与新闻界的关系。展览会中会产生很多具有新闻价值的信息,需要展览会负责公共关系事务的人员挖掘,写成新闻稿发表,扩大展览会的影响范围和效果。专门的机构要负责制订新闻发布的计划和组织实施计划,并负责与新闻界进行联系的一切事务。具体来说,该机构的工作内容是:

(1)在展览日期、地点确定后,举办记者招待会发布消息。

(2)邀请新闻界人士参加开幕式,尽可能多地在报刊、广播、电视上报道开幕式的消息和实况。这样做可以在展览开始之前就产生重要的宣传效果,也可以吸引更多的参观者。安排好新闻发布室,并准备新闻报道所需的各种辅助宣传材料。

(3)在展览期间,新闻发布室始终开放,随时收集参观者及展览活动的有关信息,并与新闻媒体保持密切联系。

(4)展览结束后,新闻发布室应注意收集新闻媒介对展览活动的有关报道,总结经验教训,留档保存,作为下次举办展览的参考依据。

（四）展览活动安排

(1)入口处设立咨询台和签到簿,贴出展览会平面图,作为参观者的指南。

(2)搞好接待。展览活动面对人数众多的观众,接待的任务比较重。对于社会名流、新闻记者应该有专门的人员接待。

(3)注意采用展览技巧,使展览会办得生动活泼、新颖别致。

（五）做好展览会的效果测定

为了组织有更好的发展,每举办一次活动都应做事后效果测定工作。测定展览会效果的主要方法有:

(1)主办有奖测验活动。组织可根据展览内容,有重点、有选择地确定试题,答题方式以填空、选择、判断为主,当场解答,当场发奖。参观者踊跃应试,不仅能增强、活跃展览会气氛,而且能为测定展览效果提供统计的依据。

(2)设置观众留言簿,主动征求意见。

(3)当场召开观众座谈会或茶话会,搜集观众反馈的意见。

(4)发放调查信件(表格),了解观众的意见。可采取问卷调查、统计参观人数、有奖问答等多种方式来开展该项工作。

四、组织与策划展览的注意事项

目前，社会举办的展览会太多太滥，几无实效。企业应以少而精的原则选择参加；参加展览展示会要精心策划、独特新颖，以便在众多参展商中脱颖而出；要引起参展观众，尤其是新闻界的极大注意，扩大影响；参加或组织展览展示会费用较大，应做好费用预算和控制。

第四节　赞助

1984年在洛杉矶举行的第23届奥林匹克运动会上，美国政府不花一分钱就把这届运动会举办得非常成功。世界奥林匹克运动会耗资巨大，这一大笔举办费用是从哪里来的？原来，所有的举办费用都来自民间企业和民间组织的赞助。这是历史上第一个由民间筹资举办的世界奥林匹克运动会。当时，奥运会要求民间赞助的消息一传出，各大实业公司和其他组织纷纷和本届奥运会的筹委会联系，要求提供赞助。不少公司为了赢得赞助奥运会的机会，展开了一场激烈的竞争，赞助的筹码越加越大。

赞助活动在现代社会中十分普遍，可以说，离开了商业赞助，当今许多大型的公益活动几乎很难进行。在我国，随着人们公共关系意识的提高，参与赞助的社会组织的数量越来越多，金额也越来越大。为什么社会组织不惜耗费巨资开展赞助活动呢？

一、赞助的含义和目的

赞助是社会组织以提供资金、产品、设备、设施和免费服务的形式无偿资助社会事业或社会活动的一种公关专题活动。赞助活动是一种对社会作出贡献的行为，是一种信誉投资和感情投资，是企业改善社会环境和社会关系最有效的方式之一。任何一个社会组织的赞助都会有自己的具体目的，概括起来，赞助主要有四种目的：

(1)通过赞助活动做广告，增强广告的说服力和影响。一方面可以通过赞助活动作为广告宣传的载体，使公众获益，以赢得公众的普遍好感；另一方面可以通过赞助所获得的"冠名权"提高广告的效果。

(2)树立组织关心社会公益事业的良好形象。现代企业不但要盈利，还要承担一定的社会责任与义务。赞助社会活动是企业向社会表示其承担责任与义务的方式之一。赞助活动的开展，有助于企业赢得政府与社区的支持，从而为企业组织的生存与发展营造相对宽松的社会环境。

(3)培养和社会公众的良好感情。举办与公众密切相关的赞助活动，能够有效地培养社会组织同公众的情感，增进彼此之间的友谊，加强双方的联系，使公众在内心深处认同社会组织。

(4)制造新闻效果，扩大社会组织认知度，提高组织在公众中的美誉度。

二、赞助的类型

为了达到以上目的，现代组织的赞助活动有多种类型，其中以下几种是最常见的赞助形式:赞助体育活动、赞助社会慈善和福利事业、赞助教育事业、赞助文化生活等。通过各种形式的赞助活动,使组织获得最佳的信誉投资,改善和发展其公共关系。

(一)赞助体育运动

由于体育比赛活动是新闻媒介热衷报道的对象,而且拥有众多的观众,对公众的吸引力大,因此,社会组织常常赞助体育运动,以增强对公众施加影响的广度和深度。赞助体育运动常见的形式有:赞助体育训练经费或物品、赞助体育竞赛活动、设立体育竞赛奖励项目等。

(二)赞助社会慈善和福利事业

为各种需要社会救助的人如孤寡老人、残疾人、福利院儿童等提供物质或资金帮助,开展服务活动,以及济贫、捐助灾民,既是社会组织向社会表明履行社会义务的重要手段,也是社会组织改善社区公众关系、政府公众关系的重要途径。

(三)赞助教育事业

教育是立国之本,发展教育事业是一个国家的基本战略方针。社会组织自觉地赞助教育事业,如捐资建立图书馆与实验室、设立某项奖学金制度、资助贫困学生,捐资希望工程,设立某项奖教金制度等,既可以促进学校教育事业的发展,又可以为社会组织树立一种关心社会教育事业的良好形象。

(四)赞助文化生活

文化生活是公众社会生活的主要内容之一。社会组织积极赞助文化生活,不仅可以增进社会组织与公众的深厚感情,而且可以提高社会组织的文化品位和知名度。赞助文化生活的方式主要有:赞助拍摄与社会组织有关的影视片、资助文艺演出队伍、赞助文化演出活动等。

三、赞助活动的组织与策划

赞助活动是一种技术性很强的公共关系专题活动,一次完整的、成功的赞助活动,需要做好以下工作:

(一)做好赞助研究

组织要开展赞助活动,进行赞助研究是非常重要的一步。组织应从经营活动政策入手,分析组织公共关系目标,确定赞助目的,并据此考核需要赞助的项目是否对社会、对公众有益,是否能对本组织产生有利影响。在此基础上,研究赞助项目的必要性、可行性、有效性,以保证社会和组织都能获益。

(二)制订赞助计划

组织要在赞助研究基础上制订赞助计划。赞助计划是赞助研究的具体化,因此赞助计划的内容应该具体、翔实,对赞助的目的、赞助的对象、赞助的形式、赞助的费用预算、赞助的具体实施方案等都有所计划,并控制范围,防止赞助规模超过组织的承受能力。

(三)评估与审核赞助项目

这一步主要是针对具体赞助项目进行的,对每一项具体的赞助项目,赞助工作机构都应进行分析研究。首先对赞助项目进行总体评估,检查是否符合赞助方向,对赞助效果进行质和量的估计。审核则是结合计划进行,组织每进行一次具体赞助活动,都应由组织的高层领导或赞助委员会对其提案和计划进行逐项审核评定，确定其可行性以及具体赞助方式、款额和时机。

（四）实施赞助方案

组织要派出专门的公共关系人员去实施赞助方案。在实施过程中，公关人员要充分利用有效的公共关系技巧，尽可能扩大赞助活动的社会影响；同时，应采用广告和新闻传播等手段，辅助赞助活动，使赞助活动的效益达到最大，争取赞助的成功。

（五）测定赞助效果

赞助活动结束后，组织应该对照计划，测定实际效果。赞助活动的效果应由组织自身和专家共同测评，尽可能做到符合客观实际。检测过程包括检查、收集各个方面（如公众、新闻媒介、受赞助组织）对此次赞助的看法、评论，看是否达到了预定目的，还有哪些差距，对活动结果不理想的应找出原因，并把这些写成总结报告，归档储存，为以后的赞助活动提供参考。

四、组织与策划赞助活动的注意事项

社会组织的赞助活动，作为一种投资行为和宣传方式，具有较强的政策性与技巧性，在实际操作中必须注意以下具体事项：

（1）开展赞助活动必须着眼于社会效益，以获得公众的普遍好感。一般来说，社会组织要优先赞助社会慈善事业、福利事业、公共市政建设以及文化教育活动。

（2）开展赞助活动必须符合法律规范。这主要有两方面含义：第一，赞助的对象要合法，要认真研究和确认被赞助的组织、个人或社会活动本身是否具有良好的社会声誉，是否有积极、广泛的社会影响，保证赞助活动取得良好的社会效益。否则，就会给公众以"助纣为虐"之感，不仅不利于实现赞助活动的目的，反而会损害组织形象。第二，赞助的方式要合法，即严格遵守政策法规。违背政策法规，利用赞助搞不正之风，也会破坏社会组织的形象。

（3）开展赞助活动应当量力而行，不能凭一时冲动，感情用事。赞助经费的数额，必须在社会组织能够承受的范围之内，每年列出赞助总额预算，在该预算范围内予以捐助。

（4）目前，社会拉赞助者众多，鱼目混珠，企业应加以仔细评鉴；对各种明显不能满足其要求的征募者，应坦率而诚恳地解释组织的有关政策，不必为威胁利诱所屈服。必要时可诉诸社会舆论和法律，以保障组织的合法权。

（5）要注意留存一部分机动款项，作为遇到临时、重大活动时的备用款。

第五节　开放参观

社会组织开展公共关系活动，一方面要深入了解公众，另一方面还要积极创造条件以使公众了解社会组织的有关情况。让公众了解社会组织的一个行之有效的方法就是社会组织有计划地安排对外开放参观活动。大量事实表明，社会组织向公众开放，组织公众参观本组织，是增进与公众之间的联系和了解的手段之一。例如，日本丰田汽车公司就常组

织一些对外开放参观活动,展示组织的实力和良好形象,实现和公众的有效沟通,达到了理想的公关效果。

一、开放参观的含义与作用

开放参观,顾名思义就是社会组织为了让公众更好地了解自己,将组织内部有关场所和工作流程对外开放,组织相关的公众到组织所在地参观和考察,以事实说服公众,赢得公众理解和支持的公共关系活动。

开放参观,越来越受到很多社会组织的高度重视。其作用主要有以下几点:

第一,有利于扩大组织知名度。随着开放的程度越来越高、开放的范围越来越广,就会有越来越多的公众进一步加深对本组织的了解。

第二,有利于促进组织业务发展。日本松下电器公司创始人松下幸之助就深有体会地说:"让人参观工厂是推销产品的最好最快的方法之一。"该公司自1982年以来,每年都要接待700多万名参观者,这些人参观后对该公司留下了深刻印象,成为该公司产品的忠实顾客。

第三,有利于和谐社区关系。苏联切尔诺贝利核电站发生事故后,香港各界对我国广东大亚湾核电站的安全状况纷纷表示担忧,一时间满城风雨。为了消除香港市民的恐慌心理,大亚湾核电站组织香港市民代表前去参观,现场介绍安全情况,结果风波很快就平息了。

第四,有利于增强员工或家属的自豪感。北京长城饭店为了调动员工的积极性和工作热情,获得员工家属的支持和合作,决定在开业典礼半个月内,组织员工家属来饭店参观,并对这次参观活动作了精心安排。首先由饭店总经理和副总经理致欢迎辞,介绍饭店情况;然后,由部门经理及各级主管与员工家属见面、交谈;最后,由两名导游带领员工家属以50人为一组,按事先计划好的路线和时间进行参观,气氛热烈,秩序井然。这次参观活动使员工家属亲眼看到了饭店豪华的设施、高雅的环境,一流的服务、严格的要求,在饭店内外建立了一种和谐的人际关系和生活氛围,产生了强烈的向心力。

二、开放参观的组织与策划

(一)明确参观活动的目的和主题

对外开放不同于一般的参观游览。一般的参观游览,没有明确的主题,随意性较强。而任何一次开放参观,都应确定一个明确的主题,并努力通过这次活动达到理想的效果,给参观者留下美好印象。例如:组织的科研生产技术先进,或该组织职工职业道德高尚,或该组织重视绿化、关注环境建设等等,都可以是组织的某一次开放参观活动的主题。

(二)确定邀请对象

开放参观活动的邀请对象主要有三类:其一,员工家属。社会组织邀请员工家属前来参观,让他们了解自己亲人所从事工作的重要性。其二,逆意公众。邀请对社会组织持怀疑态度和抵触情绪的公众参加参观活动,努力改变他们对社会组织的原有态度,使他们由逆意公众转化为顺意公众,从而能够得到更多公众的支持。其三,新闻媒介。邀请广大新闻记者参加参观活动,以便取得他们对本组织的了解和信任,借助新闻媒体及时对外发布组织的有关信息,从而扩大组织的社会影响力。

(三)确定开放时间和参观线路

时间的确定，一方面要避开对组织不利的因素，如恶劣的气候；另一方面，要尽可能地争取对组织有利的因素，如本组织的喜庆日子，因为这时更能感染公众的心理情绪。参观活动不是一种自由、随便的活动，不能任由参观者随意走动，因此，要提前拟定好参观路线，如有保密和安全需要，应注意防止参观者越过界线，以免发生意外的伤亡事故和影响正常的工作秩序。

(四)做好宣传工作

社会组织可以通过适宜的传播媒介，告知公众本次开放参观活动的有关安排，如日期、告示牌、路线图和方向标志等。必要时可印制各种说明书、宣传品及纪念品。这样做既方便了公众，也有助于增强开放参观的效果。

(五)搞好接待工作

对参观者应热情周到地做好接待工作，不能怠慢。应有专门的接待人员负责登记、讲解、向导等工作，安排休息场所和茶水饮食，联系车辆以及解决来宾遇到的各种意外问题。必要时组织负责人要亲自陪同参观。

三、组织和策划开放参观活动的注意事项

组织对外开放参观时应注意以下事项：

(1)兼顾公众的参观意愿和组织的整体利益。组织公众参观活动，既要有针对性地安排参观项目，使参观者对组织有较为深入的了解，又要能适合公众的兴趣爱好。如有公众指定要参观某些项目但社会组织不能满足，应妥善解释。

(2)周密安排，谨防意外。事先安排好参观的先后顺序、持续时间等。介绍组织的相关情况，要综合运用多种手段，如文字、图形和模型等达到最佳传播效果。接待人员要妥善安排好参观活动的每一个细节，防止出现不必要的失误，并做好各种应急准备，并能确保及时妥善处理。

(3)搞好食宿交通等后勤保障。组织对外开放参观活动，还要妥善安排宾客的就餐事宜，如就餐的时间、地点和规格等。对外地的参观者，还要安排住宿事宜。另外，为了确保交通安全，应对参观游览的出发时间、集合地点、车辆标志进行统一布置并告知全体参观人员。

(4)虚心征求参观者的意见和建议，积累经验，使开放参观活动产生更加积极的效果。

第六节　宴请

宴请是常见的公共关系专题活动之一。为表示欢迎、答谢、祝贺、联络感情，社会组织常常举办宴会邀请各界人士参与，这就是宴请。宴请作为一种轻松愉快的社交形式，具有独特的魅力。在宴请活动中，人们一般不存多少戒心，心情比较舒畅，因而便于人与人之间情感的交流和沟通。

一、宴请的类型

一次成功的宴请,就是一次成功的公共关系活动。社会组织也需运用各种宴请类型,以实现自己的公关目标。宴请有国宴、正式宴会、便宴之分,通常酒会、冷餐会等各种不备正餐的较为灵活的宴请形式也包括在内,此外,还有茶会、工作进餐等形式。采用何种形式,要根据活动的目的、对象及经费开支等各种因素决定。一般来说,正式、规格高、人数少的宴请以宴会为宜,人数多则以冷餐或酒会更为合适,妇女界活动多用茶会。在外交活动中,提倡多举办冷餐会和酒会以代替宴会。在这里介绍几种常用的宴请类型:

（一）国宴

国宴是国家元首或政府首脑为国家的庆典、外国元首或政府首脑来访而举行的宴会,规格最高。宴会厅要悬挂国旗,安排乐队演奏国歌,主宾相互致辞、祝酒。

（二）正式宴会

正式宴会一般有固定的规格和程序,宾主均按身份排位就座,对服饰、餐具、酒水、菜肴道数、餐桌陈设、服务员的装束和礼仪等方面,都有较严格的要求。席间一般有正式的致辞或祝酒。

（三）便宴

便宴即非正式宴会,分午宴或晚宴,一般晚宴较午宴隆重些。近年来也有利用早餐（饮早茶）的形式举行便宴的。便宴形式简便,不排坐席,不作正式讲话,菜式和酒水也较随意,适用于日常相互间的友好往来。它是一种比较受欢迎的宴会形式,应用范围也较广泛。

（四）冷餐会

冷餐会又称自助餐,不排席位,菜肴以冷食为主,热菜为辅。菜肴和餐具一起陈放在长条餐桌上,供客人自取。酒水（啤酒、果汁、可乐,一般不用烈酒）陈放在桌上或由招待员端送,自由饮用。一般没有固定座位,可自由活动,随意入座或站立进餐。出席者不必计较主宾身份,在餐会上可以平等交谈、自由沟通。冷餐会的规格可高可低,举办时间一般在中午12时至下午2时或下午5时至7时左右。

（五）酒会

酒会又称鸡尾酒会。其形式较轻松活泼,便于宾客广泛接触交谈。酒会通常酒类品种较多,并配以各种果汁,向客人提供不同酒水配合调制的混合饮料（即鸡尾酒）,不用或少用烈性酒,略备小吃。酒会举行的时间较灵活,上午、中午、下午、晚上均可,时间一般延续两三小时。请柬上往往注明整个酒会活动延续的具体时间,在这段时间内客人可随意到达或退席,来去自由,不受约束。由于客人有来有走,因此酒会可招待、接纳较多的客人。一些大型酒会亦可邀请乐队或播放音乐舞曲,在场地允许的情况下让客人们跳交谊舞。总之,酒会是一种气氛轻松和谐的现代社交形式。

（六）茶会

茶会即请客人品茶。它是一种简便的招待形式,不必使用餐厅、餐具,不排坐席。时间一般在上午10时或下午4时举行。

(七)工作进餐

工作进餐是现代交际中经常采用的一种非正式宴请形式，宾主双方利用进餐时间，边吃边谈工作，讨论问题，交换意见。工作进餐分为工作早餐、工作午餐、工作晚餐。这种宴请只请工作人员，不请配偶等与工作无关人员。双边工作进餐往往排席位，为便于谈话，常用长桌。宴请的菜肴和宴请的程序一律从简，甚至采用快餐形式或由参加者各自付费。例如，浙江大学于2005年6月24日发布了《关于建立研究生与主管校领导沟通机制暨举行第一次"与校长面对面"活动的通知》，就是尝试通过工作进餐的形式加强校领导与研究生的双向沟通和了解。该通知就工作进餐的人员及选拔、工作进餐的目的、工作进餐的内容进行了安排，值得借鉴。

二、宴请的组织与策划

组织宴请是一项十分繁杂的工作，需要公关人员熟悉掌握，认真对待宴请的各个环节。

(一)宴请活动的前期准备

1.确定宴请的目的、名义、对象、范围与类型

宴请的目的是多种多样的，如庆贺某一节日、纪念日，展览会的开幕、闭幕，某项工程的开工、竣工等。

确定邀请名义和对象的主要依据是主客双方的身份，也就是说主客身份应当对等，如低级官员邀请高级人士就不礼貌，而规格过高也不必要。我国大型正式宴请活动常以一个组织名义发出邀请。日常交往小型宴请则根据具体情况以个人名义或以夫妇名义出面邀请。

邀请范围是指请哪方面人士，请到哪些级别，请多少人，主人一方请什么人出面作陪等。确定这些问题要考虑多方因素，如宴请的性质、主宾的身份、国际惯例、对方对我方的做法，以及当前的政治气候等等。

宴请采取何种类型要视具体情况而定。人数少、规格高的以宴会为宜，人数多则以冷餐或酒会更为合适，妇女界活动多用茶会。宴请的形式还取决于活动目的、邀请对象以及经费情况等因素。

2.确定宴请时间、地点

宴请应选择对主客方都合适的时间，最好事先征询主宾意见，然后再做决定。在外事活动中，注意避开对方的重大节假日和重点活动的日期，尤其要注意尊重对方的风俗习惯，更要注意对方的禁忌，如避开13号和星期五。

3.确定邀请对象

邀请范围与规模确定之后，即可草拟具体邀请名单。被邀请人的姓名、职务、称呼，甚至对方是否有配偶等都要准确。各种宴请一般均发请柬，这既是礼貌，也可以对被邀请人起提醒备忘作用。请柬一般要提前1～2周发出，以便被邀请人及早做安排，已口头约定的通常还要补发请柬。需要安排座次的宴请，往往要求被邀请人答复能否出席。对此可在请柬上注明，也可在请柬发出后，用电话询问能否出席。正式宴会一般在请柬或请柬信封上注明席次号。

4. 订菜

宴请的酒菜应根据形式和规格选择安排。选菜不宜以主人的爱好为准,而应主要考虑主宾的喜好和禁忌。大型宴请更应照顾到各个方面,菜肴道数和分量都要适宜。无论哪一种宴请,事先均应开列菜单,并征求主管负责人的同意,获准后即可印制菜单,一桌至少一份,也可每人一份。

5. 席位安排

正式宴会一般都要排定席位,也可只排部分客人的席位,其他人只排桌次或自由入席。无论采用哪种做法,都要在入席前通知每一个出席者,现场还要有人引导。

席位排定后,需写好座位卡。卡片用钢笔或毛笔书写,字应尽量写得大些,以便于辨认。便宴、家宴可不放座位卡,但对客人的座位也要有大致安排。

从一定意义上说,席位安排是一门精细微妙的学问。在一些正式的或非正式的宴会上,一些传统的规矩和礼仪仍为人们所遵循:如有贵客临门,则以其为尊;如客人的身份地位并无特别显赫者,则宴会座次就以年纪最大的人为尊。当然,宴请作为一种社交活动,其首要目标就应该是社交的成功。因此,席位安排应把有利于增进友谊、有利于进行交流以及有利于形成欢乐愉快的气氛放在第一位。

(二)宴请程序的安排

1. 迎宾

照常例,主人一般在宴会厅门口迎接客人。视宴会重要程度,还可有少数其他主要人员陪同主人排列成行迎宾。主人应在所有宾客都接待完后,才与贵宾交谈,做到宾主尽欢,照料周到,免得冷落了其他客人。

2. 入席

主人陪同主宾进入宴会行,全体人员落座,宴会即开始。如休息厅较小或宴会规模较大,也可请主桌以外的客人先入座,主桌人员最后入座。

3. 致辞

我国一般习惯在热菜之后、甜食之前进行致辞,主人先致辞,然后主宾致辞。也有一入席即致辞的。冷餐会和酒会的致辞时间较灵活。

4. 上菜

上菜应按照顺序进行,一般应先上冷盘,再上热菜,最后上甜食、水果等。上菜应从主人旁边端上来,菜上好后,由主人请客人品尝、用菜。凡两桌以上的宴会,上菜应同步。

5. 敬酒

在宴席上,主人应是第一个敬酒的人。敬酒时要依次敬遍全席,而不计较对方的地位和身份。席间主人要引导客人愉快地参与交谈,巧妙地选择话题,使席间充满欢愉的气氛。

6. 送宾

宴会结束客人起身离座时,应为其拉开座椅,疏通走道,并将客人送出宴会厅,与客人握手告别。

三、组织和策划宴请活动的注意事项

宴请是常见的公关活动形式之一,一般情况下公关部门主持的宴请,都是为了某一特

定事件，为此，一定要周密考虑：

(1)邀请有关的人员参加，切忌遗漏。

(2)掌握好入席时间。大型宴请时，主人应先在近入口处等候迎接宾客。

(3)宴请时要注意仪表风度，进食要讲究文雅，忌高声谈笑。

(4)用餐时强调节俭，反对铺张浪费，做到文明用餐。

第七节　联谊活动

一、联谊活动的含义

联谊活动是指社会组织为了加深组织内部员工之间、社会组织与社会公众之间、社会组织与社会组织之间的感情，增进相互间的友谊而举行的活动。公共关系工作人员应有计划地经常举办一些联谊活动，这类活动既可以使人得到美的享受，又可以是创造组织内外"人和"的好方法，其目的主要是促进交往、增加感情、获取信息、增强合作。例如，浙江大学机械与能源工程学院同人文学院举行的研究生联谊会，就达到了这一目的。

二、联谊活动的层次及类型

联谊活动由低到高有以下三个层次：(1)感情型。感情型联谊活动是以联络感情为主要内容的，如出席对方庆祝活动、互赠纪念品，使双方互相建立对对方的良好印象，为今后进一步加强团结联系或合作奠定基础。(2)信息型。信息型联谊活动是以互通信息为主要内容的，努力使双方在市场变动中能够保持联系，共同获利。(3)合作型。合作型联谊活动是以经济合作为主要内容的，通过一些生产项目或经营项目的合作，促进双方经济效益的共同提高。

联谊活动具体来说是参加行业组织活动、座谈会、茶话会、恳谈会，参加会员制俱乐部，参加企业家联谊会等。两种常见的联谊活动分别是：(1)文艺演出及电影招待会。邀请客方观看文艺演出、体育表演、电影等活动，可以增进客方对主方的了解和感情，同时又是一种艺术享受和娱乐活动。(2)交际舞会。交际舞会是一种社交活动，也是公共关系部门经常举办的联谊活动的一种形式。有计划地举办交际舞会，不但可以使职工从中得到娱乐，同时也加深了职工与管理人员之间的感情和企业与社会各界的友好关系。

三、联谊活动的策划和组织工作

无论是哪一种类型的联谊活动，都需要做好以下基本的策划和组织工作：

(1)明确联谊目的，围绕目的去策划活动，同时又要兼顾客人的兴趣。一般应注意选择那些具有客人本国民族风格和客人所喜闻乐见的活动内容。

(2)提出活动预算，筹措必需的经费，购买必要的物品。

(3)根据场地、交通、气象、设备等条件，确定活动的时间、地点和场所。

(4)确定应邀对象，及早发送请柬和通知。发邀请时，要考虑场地的容纳量，一定要给客人准备足够的座位,避免座位不足的情况。

(5)安排活动程序,印刷节目单,并提前发给客人。

(6)精心布置联谊场所,并安排专人负责接待和保安工作等。对于为外宾举行的联谊活动,特别要注意符合联谊对象的国家或民族的文化背景、民俗风情。

四、组织和策划联谊活动的注意事项

(1)选择所需的联谊类型,最好是参加综合性的联谊会。参加联谊活动应有所值,不能无目的或仅以应酬为目的。

(2)联谊活动是合法的,涉及须审查的社团活动,应主动上报政府部门。

(3)联谊活动是健康、品味高尚的,不能损人利己,也能不损害社会公众利益。

(4)邀请人数要与场地相应,过多会显得拥挤,太少又会造成冷场。这是主办人要特别注意的。

案例讨论

案例一:海尔赞助 NBA 胜算几何

也许是有人得意就必须有人失意,联想继成功并购 IBM PC 业务后又在意大利都灵冬奥会上着实风光了一把。与之相反,海尔在与第六期国际奥委会全球合作伙伴(简称TOP)擦肩而过后,再一次与美泰克无缘。海尔怎么啦?种种的流言蜚语,种种的猜测质疑一时间甚嚣尘上。无论是实务界的行家还是理论界的学者,都对海尔是否正面临增长的瓶颈,销量是否已经撞到天花板,海尔是否正遭遇大企业病困扰表示出或多或少的担忧。在某个时期,海尔传播给消费者的是与以往截然不同的负面感知。

(1)从冠名墨尔本老虎到牵手 NBA。

面对媒体的种种,海尔并没有沉默,抑或是考虑到赞助中的品牌结合度问题,在联想搭上 TOP 快车不久,海尔把橄榄枝抛给了一支来自澳大利亚墨尔本的篮球队——墨尔本老虎篮球队,海尔成为墨尔本老虎篮球队的冠名商,而且冠名后的墨尔本海尔老虎篮球队的队长安德鲁·盖茨成为海尔电脑的形象代言人。

人们不禁要问,“海尔是在舍鱼而取熊掌,还是舍熊掌而取鱼呢?”实践是检验选择正确与否的唯一标准,赞助对象的取舍同样需要市场业绩来验证决策的成败。作为 NBA金戒指拥有者,澳大利亚当今最优秀的篮球运动员安德鲁·盖茨很好地传播了海尔的品牌,海尔知名度和品牌认知质量的提高实现了海尔品牌资产的增值,在澳大利亚乃至整个澳洲的良好市场表现即是明证。

先不要把嘴闭上,因为让你惊讶的事情远没有停止……

2006 年 4 月 10 日,当人们像往常一样浏览新闻时,《海尔携手 NBA 完成标志性签约成全球唯一家电合作伙伴》的新闻标题不可能不让人在内心感到震撼,联想到此前海尔冠名墨尔本海尔老虎队,人们就会自觉不自觉地在内心暗暗发问,为什么又是篮球?

“男怕入错行,女怕嫁错郎。”海尔的国际化道路到底应该走一条什么样的路,是独自远行还是结伴出游?海尔有自己的想法,并选择了结伴出游,两次赞助是这一选择的表

现。而在体育赞助中，企业也许会更多地考虑对象本身的传播价值，即体育赛事本身的受众与企业品牌的目标消费者的结合度和关联性，因此，企业赞助绝不能拍脑袋想当然地理解为青年男女一见钟情后义无反顾的非理性，成熟企业对某一球队或某项赛事的赞助肯定要建立在研究、测试或寻找成功的案例佐证的基础之上，因而成熟的企业赞助至少也应是相对理性的。那么海尔为何对赞助篮球如此情有独钟，从冠名墨尔本老虎篮球队，到与美国文化的象征赛事 NBA 牵手我们又该做何种理解呢？把绣球抛给 NBA 这个全球顶尖的运动娱乐品牌，成为 NBA 全球战略合作伙伴，成为 NBA 全球唯一家电赞助品牌，企业赞助行为本身肯定不是孤立的，处在营销圈内的我们理应站出来分析赞助现象背后的企业意图。那么海尔牵手 NBA 的背后又有着怎样的考虑呢？

（2）海尔的"阳谋"。

高手下棋，落子之前要想到后三步怎么走，同样，优秀的台球选手，不仅要考虑怎么把当前要打的球打进洞，而且要让白球能停一个好一点的位置，以达到连杆连中的目的。企业的营销赞助行为亦如对弈，亦如打台球，涉及一个如何布局、怎么做球的问题。海尔对 NBA 的赞助我们不能孤立地去理解，以为海尔是为赞助而赞助，相反，应该理解成其在美国乃至全球的重要战略布局。赞助在某种意义上是一种品牌联合，海尔联合 NBA 这个品牌又有何种意义和目的呢？

"阳谋"一：品牌本土化——品牌主流化。

1999 年 4 月 30 日，海尔美国工厂在南卡州坎登市正式动工，2000 年 3 月 27 日正式投产。海尔的国际化路径显然有别于其他中国企业，当许多中国企业在代工或者单纯的出口贸易中乐不思蜀时，海尔确立了其海外发展三位一体的本土化战略，即设计、制造、营销三位一体的本土化，通过当地融资、融智、融文化，实现创本土化名牌的目标。

只有与众不同才能一枝独秀，同样是家电厂家，海尔能比其他任何本土企业都走得更远、更好绝非偶然。在小容量冰箱这一块，海尔用自有品牌取得了骄人的战绩，美国著名杂志 TWICE 对全美最畅销家电进行了统计，在小型冰箱排名前五位中，海尔 BClll、BC50 两款冰箱分别位居第三、四位。与此同时，海尔还在世界品牌实验室评的"世界品牌 500 强"中位列第 89 位，成为唯一进入世界品牌百强的中国品牌。海尔是成功的，也是幸福的，海尔的成功应归因于海尔在海外本土化战略的成功，而海尔的幸福则来自海尔品牌资产的增值。

在美国市场，海尔的本土化战略成功了，但海尔品牌主流化了吗？显然，海尔离美国主流品牌还有不短的一段路程，海尔在美国本土的成功仅仅限于小容量冰箱及其他小的利基市场，海尔远未在主流市场为美国主流消费者认同。海尔离美国主流品牌还很远？于是，怎样实现品牌的主流化成了海尔当前必须完成的课题。

是海尔选择了 NBA，还是 NBA 选择了海尔，我们无从考证，但既然走到了一起就没有无缘无故的爱。海尔看上的是 NBA 的哪一点呢？NBA 作为一项标志性篮球赛事，作为美国人心目中的第一运动，海尔再也找不出另外一项比 NBA 更能代表美国主流的事物。赞助 NBA 的最大意义在于以刺激泛化的方式，借助 NBA 在美国乃至全球消费者大脑中的品牌识别，建立一种与 NBA 一样的主流品牌形象和联想，也许这些就是海尔打造美国主流品牌的机会。

"阳谋"二：品牌美国化——品牌全球化。

来自遥远东方的海尔怎样才能在大洋彼岸的美国获得认同呢？"美国化"也许是没有办法的办法。

海尔在美国理应有别于海尔在国内，海尔也认识到在海外特别是在美国，要想在美国本土取得成功，即让海尔文化在美国获得认同，关键在于融智。因此，海尔没有向美国海尔派出管理人员，而是聘用美国人来经营美国海尔。海尔明白，美国人才最懂美国人，让美国人来经营美国海尔才更容易掳获美国人的心，美国海尔首先应实现品牌的美国化，但仅仅是在美国本土生产和用本地人来经营是不够的。海尔缺的是一个合适的媒介来传播这种"美国化"了的品牌识别。

此外，海尔选择在美国生产肯定不是为美国化而美国化，海尔的真正意图是利用在美国本土化的生产和营销，让海尔品牌贴上美国产地标签，美国品牌的优良品质传统是可以为海尔品牌增加信誉分的，从原产地属性的角度也有益于海尔世界级品牌的建立。因此，海尔实现建立世界级品牌的梦想，走的是一条有别于其他企业的"曲线创牌路线"，但不管海尔对此有多么用心良苦，海尔同样还缺少一种媒介来传播这种"美国化"的品牌。在此种背景下，海尔选择了赞助 NBA，而 NBA 似乎也具备了这种媒介要求的所有要素。

作为篮球发源地的美国，NBA 具有美国本土文化象征的符号意义，它把篮球文化和美国文化很好地融合到了一起，可以说 NBA 集美国文化与篮球文化于一体；而且 NBA 作为当今世界运作最为成熟、推广最为成功的运动型娱乐品牌，借助于篮球这一当今世界普及最好的载体，其传播价值自是不可限量。通过赞助 NBA 同样能让美国消费者乃至全球消费者更加认同海尔这一品牌中的美国产地属性，加入这一元素的海尔肯定会让自身的品牌形象在市场表现中更有杀伤力。

因此，海尔选择 NBA，只是海尔借道美国化进而国际化的品牌成长路径的合理延伸。

"阳谋"三：品牌 NBA 化——品牌个性化。

"物以类聚，人以群分。"人们总是习惯于把自己与他人进行类比，然后进行归类，而且人们把品牌当成此种分类的标准时，消费者也就赋予了品牌更多的个性，于是许多产品有了品牌个性。比如某种商品可能表现出性感、青春、冒险，而另一种商品可能显得保守、庄重和高贵典雅。同样，消费者为这两个不同品牌划分的个性是不同的，这两个品牌迎合的目标顾客同样存在差异。有学者更是把品牌个性划分为 5 个维度，即现实、激动、能力、精致和粗犷。海尔强调服务，传播"真诚到永远"，多年的传播沉淀下来的是诚实、可以依赖的品牌个性，海尔品牌个性中不缺的是稳重，缺的是活力、时尚和激情。过分稳重成了海尔品牌的桎梏，因为消费者会对这种稳重产生审美疲劳，而突破这一桎梏的唯一方法是为海尔注入新的活力元素。显然，海尔需要进行一系列的整合传播来为品牌注入新的活性元素，对品牌进行保鲜。

NBA 作为一个"运动+娱乐"的品牌，几乎具备了时尚、年轻、活力在内的所有元素。海尔赞助 NBA 的获益首先表现在可以运用 NBA 在美国及中国的一系列市场营销资产、媒体平台及活动项目展示创新科技家电产品。而联合品牌的广告活动将通过 NBA 在中国的 24 家电视合作伙伴的频道播出，海尔的产品和互动宣传活动也会在 nba.com/china 及 NBA 在中国举行的巡回活动中展现。NBA 为海尔提供了一个与消费者沟通的新平台,这个平台有着最为广泛的受众,这个平台适合传播包括时尚、活力和年轻在内的所有新元素。

海尔选择从品牌的 NBA 化到品牌个性化,未必不是一条捷径,毕竟像 NBA 这种"运动+娱乐"品牌具有的独特性和稀缺性,往往最具传播价值和传播效益。另外,赞助 NBA 意味着给品牌穿上了 NBA 的外衣,海尔传播给消费受众的和消费受众感知的自然也就是 NBA 代表的品牌个性——时尚、活力和年轻。

(3)胜算几何。

海尔的全球化品牌战略可概括为"三步走",即"走出去""走进去""走上去"。"走出去"指进入国外主流市场,"走进去"指进入当地主流渠道销售主流产品,"走上去"则是成为当地主流品牌。准确地说,海尔正处在"三步走"的第二步向第三步过渡的阶段,签约 NBA 是海尔品牌全球化战略的关键一步棋,但其效果会如何,下结论显然还言之过早。赞助对象选择的正确与否对成败有决定意义,而一些后续的传播活动同样事关成败。

海尔选择牵手 NBA 的结果是往自己脸上贴金呢,还是往地下撒金? 这显然不会是"一招鲜吃遍天"或者说"一招不慎全盘皆输"的情境。海尔牵手 NBA 肯定已经看到了赞助中潜伏的机会,同样,赞助中还存在这样或那样的问题,海尔是否对此有所认识、有所考虑、有所准备我们无从得知,但赞助之后肯定会有某些方面需要去调整,需要对赞助过程中的品牌传播和品牌识别进行调整和控制。海尔赞助 NBA 这一事件本身的问题至少可以归纳为以下几点:

(1)知名度可能无效。

赞助传播,肯定不是为传播而传播,从企业品牌识别的角度来看待传播的价值,才是赞助的终极目标。在一个熟悉的品牌与不熟悉的品牌之间,消费者也许会出于规避风险而偏好知名度高的品牌,但在很多都熟悉的品牌之间如何进行选择,消费者可能会更加偏好那些能带来正面情感的品牌。因此,知名度在某种场合中是无效的。

NBA 品牌曝光再高,海尔的广告费砸得再多,知名度本身并不能带来实实在在的效益。品牌识别系统的建立显然也不是为了追求知名度的最大化,因为让消费者记住品牌是一回事,而让消费者对品牌产生正面的感知是另一回事。

(2)传播切入点难找。

作为任何赞助都要考虑的一个最重要的问题是,赞助对象与自身品牌的结合度问题。海尔也许为赞助对象和自身品牌找到了一个很好的结合点,但以什么为切入点去传播这一结合点是海尔人面临的一大难题。

(3)功能利益与情感利益融合的挑战。

在赞助的整个过程,海尔还应对品牌的功能利益和情感利益进行融合,通过二者的融合来为消费者创造更大的自我表达利益。传播效果如何,品牌诉求点是否能为 NBA 受众认同,是否具备亲和力是海尔的又一难题。毕竟赞助的真正价值在于通过事件传播一种正面的情感利益,并以此带动当前的购买行为和长期的品牌资产增值。

作为第一个赞助 NBA 的家电品牌,作为第一个吃螃蟹的人,海尔有优势也有不足。在国内,海尔从来就是一个特立独行的企业,海尔从不打价格战,国际化同样走的是一条先难后易之路,而在品牌识别的建立和品牌资产的管理上,海尔也表现出了足够的成熟和规范。

海尔赞助 NBA 又有几成胜算呢,这显然不是简单的加减算术题,其中许多的相关因子的相互作用将会影响赞助效果的发挥。对 NEA 的赞助,赞助本身只是实现品牌识别建立和品牌资产增值的一步棋,作为对弈全局的一颗棋子的赞助,这一棋子能对整个棋局产生怎样的影响,可能要在随后的很多步棋的配合中才能反映出来。

(资料来源:《牛津管理评论》,http://www.icxo.com,2006 年 4 月 25 日)

讨论题:

1. 海尔赞助 NBA 的公关策略,存在哪些风险?在赞助中应注意哪些方面以减少风险?

2. 你认为海尔公司的"阳谋"是否能实现?为什么?请从公关的角度进行分析。

案例二:汇聚百年积蕴,展现名校风采
——复旦大学百年校庆庆典活动案例

2005 年对于每一个复旦人来说,是一个具有特殊意义的年份,因为复旦大学成功地举办了一百周年的盛大庆典。回顾这不平凡的庆典活动,从策划到实施,积累了大量成功的公关经验,值得公关界人士学习与借鉴。

(1)百年校庆得到了党和国家领导人的高度重视和亲切关怀,为复旦大学和中国高等教育的发展指明了前进方向,也体现了一流大学的气魄与魅力。

在庆祝复旦大学建校一百周年之际,中共中央总书记、国家主席、中央军委主席胡锦涛同志发来贺信,对复旦大学百年校庆表示热烈的祝贺。中共中央政治局常委、全国人大常委会委员长吴邦国同志在庆祝大会上代表党中央发表了重要讲话。温家宝、贾庆林、曾庆红、黄菊、吴官正、李长春、罗干等中央领导同志分别致信、致电或作出批示表示祝贺。唐家璇、陈至立、陈炳德、路甬祥、徐匡迪等人大、政协、国务院、中央军委有关领导及八大民主党派的主要领导也发来贺信贺电表示祝贺。

党和国家领导人的贺信和讲话极大地激励了全体复旦人,为复旦的发展指明了方向,也为新时期中国高等教育规划了蓝图,体现了新一代中央领导集体对高等教育的亲切关怀和殷切希望,具有重要的指导意义和普遍价值。通过这些贺信和讲话,使复旦的一校之庆真正成为整个高等教育的盛事。因此复旦的百年校庆得到了社会各界尤其是高教界的高度评价和普遍赞誉。

(2)百年庆典色彩纷呈,气势恢弘,热烈隆重,广受赞誉,体现了庆典活动组织与设计上的创新。

2002 年 5 月,历时半年之久,复旦百年校庆标志最终确定。校庆标志以红色渲染蕴含在篆体复旦中的 100 字样,辅以白色校徽图样和蓝色基调。2004 年 11 月,教代会主席团扩大会议通过决议:建议学校校歌统一使用由刘大白作词、丰子怡作曲,创作予 20 世纪 20 年代的《复旦大学校歌》。至此,百年校庆的形象设计要素基本确定。

为了使校庆活动有序进行,学校早在三年前就成立校庆领导小组。校庆领导于 2004 年底在做庆典年的全面规划时,设计了以庆典日为中心举办庆典大会、庆典晚会和庆典酒

会(即工作上所称的三会)的活动。为完成这一任务,复旦大学决定在秘书处下设重大活动部、公共关系部、嘉宾接待部等部门,具体筹备落实三会,并于2004年底开展工作。

庆典大会倾情动人,各方人士尽情抒怀,进程设计动静相宜,高潮迭起,极具独创性。校歌、主题歌(《相约复旦》《复旦,我回来了》)交相呼应,悦耳传神,校旗环场波动,大屏幕点面相合,全场五千人士情牵一线,爱国荣校激情昂然。庆典大会议程简洁凝重,群贤毕至,高朋满堂。首长讲话、嘉宾致辞、校长演讲、师生抒怀相得益彰,环环相扣、紧凑有序。庆典全场张弛有度、浑然一体,彰显尊师重教、薪火相传,预示未来奋发图强、生机勃勃。庆典晚会立意高清,歌舞升平,万人欢聚,激情洋溢。热烈场面直播神州,引无数观众褒扬同贺。

庆典月里汇聚全校之智,师生积久之力,厚积薄发推出各类活动近三百项,有领导访问、学术会议、校际交流、社会捐赠、校友聚首、名人演讲、出版发行、景观揭幕、落成典礼等,校园处处都洋溢着浓浓的节日气氛。2005年5月27日校庆日当天,国家邮政局为复旦大学发行纪念邮票一枚。这是高校历史上少有的殊荣,引来众人关注。数千复旦师生当天冒着蒙蒙细雨争相购买签章留念,场景蔚为壮观。百年庆典成为了全校思想、学术、文化、建设的盛会。

(3)百年盛事引来八方名士,同唱卿云歌,共享盛事典,充分展现庆典活动中的公关组织能力。

庆典期间,党和国家领导人、上海市党政领导、江苏省党政领导等80余位省部级及以上领导、800多位知名专家学者、300多位中外大学校长、100余位著名中学校长及其他各界人士共2 000多人受邀莅临庆典活动。嘉宾入住八家宾馆,接待工作虽要求高、任务重,但接待部的同志们和同学们在统一领导下,接待有方、安全有序、热情周到,高质量地完成了任务。

复旦大学百年校庆,是全体复旦人的节日。2005年9月校友返校月期间,有准确返校记录的校友超过2.5万名。天下宾朋,济济一堂,复旦园内喜气洋溢。学校和各院系为此组织了超过5 000名学生志愿者参与校庆活动组织和校友接待工作。校友与学生,携手燕曦园,共叙复旦情。

校庆期间,有很多校友捐款捐物,回哺母校。学校为此专门建立复旦教育发展基金会,接受海内外校友及社会馈赠。其中,李岚清校友将个人稿费全部损赠给教育事业,发起成立了复旦管理学奖励基金会,旨在支持和推动我国管理学的长远发展,鼓励我国管理学人才的成长。盛大网络董事长陈天桥校友以个人名义,协议捐赠美金共计100万元,资助复旦学生出国(境)交流学习,再以盛大公司名义捐资100万元人民币冠名庆典晚会。中山、华山、儿科等九所附属医院捐资近300万元用于校庆活动。在外联处及以吴立鹏等同志为代表的全校师生的共同努力下,百年校庆筹备以来共募集各类捐赠2.85亿元人民币,创各高校重大庆典活动募款之首。

校庆期间,遍布世界各地的84家校友会举办专门会议、联谊会、总结会、庆祝大会等,以多种形式庆祝母校百年华诞。

9月24日,从102岁的夏征农老人到刚刚毕业的青年学子,复旦国内校友摩肩接踵,分外热闹。繁重的接待工作在后勤保障部、校友接待部、外联处同志的领导下圆满完成任务。校园观光车在校友返校月里穿梭校园,接待 2 万多人次。庆典当天,学校向校友提供了超过 9 000 份午餐。9 月 23—25 日,共发放校友纪念品近 2.4 万套,安排车辆 577 辆次,接送人员 13 400 多人次。

(4)百年名校汇百校,百校共庆名校典,国际化战略见成效,体现出庆典活动的社交水平。

以大学校长论坛为主线,办出复旦大学的海外交流特色,切实深化海外合作,这是本次校庆工作紧密结合学校发展目标,推进国际化办学战略,实现跨越式发展的重要方针。

庆典年是复旦大学有史以来外事活动最为活跃的时期。2005 年 4 月复旦主办了 21 世纪大学校长年会,近 20 名大学校长、50 多名海外代表参加此会。6 月主办了第 10 次亚太地区大学校长会议,约 35 名大学校长、50 多名代表参加此会。8 月又主办了东亚研究型大学校长年会,17 所大学校长,40 多名代表参加会议。另外还有 22 个驻沪总领馆派代表出席校庆典礼,奥地利教育部部长为复旦百年校庆以及复旦大学奥地利中心开幕亲临复旦。2005 年 1 月至 10 月共计 200 多位海外大学校长专程访问了复旦大学。两所知名大学乐团来校为校庆举办音乐会。

9 月共有来自 25 个国家和地区的 128 所著名大学及 14 所国际机构或企业代表参加中外大学校长论坛和校庆庆典活动,在同一时间、同一地点召集起如此之多的世界高等教育机构,这在中国高等教育史上也屈指可数。

此次校庆的海外工作取得圆满成功,与会的海外大学反响强烈。在校庆结束短短一周的时间内,就有 60 多所与会大学发来了感谢信,盛赞此次校庆的隆重和热烈,富有意义,为复旦大学赢得了极高的国际声誉。

(5)百年学府以育人为本,承办青年科技盛会,突出庆典活动的主要宗旨。

第九届挑战杯飞利浦全国大学生课外学术科技作品竞赛于 2005 年 11 月 19 日至 22 日在复旦大学成功举办。经全校上下尤其是广大青年学生的奋力拼搏,使得这届挑战杯真正成为一届精彩夺目、盛大辉煌,体现复旦育人宗旨、名校风范的挑战杯,也成为全国科创青年的盛会,成为百年校庆为复旦学生提供的丰富而有意义的科技盛宴。

作为庆典年的最后一个篇章,复旦大学承办第九届挑战杯牢牢把握住了百年学府一流大学的核心所在,即以育人为本,以注重学术为宗旨,大力弘扬学术风气和创新精神。它再一次向全国媒体和高校显示了复旦底蕴深厚的学术风范、海纳百川的学术气度、追求卓越的学术精神,为复旦大学校庆庆典年谱写了浓墨重彩的收尾篇章。

(资料来源:改编自复旦《校刊》669 期)

讨论题:

1.复旦大学校庆筹备工作历时三年半,跨四个年度,接待人员与活动规模超越任何一次校庆活动,而整个活动全面布局、组织有序,复旦大学是如何成功组织这次庆典活动的?

2.复旦大学庆典活动在吸引媒体的关注度和参与度上,有哪些成功的经验值得借鉴?他们又是如何成功"制造新闻"的?

3.在复旦大学史无前例的校庆活动中,从组织形式到组织内容体现很强的公关创新性,这种公关创新性表现在哪些方面?

本章小结

本章包括公共关系专题活动概述、新闻发布会、展览、赞助、开放参观、宴请、联谊等内容。公共关系专题活动概述部分主要介绍了公共关系专题活动的含义、特点、基本要求;新闻发布会部分主要介绍了新闻发布会的含义和特点、新闻发布会的组织和策划及其注意事项;展览部分主要介绍了展览的含义和特点、展览的类型、展览的策划和组织及其注意事项;赞助部分主要介绍了赞助的含义和目的、赞助的类型、赞助的策划和组织及其注意事项;开放参观部分主要介绍了开放参观的含义和作用、开放参观活动的策划和组织及其注意事项;宴请部分主要介绍了宴请的类型、宴请的策划和组织及其注意事项;联谊部分主要介绍了联谊的含义、联谊的层次及类型、联谊的组织和策划及其注意事项。

习 题

一、辨析题

公共关系专题活动都是简单的程序式活动,只需按要求做就行,无须精心策划。

二、问答题

1. 公关专题活动的特点有哪些?

2. 公关专题活动的基本要求有哪些?

3. 如何召开新闻发布会?

4. 如何策划展览会?

5. 如何策划一次成功的赞助?

6. 如何组织和策划开放参观活动?

7. 如何参加宴请?

8. 如何组织联谊活动?

三、实训题

新闻发布会

[情景设计]

李斌来自某名企,因业务发展的需要,必须与新闻媒体打交道。可是,他打交道的新闻单位还是计划体制下的工作模式,一般员工散漫惯了,工作效益低。李斌必须设法与他们交流,以便迅速完成新闻发布会的组织、筹划、实施与评价等工作任务。

[角色扮演]

以 3～5 人为单位,分别扮演不同的角色,尝试说服技巧,运用访谈法、座谈法、讨论法,施行沟通与交流。

[实训要求]

1. 按照个性特点,选择角色,确定负责人与助手。

2. 分组讨论如何模拟应对国企懒散的员工,各部门之间需要协调、沟通的基本内容。

3. 写出详细的举行新闻发布会策划书。

[效果评价]

教师教学点评、打分,将结果填入表 7-1 中。

表 7-1 新闻发布会计划实施评价表

专业		班级		学号		姓名	
考评内容	新闻发布会计划实施						
考评标准		项目内容				分值	评分
	准备环节	项目设计是否科学				15	
		任务分配是否合理				5	
		文献调查是否真实有效				5	
	实施环节	计划实施是否客观				10	
		相关公众调查是否全面				10	
		协调是否高效				10	
		是否符合组织实际				10	
		策划书是否真实、规范,文字是否准确				10	
	能力测试	沟通协调技巧				5	
		团队合作精神				10	
		应变能力				10	
总 计						100	

拓展训练

观看各类新闻发布会视频,分析其差别所在。

第 8 章

公共关系危机管理

本章知识点:危机的内涵与特点;危机的类型及其成因;危机管理要素及其核心内容;危机预防、危机处理的策略以及危机后的形象重塑。

案例导读

恒天然"肉毒杆菌"乌龙上演并引爆"索赔潮"

新西兰拥有得天独厚的自然优势,逐渐成为全球最知名的乳源地之一,尤其备受中国这样的奶粉消费大国的关注,而在 2013 年 8 月 3 日新西兰恒天然集团发布消息,旗下 3 批浓缩乳清蛋白肉毒杆菌受污染并波及包括 3 个中国客户在内的共 8 家客户。自此,该事件的舆情弥漫着整个八月。8 月 5 日,该公司首席执行官专程赶赴北京向中国消费者道歉,之后开始了相关召回工作。与此同时,中国市场上的乳品企业纷纷避嫌,撇清与恒天然的关系。面对在市场上造成的强烈震动,恒天然为了消除在中国的负面舆情进行了一系列的善后应对举措。在 8 月 22 日恒天然集团宣称:新西兰政府委托进行的后续独立检测确认,恒天然浓缩乳清蛋白原料以及包括婴幼儿奶粉在内的使用该原料的产品均不含肉毒杆菌,至此恒天然肉毒杆菌事件终于以虚惊一场落幕。随着被称为"最严生产许可标准"的新版婴幼儿配方乳粉生产许可审查细则 12 月 25 日发布,据不完全统计,这已是 2013 年以来国家相关部门第 12 道针对奶粉质量安全的"紧箍咒"。恒天然以及新西兰官方"宁可信其有"的主动披露机制,以及对该事件所表现出的高度负责态度与过硬的检测技术,可以说让国人"开了眼界"。整个过程透明发布,其严谨态度由此可见一斑。这正是中国乳品企业要学习的,面对食品安全问题,认真负责坦诚公开,短期有危机,却可能建立起长期的真正信任。

(资料来源:食品商务网 2014.1.13)

启发总结:

"危机"本身并不可怕,只要态度诚恳、认真对待、及时处理,"危机"也能变"机会"。

第一节　危机及其特点

一、危机的定义与特点

(一)危机的定义

人们一直试图全面而确切地对危机下个定义,但是实际上危机事件的发生却有着千变万化的现实场景,很难一言以蔽之。有人认为,只有中国的汉字能圆满地表达出危机的内涵,即"危险与机遇",是组织命运"转机与恶化的分水岭"。我们来回顾一下许多学者从不同角度对危机的理解判断:

赫尔曼(Hermann):危机是指一种情境状态,在这种形势中,其决策主体的根本目标受到威胁且作出决策的反应时间很有限,其发生也出乎决策主体的意料。

福斯特(Forster):危机具有四个显著特征:急需快速作出决策、严重缺乏必要的训练有素的员工、相关物资资料紧缺、处理时间有限。

罗森塔尔(Roster):危机是对一个社会系统的基本价值和行为架构产生严重威胁,并且在时间性和不确定性很强的情况下必须对其作出关键性决策的事件。

巴顿(Barton):危机是一个会引起潜在负面影响的具有不确定性的事件,这种事件及其后果可能对组织及其员工、产品、资产和声誉造成巨大的伤害。

班克思(Banks):危机是对一个组织、公司及其产品或名声等产生潜在的负面影响的事故。

里宾杰(Lerbinger):对于企业未来的获利性、成长乃至生存发生潜在威胁的事件。他认为,一个事件发展为危机,必须具备以下三个特征:其一,该事件对企业造成威胁,管理者确信该威胁会阻碍企业目标的实现;其二,如果企业没有采取行动,局面会恶化且无法挽回;其三,该事件具有突发性。

从不同的角度看,以上的定义或多或少都有些偏颇.我们可以把危机定义为一种使企业遭受严重损失或面临严重损失威胁的突发事件。这种突发事件在很短时间内波及很广的社会层面,对企业或品牌会产生恶劣影响;而且这种突发的紧急事件由于其不确定的前景造成高度的紧张和压力。为使企业在危机中生存,并将危机所造成的损害降至最低限度,决策者必须在有限的时间限制下,作出关键性决策和具体的危机应对措施。

(二)危机的四个特点

1.必然性和普遍性

危机的必然性是指危机是不可避免的,只要有公共关系就会有公共关系危机。这是因为:

首先,由于人们主观认识的局限性和客观规律的隐蔽性,人们认识规律、驾驭规律的能力必然会存在偏差,所以任何的错误都可能变为现实。

其次,公共关系是一个层次较多的大系统,包括了许多彼此联系的复杂的子系统,是一个多输入、多输出、多干扰的主控系统,不确定因素的复杂性增加了危机产生的必然性。

再次,信息传播是公共关系不可或缺的因素,公共关系过程是一种信息传播过程,更是一种控制过程,从信息论的角度看,就是信源通过信道向信宿传递并引发反馈的过程。信息传递的过程中由于噪音的干扰势必产生失真现象,失真即有误差,误差导致错误,错误导致危机。

最后,任何策划和决策都以信息为基础,而且方案的执行过程也是一个信息传播的过程,信息经过多层系、多渠道、多阶段的传输之后,其失真现象必趋严重,导致系统的稳定性减弱,一旦震荡度加大,危机便接踵而至。

所以任何一个社会组织在它的发展过程中都会遇到性质不同、表现形式各异的危机。1985年,美国莱克西肯传播公司对美主要企业领导人的一项调查表明,89%的领导人认为"企业发生危机如同死亡和税收一样,都是不可避免的"。

2.突发性和渐进性

公共关系危机事件是一种突发性事件,但往往是渐进式形成的。它的发生常常是在意想不到、没有准备的情况下突然爆发的,它是不可预见的或不可完全预见的。由于公共关系大系统是开放的,每时每刻都处在与外界的物质、能量、信息的交换和流动之中。其任何一个薄弱环节都可能因某种偶然因素而致失衡、崩溃,形成危机。它具有突发性特征,也具有不可预测性的特征。从本质上讲,公共关系危机的爆发是一个从量变到质变的过程。危机从其自身发展来说,一般有四个阶段:前兆期—加剧期—处理期—消除期。

(1)前兆期:危机的隐患初露端倪,向组织发出警告。大量事实表明,它是一个转折点,这时危机处在一个不稳定的状态,此时重要的是如何使这种状态向好的方面转化,扼制住它向坏方向转化的可能,化险为夷,转危为安。如果对前兆期的危机信号熟视无睹,它就会膨胀,到一定程度后,就会形成组织公共关系危机的爆发,并迅速蔓延,产生连锁反应,使公众与组织关系突然恶化,使企业措手不及。

(2)加剧期:危机的加剧期已经到来,就不会自行消失。这时,问题暴露,公众投诉,媒介追踪,声誉大降。这个时期,企业或社会公众已较清楚地了解到到底发生了什么事情。有关当事人介入行动,同时安排抢救工作。一旦进入危机加剧阶段,只能使任何控制危机的努力变成对损失程度的控制。

(3)处理期:处理期是危机灾难发展到顶峰的时期,抢救工作进入关键阶段。在此时期,公关机构设立信息中心,按时把抢救工作的最新消息传送给媒介人士。处理期短则一两天,长则持续几个星期或更长时间。在发表各种消息时,一定要坚持"公开事情真相"的原则,以避免新闻媒介和社会公众的猜疑、质询。危机的处理期一般包括调查情况、自我分析、安抚公众、联络媒介等工作。

(4)消除期:消除期是指评估工作开始,抢救工作告一段落。在这一时期,除着手准备详细的调查报告外,主管部门和公关部门都还需要做一些具体的事,妥善处理危机后期工作,安抚人心。同时,依靠公共关系手段消除影响、矫正形象。

3.严重性与建设性

危机事件作为一种公共事件,任何组织在危机中采取的行动和措施失当,都将使企业的品牌形象和企业信誉受到致命打击,甚至危及生存。由此,为了应对各种突发的危机事件,西方现代企业一般都将其纳入管理的内容,形成了独特的危机管理机制。例如,伦敦证券交易所为避免企业危机对股市的冲击,就提出了新规定,要求上市公司必须制订危机管理计划,建立危机管理机制,并要定期提交危机预测分析报告。

危机在本质上或事实上对社会组织产生的破坏性是巨大的,必须尽力防范和阻止。但危机的爆发暴露了组织存在的问题,更是给组织提供了一个检视自我应对风险能力的机会,危机的恰当处理也会带给组织新的收获。从辩证法的角度来看:危机＝危险＋机遇。

公共关系危机爆发之后,组织的公共关系系统处在不稳定的状态中,有效的公共关系工作必定会在原本无序的公关状态中建构更牢固的公共关系大厦,使无序走向有序。认识危机的建设性,才会采取主动姿态,沉着冷静,满怀信心地面对危机,从中寻找和抓住任何可能的机会;认识危机的建设性,才有可能认识到公共关系危机在破坏公共关系良好状态的同时,也为组织建立富有竞争力的声誉,树立组织的形象并且为组织的重大问题的解决创造了机会。

4.紧迫性和关注性

公共关系危机总是在短时间内突然爆发,使组织立刻处于备战状态,要求公关人员第一时间全面掌握事情真相。危机爆发所造成的巨大影响又令人瞩目,它常常会成为社会和舆论关注的焦点和讨论的话题,成为新闻界争相报道的内容,成为竞争对手发现破绽的线索,成为主管部门检查批评的对象。

总之,组织的公共关系危机一旦出现,它就会像一颗突然爆炸的炸弹,在社会中迅速扩散开来,对社会造成严重的冲击;它就会像一根牵动社会的神经,迅速引起社会各界的不同反应,令社会各界密切注意。

二、危机的类型

从不同的角度划分,公共关系危机有以下类型:

1.一般性危机和重大危机

从存在的状态看,公共关系危机可划分为一般性危机和重大危机。

(1)一般性危机。一般性危机主要是指常见的公共关系纠纷。从某种意义上说,公共关系纠纷还算不上真正的危机,它只是公共关系危机的一种信号、暗示和征兆。只要及时处理,做好工作,公共关系纠纷就不会转向公共关系危机,以致造成危机局面。

(2)重大危机。所谓重大危机,主要是指企业的重大工伤事故、重大生产失误、火灾造成的严重损失、突发性的商业危机、大的劳资纠纷等。它是公共关系从业人员面临的必须及时处理的真正危机,如产品或企业的信誉危机、股票交易中的突发性大规模收购等,公关人员必须马上应付处理,最好在平时就有所准备。

2.内部公关危机和外部公关危机

从危机同企业的关系程度以及归咎的对象看,公共关系危机可分为内部公关危机和外部公关危机。

(1)内部公关危机。发生在企业内部的公共关系危机称为内部公关危机。内部公关危机发生在企业之内。或者说这种危机的发生主要是由该企业的成员直接造成的,危机的责任主要由该企业内部的成员承担。

(2)外部公关危机。外部公关危机是与内部公关危机相对而言的,它是指发生在企业外部,影响多数公众利益的一种公关危机。本企业只是受害者之一。

从这一角度具体划分公关危机的类型时,内部和外部是相对的。因为有些公关危机的发生,内部和外部原因都有,所承担的责任大小也相差不多。故对具体公关危机的划分与处理必须具体分析,恰当处理。如,谣言引起的危机;政府政策引起的危机;有关团体或机构公布某些信息而导致的危机;由于恐怖破坏活动引起的危机;涉及法律问题(如打官司)而引起的危机;涉及种族、宗教、文化差异、性别歧视等社会问题而引起的危机;涉及一些有争议的问题而引起的危机;敌意收购带来的企业重组危机;组织的计算机网络被"黑客"袭击而导致的危机;自然灾害或其他不可控因素导致的危机;环保问题引起的危机。

3.有形公关危机和无形公关危机

根据危机给企业带来损失的表现形态看,公共关系危机有两种,即有形公关危机和无形公关危机。

(1)有形公关危机。这种危机给企业带来直接而明显的损失,凭借肉眼即可观测到这些损失,如房屋倒塌、爆炸、商品流转中的交通事故等造成的人员伤亡或财产损失。1989年6月,成都市最大的百货商场成都人民商场被烧毁,造成上亿元损失。成都人民商场遇到的危机就属于有形危机。

(2)无形公关危机。给企业带来的损失表现得不明显的危机,称为无形公关危机。给任何一个企业的形象带来损害的危机,皆属于无形公关危机。如果不采取紧急有效的措施阻止,已受损害的企业形象将使企业蒙受更大的损失。

三、危机的成因

我们要对危机进行预防,就得了解导致危机出现的原因。导致危机事件出现的原因主要有以下几方面:

(1)因难以预测和不可抗拒的外部力量尤其是自然力量造成的危机事件,像洪水、地震、火灾、风暴等会使一个组织毁于一旦,而公众为了自身利益会疏离和逃避该企业。这类事件造成的不良影响易消除,声誉损害也相对较小。

(2)因企业政策失误、行为不当、管理不善导致形象恶化,引起公众反感。这类事件完全是组织的责任,其损害是极其严重的,公关活动的难度较大。组织必须认真检查自己的过失,调整组织的行为,努力弥补所造成的不良影响,重塑自身,以切实的善后处理措施逐步扭转于己不利的处境。

(3)新闻媒体的失实报道和内外人员的不当行为即人为造成的"危机事件"。面对此类危机尤其要冷静处理。造成报道失实的原因是多种多样的,要区别对待。有时尽管直接原因不在组织,但其对组织声誉的损害程度不容忽视。因此,既要努力消除其对组织的不利影响,又要不伤与新闻界的关系,既要澄清事实,又要避免伤了与各方面的和气。处理好危机事件要本着准确预测、防患于未然的原则。一旦出现情况要加强控制,减少损害,及时处理,真诚以待,对事故后果要负责到底,不推诿责任,认真做好善后工作,真实公布处理情况和采取的措施。

第二节 危机管理要素及其核心内容

一、危机管理要素

危机管理是指社会组织通过危机监测、危机预警、危机决策和危机处理，达到避免、减少危机产生的危害，总结危机发生、发展的规律，对危机处理科学化、系统化的一种新型管理体系。危机管理的要素有：

（1）危机监测。危机管理的首要一环是对危机进行监测，在企业顺利发展时期，企业就应该有强烈的危机意识和危机应变的心理准备，建立一套危机管理机制，对危机进行检测。越是风平浪静的时刻，企业越应该重视危机监测，在平静的背后往往隐藏着杀机。

（2）危机预警。许多危机在爆发之前都会出现某些征兆，危机管理关注的不仅是危机爆发后各种危害的处理，而且要建立危机警戒线。企业在危机到来之前，把一些可以避免的危机消灭在萌芽之中，对于另一些不可避免的危机通过预警系统能够及时得到解决。这样，企业才能从容不迫地应对危机带来的挑战，把企业的损失降到最低。

（3）危机决策。企业在调查的基础上制定正确的危机决策。决策要根据危机产生的来龙去脉，对几种可行方案的优缺点进行比较后，选择出最佳方案。方案定位要准、推行要迅速。

（4）危机处理。第一，企业确认危机。确认危机包括将危机归类、收集与危机相关信息、确认危机程度以及找出危机产生的原因，辨认危机影响的范围和影响的程度及后果。第二，控制危机。控制危机需要根据确认的某种危机后，遏止危机的扩散使其不影响其他事物，紧急控制如同救火般刻不容缓。第三，处理危机。在处理危机中，关键的是速度。企业能够及时、有效地将危机决策运用到实际中化解危机，可以避免危机给企业造成的损失。

二、危机管理的核心内容

危机管理的内容众多，从最根本的角度分析，其核心内容：一是告诉公众与相关利益各方危机的真相；二是控制和弥补由于危机事件造成的公众和相关利益各方的损失。前者告诉危机相关方"是什么"以满足利益各方的知情权；后者表明政府组织正在"做什么"以实际行动控制事态，挽回损失。形象地说，前者是"笔杆子"问题，后者是"枪杆子"问题。

（1）基于以上判断，我们将危机管理的核心内容作图，如图 8-1 所示。

公共关系:理论、实务与案例

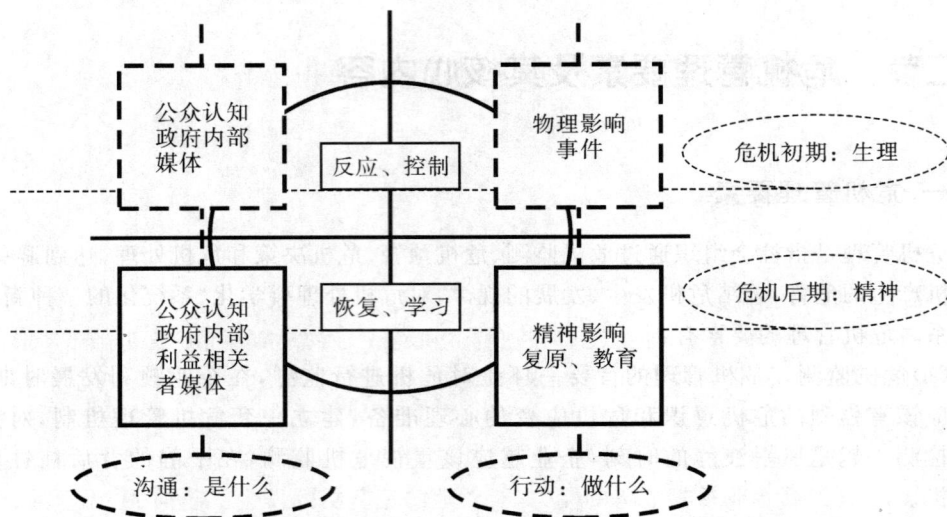

图 8-1　危机管理的核心内容

在该图中,左边两个象限代表危机管理的沟通活动,而右边两个象限表示危机管理的行为构成。上面两个象限反映的是开始清理危机事件的初期阶段,以生理上可见的影响为主;而下面的两个象限反映的是恢复管理时期,在该阶段精神影响更加突出。

(2)危机管理中两大核心内容逐步走上规范化法制化轨道

目前,除国家的总体应急预案外,重庆、海南、河南、广西、云南、新疆、湖南、青海等省、自治区、市的政府部门已经发布了自己辖区的《应急预案》。

①沟通:2006 年 1 月 8 日颁布实施的《国家突发公共事件总体应急预案》明确规定:3.2.1 信息报告:特别重大或者重大突发公共事件发生后,各地区、各部门要立即报告,最迟不得超过 4 小时,同时通报有关地区和部门。应急处置过程中,要及时续报有关情况。3.4 信息发布:突发公共事件的信息发布应当及时、准确、客观、全面。事件发生的第一时间要向社会发布简要信息,随后发布初步核实情况、政府应对措施和公众防范措施等,并根据事件处置情况做好后续发布工作。信息发布形式主要包括授权发布、散发新闻稿、组织报道、接受记者采访、举行新闻发布会等。

而各地出台的《应急预案》,也关注对公民权利的保护。比如,为确保重大突发公共事件发生后公众的知情权,北京市的《应急预案》要求,承担突发公共事件处置的主责单位应指派专人负责新闻报道工作,及时、准确地报道突发公共事件信息。

②行动:为最大限度地减少突发公共事件造成的人员伤亡、财物损失以及环境破坏等,广西的《应急预案》建立了多方面相应的应急保障措施。而海南省在其《应急预案》中则强化了以人为本、依法规范、属地管理、资源整合、预防为主、比例原则、补偿原则、救济原则这八大工作原则。

第三节　危机管理流程及危机应对原则

一、危机管理的三段流程

(一)危机前管理

1. 思想上树立危机意识

"生于忧患,死于安乐"。如果没有强烈的危机意识,所有的危机预警机制都是形同虚设。美国微软公司提出"微软公司距离破产只有十个月";张瑞敏的"我每天的心情都是如履薄冰,如临深渊";小天鹅公司实行"末日管理",目的就在于让企业内部从高层管理者到低层员工都意识到他们时刻面临着潜在危机。将危机意识融入企业文化之中,时刻强化危机意识,能够提高企业抵御危机的能力,有效地防范危机的发生。超前的、无形的、全面的危机意识才是企业危机防范中最坚固的防线。

2. 建立完善的危机预防监测系统

预防危机必须建立高度灵敏的信息检测系统,随时搜集各方信息资源,及时反馈信息,若有问题出现应在第一时间捕捉,并把隐患消灭在萌芽状态。

3. 强化公共关系

随着社会传播网络的日益健全和企业经营、市场的扩大化,企业的生存和发展很大程度上依赖于它所面临的环境,以及企业与环境间的公共关系,此时,媒体往往发挥着关键作用。企业要乐意与媒体打交道,常言道"四海媒体皆是客",企业应该多建立一些媒体关系,保持与媒体沟通,当企业危机在萌芽阶段时就可运筹帷幄,从容应对,防患于未然。

4. 提高企业社会责任感,树立诚信形象

诚信是一个企业持续发展的源泉,忧患意识的培养源自开发开放与负责的企业文化,任何欺诈行为只能对企业造成致命的伤害。树立诚信的企业形象,需要通过企业提高自身社会责任感来实现。危机公关是对危机已经出现苗头后的弥补,而提高企业社会责任感才是医治之本。

在危机处理时,需要企业了解大众、倾听大众,与媒体和公众进行坦诚的沟通,切实把消费者的利益放在首位。在危机处理前,预防危机时就更应该以诚相待,取信于民,这才是"安内攘外,实为一体"的根基,才能保证企业的产品和服务的高质量,从根本上减少危机发生的概率。

(二)危机中管理

1. 确认危机

(1)搜寻信息——现状:信息管理系统落后。信息管理系统对突发事件的处理起着非常重要的作用:一是为决策者提供及时和准确的信息;二是为民众传递适当的信息,避免民众情绪失控,促进民众沟通。目前,我国发生灾害及各类突发事件时,都是以部门为单位逐级汇报,缺乏快捷、有效的沟通渠道。信息量并不是不够大,也不一定不及时,最大的问题在于信息分散和部门垄断,无法在危难时刻统一调集、迅速汇总。对策:公共治理结构的优化。

(2)分析信息。

(3)确认问题的性质。

2.危机的控制与解决

(1)取舍原则——①判断危机的主要影响利益方；②始终把对人的影响放在首位；③简单地评估(三标准：事情的严重性、紧迫性、未来的发展趋势)。

(2)启动"防火墙"(政策决策与执行)——①启用危机管理机构；②决定主要人物的介入程度；③保证组织内其他部门正常运转。

(3)沟通媒体。

(三)危机后管理

(1)危机善后处理——①恢复重建；②受灾人员安排。

(2)危中寻机。

(3)独立调查制度。

(4)危机后的组织变革——①观念更新；②制度完善；③机构建设。

二、危机管理的三项基本活动

(一)危机决策分析

1.危机决策的界定

决策是指当组织遇到某种紧急情况时，为了不错失良机，在有限的时间、信息、人力资源等约束条件下，打破常规，以最快的速度采取应对措施。危机决策是在一种极不确定状态下进行的决策，其面临的决策问题和决策背景具有较大的特殊性——这种特殊性表现在：第一，问题的发生、发展具有突然性、急剧性和极不确定性，需要决策者当机立断；第二，可供决策者利用的时间和信息等资源非常有限；第三，事态发展可能会危及决策者的根本利益，且后果很难预料——因此，与常规决策相比，危机决策在目标取向(控制危机、相对完美方案)、约束条件(时间、信息、技术、人力)、决策程序(集权与民主、研究型与快速型)、决策效果(可预期与不可预期)等方面都存在重大差异。

2.危机决策的约束条件

危机状态下的各种约束条件主要包括以下内容：第一，时间紧迫；第二，信息有限；第三，人力资源紧缺；第四，技术支持系统缺失。

由于以上种种约束条件的限制，在危机状态下进行决策，决策者不可能完全遵循标准化的操作流程，许多问题必须用"现裁现做"的方式快速处理，因此，决策流程也必须在不损害决策合理性的前提下，省去某些"繁文缛节"，适当简化程序，甚至可以非程序化到使它们表现为新颖、无结构、具有不寻常影响的程度。简单而言，可将危机决策流程划分为危机决策的问题界定、目标设立、方案规划与选择以及绩效评估等几个环节。因此，在危机决策中，危机决策者必须具有创新精神，敢于打破常规，进行快速决策。

3.危机决策三要素

(1)问题确认：准确判断危机问题性质；(2)目标排序：排出决策目标的优先顺序，缩短选择时间，避免"布里丹选择"；(3)方案选择：实现权力与知识良好联姻，打开思维空间，避免"霍布森选择"。

(二)媒体应对活动

1.媒体运行逻辑

(1)媒体特点:新闻必须真实,言论可以适当自由;

(2)媒体何以能生存:新闻吸引公众——人数决定广告——广告决定媒体;

(3)媒体的角色:信息的过滤器、社会环境的监视者、社会心理状态的指示器。

2.媒体的社会功能:监控环境、教育引导、协调整合、文化娱乐。

3.流言传播的法则:R(流布量、强度)$=I$(重要度)$\times A$(暧昧度)

(1)I(重要度):指事件对人们的影响力(与公众的利益相关);

(2)A(暧昧度):指权威信息不足(与组织相关);

(3)重要度与暧昧度以乘积的方式出现,即不管是多么重要的主题,只要暧昧度是 0,流言就不会产生;反之,不管是多么暧昧的信息,如果主题的重要度是 0 的话,同样也不会生成流言。

4.危机管理中的媒体对策

(1)危机潜伏期:危机信息源,危机意识宣传员,良好的媒体关系建构,准备新闻稿,培训危机应对人员(新闻发言人、接线员、危机部门人员、一般员工)。

(2)危机爆发期:第一,时间第一,"说真话,立刻说",掌握对外发布信息的主动权;第二,言行一致,确立信息沟通的可信度和权威性;第三,明确危机事务发言人及规范的信息发布渠道,危机发言人必须与最高决策层有直接沟通,本人有权参与决策;第四,恰当处理和"敌对"媒体的关系,尽量避免与媒体对峙的态度,少用"无可奉告"之类的外交辞令。第五,与媒体合作,及时动态沟通,将组织应对危机的积极主动行为及出台的有关政策告知公众,借此获取公众支持。

(3)危机恢复重建期:邀请专家进行理性分析,多侧面、多层次分析,引导教育社会公众;发动组织内部员工和外部利益公众发表正面言论,引导社会舆论的方向,重塑政府良好形象。

5.媒体应对需依"三不政策"

(1)正视问题,不学"非洲鸵鸟"

在现代社会里,人们对组织的社会责任提出了更高的期望。倘若一个组织在发生危机事件时,不能与公众进行沟通,不向公众表明态度,只能招致外界的更大反感,只会损失更多。所以当危机爆发的时候,政府必须在最短时间作出最快的反应,才能掌握主动权。如果政府不主动去填补信息真空,在互联网时代,流言和小道消息就会泛滥,不利的舆论会给政府带来更大的损害。

(2)开诚布公,不可去"挤牙膏"

对大多数政府部门或官员来说,危机发生时他们不会当"鸵鸟",他们多多少少会向外说明,只可惜,大家大都不是开诚布公,一股脑儿地勇敢承认自己的一切错误,而是被动地、像"挤牙膏"似的,每次一点一点地应付外界的质询与诘问,使人们更产生恐惧与怀疑,给政府的公信力带来致命打击,甚至消亡。人非圣贤,孰能无过?在危机事件发生后,政府如有诚意,敢于向公众提供外界还不知的信息,并彻底负责,而不是"挤牙膏"式的应付,就会在最大限度上得到社会公众的原谅。人们感兴趣的往往并不是事情本身,而是政府对事情的态度。

（3）一个声音，不能"七嘴八舌"

中国有句古话叫"三人成虎"，讲的就是人多嘴杂的可怕。在现实生活中，由一人说出的话，经过多人传播后都会变了样，更何况话从多人口出。所以，当政府在危机中要对外说话时，必须先明确怎么去说、谁来说、跟谁说，内部要确定统一的发言人，如果正职领导这样表态，副职领导又是那样表态，危机一线工作人员再来表个态，那么事情只会越弄越糟。因为危机的不确定性，紧急关头，组织内部的人员很难立刻对危机达成共识。所以，越是危机时刻，越要首先明确政府中谁是组织对外发布信息的唯一出口，由这个人在第一时间传递出最适当的信息。

（三）网络建构

1. 当代社会管理主体多元化的现实要求政府在危机管理中构建综合治理网络

社会管理主体多元化分析主要采用连续统一分析方法，如图 8-2 所示。

社会管理主体多元化分析

政府——准行政组织——事业组织——公益组织——社会中介组织——企业

（公域）　　　　　　　　　　　　　　　　　　　　　　　　（私域）

社会公共组织

（第三域）

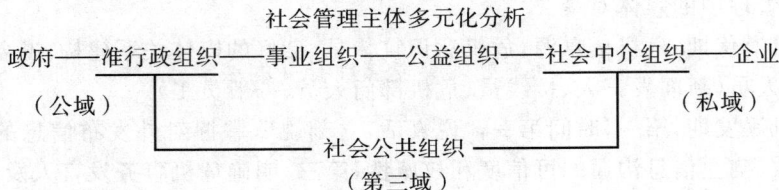

图 8-2　连续统一分析方法图示

（1）一方面，随着世界各国普遍进行的公共管理改革进程，有限政府模型成为中国政府改革理论的指导。另一方面，在实践中，政府越来越觉得力不从心，而社会当中其他组织又逐渐地成长起来，政府为了更好地管理社会事务，必然要寻求帮手。这样，现实的需求与理论的研究，都表明当代社会管理主体多元化成为时代主题，必然地，在公共危机管理中，政府需要谋求与非政府组织的合作。

（2）第三域中相关组织

①准行政组织。准行政组织是在政府管理改革过程中从政府分离出来而又行使一定的行政职能的组织，包括工青妇联、某些行业协会等。

②事业组织获得国家在政策上和财政上给予的大力扶持，包括从事科技、教育、文化、卫生、体育、广播、电视、出版等各项事业活动的组织（俗称：科教文卫组织）。

③公益组织的突出特征在于它的非营利性、志愿性和为实现社会的某些公共目的的奉献精神。慈善机构、志愿者团体、社会救济组织、义务工作者联合会及某些环保组织等属于此类。

④社会中介组织的显著特点是它不能获得政府的财力支持，而只能以自身的服务收入而独立生存，如行业协会、商会、公证和仲裁机构、各种事务所、咨询公司、广告公司、拍卖行、各种介绍所以及学会、基金会等。

（3）建构政府主导的控制系统，搭建政府、非政府组织、媒体与公众之间的良性互动合作平台，如图 8-3 所示。

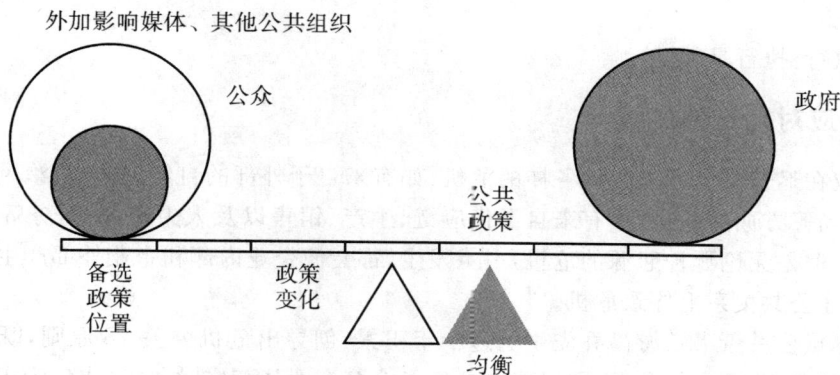

图 8-3　政府、媒体、公众互动平台

(四)法案完善

1. 现状:缺少处理重大突发事件的基本法律

此前我国已经颁布了一系列与处理突发事件有关的法律、法规,例如应对骚乱的《戒严法》,应对自然灾害的《防震减灾法》、《防洪法》等,应对安全生产事故的《安全生产法》等、应对公共卫生的《传染病防治法》等。各地方根据这些法律、法规,又颁布了适用于本行政区域的地方立法。

但是仅仅针对不同类型的突发事件分别立法,相对分散、不够统一,难免出现法律规范之间的冲突。而且各部门都针对自己所负责的事项立法,"各扫门前雪",缺乏沟通和协作。同时,受地方保护主义的影响,一些地方立法"以邻为壑",大大削弱了处理突发事件的协作与合力。

2. 对策:完善危机应急法案

自非典疫情发生后,我国政府针对各种突发公共事件的应急预案编制工作就开始了全面提速。

2005 年 1 月 26 日,温家宝总理主持召开国务院常务会议,听取国家突发公共事件应急预案编制工作汇报,审议并原则通过了《国家突发公共事件总体应急预案》。这标志着中国已初步建立了突发公共事件应急预案框架体系。

2005 年"两会"召开前夕,受温家宝总理委托,国务委员兼国务院秘书长华建敏向十届全国人大常委会第十四次会议报告:突发公共事件应急预案编制工作已基本完成,全国应急预案框架体系初步建立。

华建敏在报告中指出,按照不同的责任主体,预案体系设计为国家总体应急预案、专项应急预案、部门应急预案、地方应急预案、企事业单位应急预案 5 个层次。目前已完成的国家总体应急预案、25 件专项应急预案、80 件部门应急预案,基本覆盖了我国经常发生的突发公共事件的主要方面。此外,我国省级突发公共事件总体应急预案的编制工作也已完成,许多市、区(县)也制定了应急预案。专家建议,下一步一定要抓好社区、农村、重点企事业单位应急预案的编制工作,从而最终形成一个"横向到边、纵向到底"的预案体系。

除预案之外,《突发事件与紧急状态处置法(草案)》也已列入十届全国人大常委会立法规划。

3.执行：执行是关键

三、应对危机的原则

企业在运营中会遇到各种各样的危机，如有来自于外部的自然灾害、政治风波、法律、媒体、市场等方面的危机，也有来自于供应链、生产、销售以及人力资源、财务等各个环节的危机。但是无论哪种起源的危机，一旦发生，都会使企业内部和企业外部产生恐惧和怀疑，在企业公共关系上导致危机。

关键点公关董事长游昌乔先生通过十年积累，创导出危机公关5S原则，既填补了我国危机管理理论研究的空白，同时成功帮助了众多企业从容应对危机，化危为机。

（一）承担责任原则

北风对人们称赞太阳是万物之灵一直愤愤不平，认为他自己才是这世界上最厉害的。于是北风向太阳挑战：谁能使得行人脱下外衣，谁就是强者。比赛开始后，北风使出浑身解数，刺骨的寒风使行人紧紧裹住自己的衣服。风刮得越猛，行人衣服裹得越紧。最后北风不得不承认失败。而太阳却把温和的阳光洒向行人，行人慢慢地热起来，脱掉了外衣——行人的外衣就是公众对企业的防卫心理，而北风和太阳则是企业使用的不同手段。记住：温暖的太阳比凛冽的北风更能使公众脱下防卫的外衣。

危机发生后，公众会关心两方面的问题：一方面是利益的问题，利益是公众关注的焦点，因此无论谁是谁非，企业都应该承担责任。即使受害者在事故发生中有一定责任，企业也不应首先追究其责任，否则会各执己见，加深矛盾，引起公众的反感，不利于问题的解决。另一方面是情感问题，公众很在意企业是否在意自己的感受，因此企业应该站在受害者的立场上表示同情和安慰，并通过新闻媒介向公众致歉，解决深层次的心理、情感关系问题，从而赢得公众的理解和信任。

实际上，公众和媒体往往在心目中已经有了一杆秤，对企业有了心理上的预期，即企业应该怎样处理我才会感到满意。因此企业绝对不能选择对抗，企业的态度至关重要。

"泰诺"是强生公司生产的用于治疗头痛的止痛胶囊。作为强生公司主打产品之一，其年销售额达4.5亿美元。

在20世纪80年代，强生公司曾面临一场生死存亡的"中毒事件"危机：1982年9月29日至30日，芝加哥地区有人因服用"泰诺"止痛胶囊而死于氰中毒，开始是死亡3人，后增至7人，随后又传说在美国各地有25人因氰中毒死亡或致病。后来，这一数字增至2 000人（实际死亡人数为7人）。一时间舆论哗然。"泰诺"胶囊的消费者十分恐慌，94%的服药者表示绝不再服用此药，医院、药店纷纷拒绝销售"泰诺"。

面对这一危急局面，以公司董事长为首的七人危机管理委员会果断地砍出了"四板斧"，这四板斧环环相扣，命中要害。

第一板斧：立即在全国范围内收回全部"泰诺"止痛胶囊，价值近1亿美元。并投入50万美元利用各种渠道通知医院、诊所、药店、医生停止销售。

第二板斧：以真诚和开放的态度与新闻媒介沟通，迅速地传播各种真实消息，无论是对企业有利的消息，还是不利的消息。

第三板斧：积极配合美国医药管理局的调查，在五天时间内对全国收回的胶囊进行抽检，并向公众公布检查结果。

第四板斧：为"泰诺"止痛药设计防污染的新式包装，以美国政府发布新的药品包装规定为契机，重返市场。1982 年 11 月 11 日，强生公司举行大规模的记者招待会。会议由公司董事长伯克亲自主持。在此次会议上，他首先感谢新闻界公正地对待"泰诺"事件，然后介绍该公司率先实施的"药品安全包装新规定"，推出"泰诺"止痛胶囊防污染新包装，并现场播放了新包装药品生产过程录像。美国各电视网、地方电视台、电台和报刊就"泰诺"胶囊重返市场的消息进行了广泛报道。

事实上，在中毒事件中回收的 800 万粒胶囊，事后查明只有 75 粒受到了氰化物的污染，而且是人为破坏。公司虽然为回收付出了一亿美元的代价，但其毅然回收的决策表明了强生公司在坚守自己的信条：公众和顾客的利益第一。这一决策受到舆论的广泛赞扬，《华尔街周刊》评论说："强生公司为了不使任何人再遇危险，宁可自己承担巨大的损失。"

正是由于强生公司在"泰诺"事件发生后采取了一系列有条不紊的危机公关，从而赢得了公众和舆论的支持与理解。在一年的时间内，"泰诺"止痛药又占据了市场的领先地位，再次赢得了公众的信任，树立了强生公司为社会和公众负责的企业形象。

由于其出色的危机管理，强生公司获得了美国公关协会授予的最高奖——银砧奖。

（二）真诚沟通原则

一天，鸟的王国举行盛大舞会。一只母鸡觉得自己长相难看，于是去偷了一些孔雀的羽毛，小心翼翼地粘在自己身上。果然当晚她大出风头。但正当她兴高采烈地跳舞时，身上粘的羽毛接二连三地掉了下来。母鸡看见自己原形毕露，在众鸟嘲弄和鄙视的目光中落荒而逃。

企业处于危机旋涡中时，是公众和媒体的焦点，一举一动都将受到质疑，因此千万不要有侥幸心理，企图蒙混过关。而应该主动与新闻媒体联系，尽快与公众沟通，说明事情真相，促使双方互相理解，消除疑虑与不安。

真诚沟通是处理危机的基本原则之一。这里的真诚指"三诚"，即诚意、诚恳、诚实。如果做到了这"三诚"，则一切问题都可迎刃而解。

（1）诚意。在事件发生后的第一时间，公司的高层应向公众说明情况，并致以歉意，从而体现企业勇于承担责任、对消费者负责的企业文化，赢得消费者的同情和理解。

（2）诚恳。一切以消费者的利益为重，不回避问题和错误，及时与媒体和公众沟通，向消费者说明问题处理的进展情况，重获消费者的信任和尊重。

（3）诚实。诚实是危机处理最关键也最有效的解决办法。我们会原谅一个人的错误，但不会原谅一个人说谎。

1973 年 8 月，英国的《新国际主义者》发布一份报告称，"据统计资料表明，只有 2% 的母亲由于生理原因不能哺育，只有不到 6% 的母亲是因为不在家而不能哺育。这些食品公司为了商业利益而片面宣传其产品对母乳的替代作用，发展中国家由于相信了这些宣传，导致每年有 1 000 万婴儿因非母乳喂养而带来营养不良、疾病或死亡"。由此引发了抵制雀巢产品的世界性运动，这场抵制运动以"维护母乳喂养"为主旨，反对以雀巢公司为代表的世界食品工业企业不负责任地在发展中国家大量倾销婴儿食品。

雀巢公司的决策者采取了对抗的方式，将该文作者告上法庭。结果被告因没有足够的证据支撑其"雀巢公司是婴儿杀手"的观点而败诉。但是令雀巢始料不及的是，虽然赢得了官司，却失去了媒体和公众的信任，引起了抵制运动的全面爆发。美国新闻记者米尔顿·莫斯科维兹甚至称"抵制雀巢产品运动"是"有史以来人们向大型跨国公司发起的一场最为激烈和最动感情的战斗"。

直到 1980 年末，雀巢公司才意识到具有对抗性的法律手段并不能解决所有的问题，于是重金聘请世界著名的公关专家帕根为公关顾问。帕根把工作重点放在抵制情绪最严重的美国，专心听取社会批评，开展游说活动，还成立了权威性的听政委员会，审查雀巢的经销行为，并调整产品推广方案，在广告上加入了母乳喂养的好处等营养学常识，在华盛顿还成立了雀巢营养学协调中心，要求各地经销商注意平衡市场推广和营养常识普及的宣传力度。这一系列的举措逐步挽回了雀巢的信誉。

这场长达十年的抵制运动让雀巢付出了沉重的代价，仅婴儿乳制品一项的直接损失就达 4 000 万美元之巨。

（三）速度第一原则

公牛被老鼠咬了一口，非常疼痛。它一心想捉住老鼠，老鼠却早就安全地逃回到鼠洞中。公牛便用角去撞那面墙，搞得筋疲力尽，躺倒在洞边睡着了。老鼠偷偷地爬出洞口看了看，又轻轻地爬到公牛的肋部，再咬它一口，赶忙又逃回到洞里。公牛醒来后，伤痕累累，却无计可施。老鼠却对着洞外说："大人物不一定都能胜利，有些时候，微小低贱的东西更利害些。"公牛虽然强大，却因行动迟缓而饱受老鼠的折磨。危机应对同样如此，如果你没有极快的反应速度，即使你实力再强，也会招致灾难。

好事不出门，坏事行千里。在危机出现的最初 12~24 小时内，消息会像病毒一样，以裂变方式高速传播。而这时候，可靠的消息往往不多，充斥着谣言和猜测。公司的一举一动将是外界评判公司如何处理这次危机的主要根据。媒体、公众及政府都密切注视公司发出的第一份声明。对于公司在处理危机方面的做法和立场，舆论赞成与否往往都会立刻见于传媒报道。

因此公司必须当机立断、快速反应、果决行动，与媒体和公众进行沟通，从而迅速控制事态，否则会扩大突发危机的范围，甚至可能失去对全局的控制。危机发生后，能否首先控制住事态，使其不扩大、不升级、不蔓延，是处理危机的关键。

1993 年 7 月，美国百事可乐公司突然陷入一场灾难。美国的各个角落都在传说，在罐装百事可乐内接连出现了注射器和针头，甚至有人活灵活现地描述针头如何刺破了消费者的嘴唇。在艾滋病蔓延的美国，人们立刻把此事与艾滋病联系起来。一时间，许多超级市场纷纷把百事可乐从货架上撤走。

百事可乐公司及时、迅速、果断地推出了一系列措施，一方面通过新闻界向投诉的消费者道歉，并感谢他们对百事可乐的信任，还给予其一笔可观的奖金以示安慰，并邀请其到生产线上参观，使其确信百事可乐质量可靠。另一方面百事可乐公司不惜代价买下美国所有电视、广播公司的黄金时间和非黄金时间反复进行辟谣宣传，并播放百事可乐罐装生产线和生产流程录像，使人们看到饮料注入之前，空罐个个口朝下、经过高温蒸汽和热水冲击消毒后便立即注入百事可乐饮料，随即封口，整个过程在数秒钟之内完成，使消费者认识到任何雇员要在数秒钟之内将注射器和针头置于罐中都是不可能的。

随后百事可乐公司通过与美国食品与药物管理局密切合作,由该局出面揭穿这是一起诈骗案,政府部门主管官员和公司领导人共同出现在电视荧屏上澄清事实。

由于百事可乐公司及时地把真相告知公众,其声誉很快地得到恢复,公众对其产品也就更加信赖,百事可乐不仅没有在危机中毁灭,相反在危机中更得到了提升。

（四）系统运行原则

一只鹿被猎狗追赶得,慌不择路地跑进一个农家院子,恐惧不安地混在牛群里躲藏起来。一头牛好意地告诫它说:"在我们这里,当然你能躲过猎狗。但你在这里不一定是安全的。因为如果有人经过这里,你就等于是自投罗网。"这时,主人进来了,一边埋怨牛饲料分配得不好,一边走到草架旁大声说:"怎么搞的,只有这么一点点草料? 牛栏垫的草也不够一半。"当他在牛栏里走来走去检查草料时,发现露出在草料上面的鹿角,于是把鹿杀掉了。

这个故事告诉我们,在逃避一种危险时,不要忽视另一种危险。在进行危机管理时必须系统运作,绝不可顾此失彼。只有这样才能透过表面现象看到本质,创造性地解决问题,化害为利。

危机的系统运作主要是做好以下几点:

1.以冷对热、以静制动

危机会使人处于焦躁或恐惧之中。所以企业高层应以"冷"对"热"、以"静"制"动",镇定自若,以减轻企业员工的心理压力。

2.统一观点,稳住阵脚

在企业内部迅速统一观点,对危机有清醒认识,从而稳住阵脚,万众一心,同仇敌忾。

3.组建班子,专项负责

一般情况下,危机公关小组的组成由企业的公关部成员和企业涉及危机的高层领导直接组成。这一方面是高效率的保证;另一方面是对外口径一致的保证,使公众对企业处理危机的诚意感到可以信赖。

4.果断决策,迅速实施

由于危机瞬息万变,在危机决策时效性要求和信息匮乏条件下,任何模糊的决策都会产生严重的后果。所以必须最大限度地集中决策使用资源,迅速作出决策,系统部署,付诸实施。

5.合纵连横,借助外力

当危机来临,应和政府部门、行业协会、同行企业及新闻媒体充分配合,联手对付危机,在"众人拾柴火焰高"的同时,增强公信力、影响力。

6.循序渐进,标本兼治

要真正彻底地消除危机,需要在控制事态后,及时准确地找到危机的症结,对症下药,谋求治"本"。如果仅仅停留在治标阶段,就会前功尽弃,甚至引发新的危机。

（五）权威证实原则

狮子听说人类叫他森林之王,非常得意。于是决定去验证一下自己在森林中的威信。狮子遇见了一只猴子,于是大声问道:"我是森林之王吗?"猴子吓得魂飞魄散,连连称是。接着狮子遇见了一只狐狸,又大声问道:"我是森林之王吗?"狐狸早已吓得屁滚尿流,一个劲儿地说:"如果你不是森林之王,那还会是谁呢?"

狮子更加骄傲起来,觉得普天之下莫非王土了。这时迎面走过来一头大象,狮子气势汹汹地问道:"森林之王是谁?"

大象没有答话,而是伸出长鼻子,把狮子卷起来,重重地摔了出去。

自己称赞自己是没用的,没有权威的认可只会徒留笑柄。

在危机发生后,企业不要自己整天拿着高音喇叭叫冤,而要"曲线救国",请重量级的第三者在台前说话,使消费者解除对自己的警戒心理,重获他们的信任。

1983 年,英国利维兄弟公司推出宝莹牌新型超浓缩加酶全自动洗衣粉,并迅速取得成功,市场占有率一度上升到了 50%。但不久报纸和电视纷纷报道这种新型洗衣粉会导致皮肤病,结果,该洗衣粉的市场份额骤降。

在危机发生后,利维兄弟公司没有自己去辩解,而是采取了两方面的措施:

(1)由消费者实话实说。公司开展了一个公关活动,在电视、报纸以及宣传单上,由不同的家庭妇女担任广告的主角,对产品大加赞誉,称"已有 500 万家庭妇女认为新型的宝莹牌全自动洗衣粉是当今最好的洗衣粉"。

(2)由权威专家实话实说,公司安排皮肤病专家进行独立实验,结果表明,"0.01%的皮肤病患者可能有与使用新型宝莹牌全自动洗衣粉有关","与其他同类产品相比,它的这种百分比要小得多"。

通过消费者的肯定和权威专家的鉴定,宝莹洗衣粉很快收复了失地。

第四节　危机后的形象重塑

一、组织形象的维护、修补与再造

危机对任何组织都是一场严峻的考验。有时,危机对一个素质良好的组织来说是一个塑造组织形象的机会,但是对大多数经历危机的组织来说,不管是否有能力解决危机,其组织形象都会不同程度地受到损害。正如组织形象的树立过程是一个长期的过程,组织形象的损害也是一种潜在的长期损害,其不利影响会在今后组织的生产经营活动中日益体现出来。因此,在恢复时期,公共关系人员应该在如何重建组织形象上多下工夫,他们应该牢记:只有当组织的形象重新得到建立,组织才能转危为安。一旦组织发生了危机,就会失去公众的信任,使组织原先的顺意公众变成逆意公众。同时组织也会失去长期以来经过艰辛努力所建立的良好公关环境和获得的产品市场份额,导致组织美誉度及经济效益下降。因此,如何挽狂澜于既倒并重塑形象是组织面临的主要问题。

(一)树立重建组织良好形象的强烈意识

在危机处理中,组织除了平时要有强烈的公关意识外,还必须树立强烈的重建良好公关形象的意识。要有重整旗鼓的勇气和再造辉煌的决心,而不能破罐子破摔。须知,只有当组织的公关形象重新得到建立,组织才能谈得上进入了良好的公共关系状态。

(二)重建组织形象的目标

组织在恢复形象的过程中,可以根据调查的结果来策划重建组织形象的方法。如果是组织的美誉度受到损害,则组织可以采取提高产品和服务质量的方式进行形象的重建;如果是因为组织与媒体的关系导致的危机,可以采取不断与媒体进行沟通的方式进行形象的重建。

重建组织形象的目标,具体来说分为四个方面:第一,使组织公关危机事件的受害者或其家属得到最大的安慰;第二,使利益受损者重新获得作为支持者的信心;第三,使观望怀疑者重新成为真诚的合作伙伴;第四,更多地获得事业上新的关心者和支持者。

(三)采取建立良好形象的有效措施

组织在确立了重建形象的目标之后,关键是如何采取有效措施,这些措施包括对内和对外两个方面。

对组织内部,一是要以诚实和坦率的态度来安排各种交流活动,以形成组织与员工之间的上情下达、下情上达的双向交流,保证信息畅通无阻;增强组织管理的透明度和员工对组织的信任感;二是要以积极主动的态度,动员组织全体员工参与决策,制订组织在新的环境中的发展计划,让员工形成乌云已经散去、曙光就在前头的新感受;三是进一步完善组织管理的各项制度和措施,有效地规范组织行为。

对组织外部,一是要同平时与组织息息相关的公众保持联络,及时告诉他们危机后的新局面和新进展;二是要针对组织公关形象的受损内容与程度,重点开展某些有益于弥补形象缺损、恢复公关形象的公共关系活动,与广大公众全面沟通;三是要设法提高组织的美誉度,争取拿出一些过硬的服务项目和产品在社会上公开亮相,从根本上改变公众对组织的不良印象。

二、总结经验教训,完善危机管理预警方案(以企业为例)

危机预警已成为一个广受关注的研究课题,不少学者对此领域进行了广泛的研究,并取得了一定的成果。企业危机预警最早的研究只是着眼于企业危机的一个部分——财务危机,而最早运用多变量分析法探讨公司财务危机预警问题的是 20 世纪 60 年代的美国学者阿特曼,他的 Z-score 模型运用多变量建立多元线性函数公式,即选取多个财务指标,给每个指标赋予相应权重,加权平均产生判别值 Z 值,根据 Z 值来预测财务危机。这种思路是非常值得我们借鉴的。国内近几年的研究中,朱怀意等人(2002)以核心能力战略危机为研究对象,将人工神经系统引入了危机预警系统。任华和徐绪松(2003)认为预警系统主要包括资料搜集、对数据的分析和判断以及对警情通报等三个方面的内容,并构建了危机预警指标体系、引用了模糊优先原理和 BP 神经网络。刘恒江和陈继祥(2003)结合企业环境构建了危机预警机制。何杰和丁智慧(2005)指出了企业危机的几个征兆,并为建立危机预警机制提供了一些建议。其他很多学者也进行了类似的研究。

综上所述,危机预警的研究现状可以总结为两类:(1)在定量研究方面,研究者选择预警指标,赋予每个指标权重,进行加权平均,以最终的数值反映危机程度。(2)在定性研究方面,研究者阐述了危机前的某些征兆,然后给出一些预防建议。这些学者为危机预警研究都作了一定的贡献,同时也存在一些不足:(1)在危机征兆分析方法上,割裂了定性分析和定量分析,影响了预测结果的准确性。需要采用定性与定量相结合的研究方法,这样才能准确地作出反应,预防危机。(2)危机预警指标的选择不能灵敏、准确地反映企业的危机征兆；指标体系的计算比较烦琐，难以实施。指标体系的建立要具有针对性和覆盖性，不能片面地反映某一方面。

（一）预警指标体系的建立

预警指标体系是指把各项预警指标组织起来，形成一定的系统，共同反映企业的危机状态。预警指标体系的建立关键在于预警指标的选择。预警指标要具有灵敏性、概括性，才能使指标体系正确、迅速、全面地反映企业各个方面的危机隐患。从指标的变动情况可以推断企业是否处于危机状态。关于预警指标，一些学者已作过一些研究。张志强（1999）将反映企业核心竞争力危机状态的指标归纳为三大类：企业生存能力指标、企业发展能力指标、外部环境和转化能力指标。此观点得到了陈晓东（2001）的认同。我们认为，在处于经济转型时代的今天，企业变革能力尤为重要。变革能力更强调内外环境的动态性对危机的促成作用。因此，我们认为企业危机预警指标应该从企业生存能力、发展能力和变革能力三方面来考虑。我们将预警指标划分为三个层级，以便于理解和实施。具体如表 8-1 所示。

表 8-1　企业危机预警指标

一级指标	二级指标	三级指标	指标获得途径
企业生存能力	财务状况	投资收益率	利润总额/投资总额
		资产负债率	总债务/总资产
		贷款回收率	本期已收货款/本期应收货款
	市场状况	销售增长率	（本期销售量/上期销售量－1）×100%
		市场占有率	产品销售量/市场上同类产品销售量
	人力资源状况	人力流动率	本期职工流动人数/总职工人数
	生产状况	人均劳动生产率	本期全部产品的产值/本期职工人数
		生产事故发生次数	记录企业本期发生生产事故的总次数
企业发展能力	融资能力	企业信誉等级	金融部门对该企业的信用评估等级
		自有资产增值率	（期末自有资产/期初自有资产－1）×100%
		企业积累率	（本期公积金＋未分配利润＋折旧费）/总利润
	创新能力	设备先进度	达到国际（国内）先进水平设备数/总设备数
		R&D 经费比率	本期实际用于技术开发经费/本期产品销售额
		高级别技术职工比率	高级职称职工人数/总职工人数
	顾客评价	顾客满意度	顾客投诉次数；顾客满意度调查
企业变革能力	外部应对能力	外部信息获得能力	检查企业的信息收集渠道
		对战略伙伴的依赖性	上下游合作伙伴的替代性、实力测评
	内部灵活性	内部畅通性	检查职能结构的合理性
		高层管理人员素质	根据管理人员专业、学历和具体表现综合评价

在上表的预警指标中,包含了定量和定性两种指标类型,并对其来源作了分析。在危机预警机制建立前,需要对预警指标按统计期限进行分类,具体为:(1)月度指标,即对此类指标每月统计一次,进行分析控制。这类指标包括销售增长率、人均劳动生产率、生产事故发生率、外部信息获得能力。(2)季度指标,即对此类指标一个季度统计分析一次。这类指标包括市场占有率、人员流动率、企业积累率、R&D 经费、顾客满意度、对战略伙伴的依赖性、内部畅通性。(3)年度指标,即对此类指标一个年度统计分析一次。这类指标包括投资收益率、资产负债率、贷款回收率、企业信誉等级、自有资产增值率、设备先进度、高级技术员工比例、高级管理人员素质。

(二)预警指标体系的运行方法

建立好预警指标体系以后,接下来探讨预警指标体系的具体运行方法。预警指标体系的定性部分由企业高层领导依据不同企业的具体情况进行定性分析。

对于定量指标,总体的运行方法是:首先,给每项具体的危机预警指标即三级指标选择一个参照值,以参照值为控制标准,确定预警指标上下浮动的安全区域。其次,检查预警指标的统计值是否在安全区域内。如果不在,应查找原因,进而找出解决方案,达到预防危机的目的。

(三)危机预警机制的工作流程

企业危机预警指标体系建立好后,重要的是将其操作落实,并作为一种模式在企业内固定下来,保证其正常运转,即构建企业危机预警运行机制。企业危机预警机制包括五个部分:各职能部门、录入部、计算机预警系统、危机预警部和管理决策部,如图 8-4 所示。在这个运行机制中,各职能部门的工作是整个机制的工作流程的起点,这些部门按照指标要求准时统计出各个定量指标值并递交给录入部;把收集到的定性指标信息直接反映给危机预警部,这是第一步。第二步,录入部将收到的预警指标值分类输入计算机预警系统。第三步,计算机预警系统根据事先编好的程序命令,把不在安全区域内的指标输出。第四步,危机预警部针对超出安全区域的指标,查找原因,给出两个以上的初步解决方案。危机预警部是虚拟部门,部门成员由各个职能部门的资深员工和高级管理层部分人员组

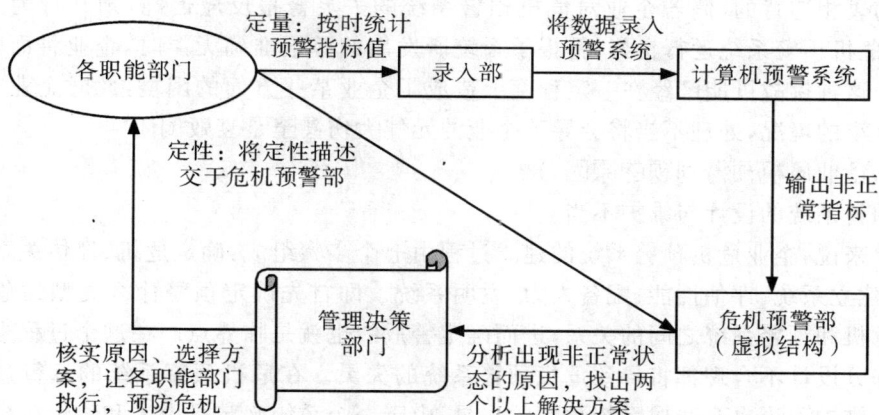

图 8-4 企业危机预警机制的工作流程

成，只有出现异常状况时，才组成工作团队，平时要在自己的工作岗位上各司其职。第五步，管理决策部门进一步核查原因，筛选方案，作最终决定。第六步，各职能部门贯彻执行危机预警方案，预防危机。后面的工作依次类推。综观整个流程，呈现两个明显的特点：第一，危机预警流程的第四步是危机预警系统的关键，原因找的是否对，将会直接影响危机预警措施是否奏效，因此，危机预警部成员的选配一定要慎重；第二，整个流程是循环的，各职能部门既是流程的起点又是终点。

（四）企业危机预警中存在的问题

1. 企业危机预警系统失灵或错误预警

一般来说，企业危机预警系统由信息收集子系统、信息加工子系统、决策子系统和警报子系统四个部分组成，首先由信息收集子系统对危机信息进行收集，接着经由信息加工子系统进行加工，决策子系统对经过加工的危机信息进行决策，决定是否对其进行危机警报，若危机信息显示的指标与企业预先设定的安全水平不符，则警报子系统将对危机信息进行警报，以上就是企业危机预警系统对危机的预警过程。在此过程当中，任何一个环节出错都会导致危机预警系统的失灵，即或者没有对危机进行预警，或者警报子系统没有及时发出危机信息。没有或者不及时发出危机警报都会导致企业管理者对企业所处环境的错误评估，当危机真正来临时，企业已经处于混乱、不知所措的状态，就算管理者能力再强，亦无法力挽狂澜了。当然，在信息的传递和加工过程当中，难以避免"牛鞭效应"的副作用，这更多地出现在机构庞大的企业当中，当信息收集子系统收集到的稍微"利坏"信息时，经过信息加工子系统甚至是决策子系统的层层放大，最终可能出现"危机来临"的错误警报，轻则致使企业上下虚惊一场，重则造成企业某些不必要的损失。同理，如果层层放大的是利好信息，则可能导致企业过于乐观的心态，未能防微杜渐，最终酿成险局。

2. 企业对危机警报反应迟钝

企业危机预警过程中存在的更为常见的问题是企业对危机警报反应迟钝，即企业自身对危机预警系统所预警的危机信号并不敏感，责任主要在于企业的决策部门，甚至是企业的最高管理者，要么自我感觉良好，要么置若罔闻。这是与企业起初建立危机管理预警系统的初衷相违背的，倘若企业对危机预警系统的失灵警报反应迟钝，则其行为无可厚非；但当危机预警系统运行良好，警报子系统所发出的警报准确无误时，企业将面临危机的挑战。这种挑战可能已经在一定程度上造成了企业某些方面的困境，此时企业往往处于亡羊补牢的境况，处理不当将会导致企业的元气大伤甚至是衰败倒闭。

（五）企业危机预警问题的原因分析

1. 预警系统的设计与维护不当

简单来说，企业危机预警系统的建立过程由七个步骤组成：确定危机、评估关系、确定临界点、建立系统、评估性能、配备人力、说明系统。即首先确定预警什么类型的危机，接着评估危机和预警系统之间的关系，进而确定警戒线也就是临界点。在这个过程当中，无论哪一部分设计不合理都将导致危机预警系统的失灵。在危机预警系统的运行过程中，对系统的维护不当也会造成系统预警的失灵，由于一个系统必定是由人和物组成，物诸如机器设备，人则由各主要部门相关人员组成。对机器设备维护不当、对系统人员激励不足，是危机预警系统失灵的一大原因。

2.预警系统多次失灵或错误预警

当企业怀着良好的愿望建立起危机预警系统时,发现系统在运行的过程中多次失灵预警甚至是错误预警,当危机真正来临时,企业已经对危机预警系统的再次预警不敏感了,这是从企业对危机预警系统反应迟钝的角度来分析原因,这一原因其实跟危机预警系统的设计与维护不当是息息相关的。其与“狼来了”的故事所传达的信息有相同之处,人们更多的是将责任归咎于小孩的不诚实。当狼把小孩吃掉时,人们又深深自责为何不再信小孩一次。所以企业与危机的关系就是人们与狼的关系,企业与危机预警系统的关系就是人们与小孩的关系,一旦危机危及企业的生命线时,企业与危机预警系统都脱不了干系。

3.危机的偶然性与人的观念的必然性

企业在其发展过程中,虽有波澜迭起的时候,但更多时候是处于稳定发展的状态,危机的来临从客观上来说是偶然发生的事件,而人的观念有必然性。一般难以相信长期稳定发展且实力相当可观的企业会面临危机,特别是这可能导致其生存面临危机。于是对危机预警系统所发出的危机警报产生怀疑的心态,“这可能吗”成为企业当机立断采取应急措施的绊脚石,以致后果不堪设想。有专家对人的这种观念的必然性进行了测试,测试者用一百元人民币与被测试者换五十元的人民币,结果在一百个人里面只有一人与其成功作了交换,说明绝大部分人认为这么占便宜的事情是不可能发生的,“这可能吗”成为了他们心中的疑团,以致未能采取果断的措施。可见人的这种观念很容易造成其对危机预警系统反应的迟钝。

4.文化和人的个性影响

我国一直以来深受官僚文化的影响,从机关单位到国有企业,也在一定程度上影响到一些非国有企业,可谓官僚作风根深蒂固。因此,当危机预警系统显示出危机信号时,某些系统人员不会将预警立即发出,因为如果危机预警信号正确无误,企业的高层不会专门对其加以激励与褒奖,相反,如果系统人员通过危机预警系统发出的危机信号是错误的,则企业会对其进行惩罚,这样一来,系统人员便不敢轻易将危机预警信息向上通报,造成企业对危机预警反应的迟钝。作为企业的最高管理者,其个人的性格也在一定程度上影响了企业对危机预警系统的反应,特别是中小企业,最高管理者的意志决定着企业的运作方向,个性外向张扬的企业高管,一般来说反应迅速,对危机预警系统的反应更敏捷;而个性内敛保守的企业高管,对危机预警系统的反应更为迟钝。

(六)企业危机预警的相关对策

1.完善企业危机预警系统的设计与维护

要解决危机预警系统失灵的问题,必须完善危机预警系统的设计和维护,重审危机的确定、危机与危机预警系统的关系评估、临界点的确定、人力的配备等系统步骤,查看危机类型的设定是否与企业本身的行业特征和企业管理水平相符、对危机与危机预警系统之间的关系评估是否合理和科学、对临界点的设计是否过低或过高,是否配备了得力的相关人员等。对设计过程中所出现的缺陷进行纠正与改进,这些过程需要企业主要决策人员的参与,方能确保系统重新设计工作的顺利展开。企业对系统的人和物的维护要做到定期、定量,定期更新系统的机器设备,定量奖励负责系统预警的相关工作人员,特别要奖励对企业危机预警有突出贡献的企业员工,以提高员工工作的积极性和创新性,从而提高危

公共关系:理论、实务与案例

机预警系统的运行效率。

2. 构建企业危机预警文化

当今竞争日益白热化的市场环境,使得企业越来越重视其自身的可持续发展,也就必然要提高对企业危机预警管理的认识,危机预警系统的建立就是这种认识的较好体现,但不容忽视的是,大部分企业对危机的认识还不够深入,企业容易屏蔽自我,自我感觉良好,看不到未来。像海尔、华为这些危机预警管理做得较好的企业并不多,它们都成功构建了自己的危机预警文化,张瑞敏"永远战战兢兢、永远如履薄冰"的危机意识、任正非"华为的冬天"的危机观念已经渗透到企业的每一位员工。企业危机预警文化的构建,需要企业从理念、机制和制度三个层面进行,由企业最高领导者带头,树立积极的企业危机观念,机制上设立合理科学的奖惩办法,进而形成一整套企业危机管理制度。

3. 根除传统官僚文化的影响

官僚文化导致的官僚作风实际上增加了企业运作的交易成本,包括对企业危机预警系统的影响,必须予以根除。从企业危机预警系统的工作流程来看,最后的决策子系统和警报子系统都需要由相关人员来完成,特别是警报子系统,运行不良将导致整个系统前功尽弃。企业在构建危机预警文化的同时,要营造一种自由、创新的企业氛围,这种氛围要求企业管理者能够接受不同意见甚至是看起来错误或荒谬的意见;用包容和理解的心态对待犯错误的员工,避免奖轻罚重、抑制人性,导致系统人员知情不报或者推迟预警。作为企业的高管人员,应当以企业的利益为重,自上而下地推行信息无阻化,方能得到自下而上的良性回应,彻底拒绝以做官或者做家长的思维来做企业。

4. 加强企业危机预警管理

著名危机管理专家迈克尔·里杰斯特认为:"任何公司都需要有危机管理的措施,唯一不同的是根据企业的性质和大小,其实施情况有所变化。无论怎样,我们都要抓住问题的关键,那就是组建危机管理小组来制定或审核危机处理方案及其方针和工作程序。"企业应当通过建立危机管理机构、制订危机管理计划等措施建立起企业危机管理系统,这是企业响应危机预警系统的危机信息后能够迅速应急的合理措施。很多企业的做法更多地偏向于当危机已经明显来临时才采取措施进行应对。加强对危机预警系统的管理是一个至关重要的环节,更是一个容易被忽略的环节。企业须将其已经建立的危机管理机构细分为危机预警管理机构和危机管理机构,前者专门对危机预警系统的运行过程进行管理,这样才能充分响应危机预警系统的预警,使企业对危机预警系统的反应更加敏捷和顺畅,使企业的整个危机管理工作做得更加周密和有效。

案例讨论

案例一:不抛弃,不放弃
——从汶川大地震看中国政府危机公关

2008 年 5 月 2 日 14 时 28 分,四川汶川发生 8.0 级大地震。此次地震涉及四川、甘肃、陕西、重庆等 10 个省区市 417 个县(市、区)、4 667 个乡(镇)、48 810 个村庄,灾区总面积约 50 万平方公里、受灾群众 4 625 万多人,其中极重灾区、重灾区面积 13 万平方公里,造成 69 227 名同胞遇难、17 923 名同胞失踪,需要紧急转移安置的受灾群众 1 510 万人,房屋大量倒塌损坏,基础设施大面积损毁,工农业生产遭受重大损失,生态环境遭到严重破坏,直接经济损失达 8 451 亿多元,引发的崩塌、滑坡、泥石流、堰塞湖等灾害举世罕见,受灾地区人民生命财产和经济社会发展蒙受了巨大损失。坚决战胜这场灾害,保护人民生命财产安全、保卫改革开放和社会主义现代化建设成果,是对中国人民意志、勇气、力量的严峻考验,也是对我们党执政能力和先进性的重大检验。在党中央、国务院和中央军委的坚强领导下,全党全军全国各族人民众志成城、迎难而上,迅速展开气壮山河的抗震救灾工作,奋勇夺取抗震救灾斗争的重大胜利,谱写了感天动地的英雄凯歌。从这次突发事件的处理,可以看出我国政府危机管理能力已经逐渐成熟。

(1)反应迅速

与 32 年前的唐山大地震、1998 年百年不遇的大洪灾、2003 年的"非典"相比,汶川地震发生后,中国政府率领社会各界与时间竞跑,出现了"第一时间现象"。国家最高领导机构在震后第一时间作出了应对决策;媒体在第一时间发布了地震的信息;军队和政府各部门第一时间布置救灾工作;灾区各级党政主要领导亲临一线,深入灾区靠前指挥。这是一种前所未有的速度,各地、各单位第一时间伸出援助之手,组织多个医疗救援队赶赴灾区。尤其国家总理温家宝第一时间赶赴灾难第一线,现场指挥救灾工作,指挥部队将领和政府官员,调动千军万马,运筹帷幄、统一调度,组织救灾,胡锦涛主席随之奔赴灾区督战等行为,及时稳定了民心,赢得百姓信任,为救灾工作创造了有利条件,也赢得了国际社会的普遍赞誉。应急速度之快以及政府重视程度之高,体现了领导人视人民利益高于一切的精神。这种精神也影响了全国人民,我们看到,无论政府还是民众,都以前所未有的激情以及互爱互助的精神投入这场抗震救灾战役中。

(2)信息透明

2003 年中国遭遇了"非典"的袭击,由于政府处理危机公关的经验不足,在很长时间之内都未能有所作为,甚至在新闻发布会上对记者的提问予以指责。随后感染病例的不断增加,造成了民众的恐慌。疫情发展的严峻形势与披露数据的巨大反差使海外媒体、世界卫生组织和部分民众产生了疑问,这使得中国在国际上处于一种不利的舆论氛围中,政府的公信力削弱。2008 年汶川大地震,让我们看到了政府在灾难(重大危机)面前的应对能力大大增强。5 月 12 日 14 时 46 分,仅在地震发生后十几分钟,新华网就发布消息:四川汶川发生 7.8 级强烈地震,北京通州发生 3.9 级地震。紧随其后,国内各主要门户网站的头条都有这些消息,让全国人民对异常情况有了及时和全面的了解。汶川地震发生后,传言百出,其中有称北京当晚将发生余震,一时间人心惶惶。但是,仅在汶川地震后 2 小时,国家地震局就公布,北京当晚发生余震传言不实,北京地区近期都不会发生破坏性地震,有效地平息了谣言。政府各家媒体在灾情发生后几乎不停顿地发布最新伤亡数字和救灾消息,介绍防灾知识。中央电视台也以全天直播的形式报道灾情、传达高层指挥救灾的举措。各地政府都被动员起来向灾区调运物资或派遣救援分队,各地大学生和民众也纷纷捐钱或献血救人,大多数网民向灾区表示慰问和祝福,整体呈现出团结一致抗震救灾的社会氛围。

政府敢于允许国际媒体进入灾区第一线采访报道;敢于让国际救援人员入境救助;敢

于放下"面子"主动向美国政府求援，要求提供卫星图像协助救灾；敢于坦诚校舍建筑可能存在的腐败现象；官方电视台也终于敢于播出"原汁原味"新闻，及时报道伤亡损失情况。这些保证信息透明的举措，不仅大大加强了老百姓对政府的信任，也为中国政府赢得了良好的国际声誉。连习惯于对中国政府挑刺的西方媒体，也不得不佩服中国政府此次的突出表现，作出了一些正面的报道。这些前所未有的现象，都体现了中国政府执政能力的进步，有利于中国政府树立负责任的国际形象。

（3）安抚及时

突遭如此重大灾难，百姓心中的恐惧和悲伤是异常沉痛的。政府如何从精神和物质上对灾民进行安抚是非常重要的。于是，我们看到总理爬上断墙，向被压在废墟下的民众喊话，鼓励他们坚持等待救援，许下"不抛弃，不放弃"的承诺，以及温家宝安抚一群围着他哭泣的民众的画面。不仅如此，政府动员所有社会力量加入抗震救灾的队伍中，日以继夜地抢救被困群众，运送救灾物资。除了捐款以外，急需的帐篷、医药、食品等都得到了社会的积极支持。服务类支持，包括医疗、心理援助等都被有效动员起来，给灾区人民带去了极大的安慰。我们更欣喜地看到，被派去灾区第一线的不仅有医护人员，还有心理专家，这说明政府公关能力逐渐增强。重大地震灾害由于其突发性、危险性、恐惧性，以及身边人员的大面积伤亡，会使经历者出现严重的心理失衡，从而产生思维不清、意志失控、情感紊乱等心理危机。而这类心理疾病一旦得不到及时的疏导、矫正，轻者将导致神经衰弱，重者将可能导致抑郁症或精神分裂等严重的精神疾病，甚至引发骚乱，这对灾难后的幸存者来说，无疑是雪上如霜。事实上，在国外，每当重大灾情或突发事件出现后，就会有大量懂得心理支持的人员、社会志愿者、受过培训的人员迅速到达救护现场，在医生救助伤病员的同时，对伤者进行心理支持或引导。我国政府此次救灾也通过了各种途径对受灾人群实施有效的心理干预，给他们以精神抚慰，让灾民们迅速走出心理阴影，振奋精神，投入重建家园的战斗中去。通过这些安抚，人们逐渐摆脱了噩梦，让世人看到了中华民族在面对危难时的坚韧与团结。

（4）重建有序

危机的平息并不意味着事情的终结。因为，对整个危机处理的过程进行评估检测，可以总结经验教训，为今后的工作积累经验；而危机过后最重要的是重建组织形象，以使组织真正渡过难关，走上正常发展之路。在地震发生后，政府进行了一系列灾后重建工作的安排：修复重建城乡居民损毁住房；从政策层面解决遇难学生家庭再生育、再就业等问题；对灾区人民进行心理干预，安抚情绪；解决"三孤"人员的安置问题……并经常通过新闻发布会公布政府灾后处理的各项措施及落实情况。危机之后，政府总结经验教训，出台了关于加强和改进应急管理工作的决定，完善体制机制，强化应急预案，以便再次遇到危机时能更游刃有余地应对。政府把灾后重建工作纳入了法制化，对有关联的各部委、各级政府的职责都做了具体安排，并用法律手段来帮助监督实行，以便让灾区尽快摆脱困难，促进社会经济的稳定发展。尽管现在地震已经过去了两年，然而政府为灾区所做的重建工作依然有序进行。

当然，在此次政府危机公关中仍存在很多问题，比如应急预案存在不足、善款使用监督机制存在漏洞、心理公关平台还太欠缺等，有待于我们将来更加完善。

　　不管什么组织,都有可能遇到各种各样的危机。危机有时也是一种契机,关键在于如何处理。中国政府在这次危机中迅速而真诚的反应以及有效的控制得到了国内公众和国际社会的赞赏与支持,赢得了极高的国际声誉。

　　(资料来源:曾琳智主编:《新编公关案例教程》,2010.09)

　　讨论题:

　　1.危机发生时应如何处理与媒介之间的关系?

　　2.危机过后的评估重建重要吗?为什么?

案例二:李天一等5人轮奸案

　　2013年2月19日,海淀分局接到一女事主报警称,2月17日晚,其在海淀区一酒吧内与李某某等5人喝酒后,被带至湖北大厦一房间内轮奸。接警后,海淀分局立即开展工作,于2月20日,将涉案人员李某等五人抓获,现该五人因涉嫌强奸罪被事拘留。

　　2月22日上午,微博实名认证为王丰－SCMP的网友爆料:"北京来电:海淀公安分局昨天晚上以涉嫌轮奸刑事拘留了一名叫做'李冠丰'的年轻男子。名字虽然改了,但还是有人认出来他真正是谁。"博文最后还附上了李双江之子李天一的网页链接,暗指涉事男子就是李天一。腾讯娱乐第一时间致电海淀分局工作人员求证此事,对方表示,李双江之子李冠丰(原名:李天一)确实已被刑事拘留,但案件的具体细节因为收到上级指示,不方便透露。

　　3月7日,央视新闻官方微博发布消息:著名歌唱家李双江之子李天一涉嫌强奸罪,被检察机关正式批捕。被拘后,李天一等对所犯罪行供认不讳,与受害者所诉内容一致,因此在李天一被刑拘的第9日,也就是3月2日,公安机关将李天一等五人涉嫌强奸一案报送检察机关申请批捕。3月7日,李某某等五人因涉嫌强奸罪被检察机关正式批捕。

　　6月29日,实名认证为"律师袁裕来"的网民发微博称:"李天一和另外四个男孩涉嫌轮奸女孩,另外四个人到底是谁?不仅公安机关未透露,梦鸽未透露,李天一律师未透露,竟然连受害人及其家属、律师也未透露,着实奇怪。"该微博在网上被网友广泛转发,引起热议。对此,警方回应称四人为未成年相关信息不能披露。警方称,该案中五名犯罪嫌疑人,4人为未成年人,依据《未成年人保护法》相关规定,对未成年人犯罪案件,不得披露该未成年人的姓名、住所、照片、图像以及可能推断出该未成年人的资料。

　　7月8日,北京市人民检察院对李天一等人提起公诉。北京市海淀区人民检察院于5月6日受理北京市公安局海淀分局移送审查起诉的李天一等五人涉嫌强奸一案。期间,为完善证据依法退回公安机关补充侦查一次。现已查明李天一等五人的行为触犯了《中华人民共和国刑法》第236条第三款第(四)项规定,涉嫌构成强奸罪,且系轮奸。7月8日,北京市海淀区人民检察院依法对李天一等人涉嫌强奸一案向海淀区人民法院提起公诉。

　　7月19日,李天一等人涉嫌轮奸案在海淀某法院提审,李天一的母亲梦鸽作为监护人现身法院。近日,李家人曾质疑涉案女子是否属于酒吧的陪酒员,将此事再次推向了风口浪尖。李天一表示原告杨女士曾向他透露自己是陪酒女,并称事后曾给杨女士付钱,两者是卖淫与嫖娼的关系,并不存在轮奸事实。同时,李天一指出,事发后曾收到电话和短信，对方索要50万，否则走法律程序。有媒体也得到了李双江的同意，出示了经过公证处公证的通话记录和短信。

7月22日，李天一案庭前会议在海淀某法庭举行，李天一母亲梦鸽以及双方律师悉数来到法庭。昨日有网络媒体报道过李天一涉轮奸案后，李家人曾被勒索50万元。现场，被告李天一的法律顾问兰和亲口证实确有短信一事。原告的律师则回应称，短信非受害人本人所发。此外，现场有记者采访时称李天一为施害方，兰和则表示"为时过早"，究竟谁是施害方，谁是被害方还需法庭判定。

7月28日，李家法律顾问、新闻发言人兰和在微博、微信上发布了梦鸽本人签名的书面申请书，申请法院公开审理其子李某某等五人涉嫌强奸案。

8月6日，李某某的母亲梦鸽前往北京市公安局报案，正式提交"关于对张某等人涉嫌介绍卖淫和敲诈勒索犯罪事实的控告函"，恳请警方对相关人员犯罪事实立案侦查。警方接到报案材料，但尚未立案。涉案酒吧回应称：梦鸽系诬告，将保留起诉权。

8月15日，酒吧发表公开信，反驳梦鸽的控告，指责梦鸽诬告污蔑。李某某涉嫌强奸案"口水仗"愈演愈烈。被害人律师发表博文"酒吧'经理'发声维权，批控告函诬告污蔑"，称"李某某案酒吧'经理'首次披露案发当天细节，对日前梦鸽女士通过媒体公开的控告函，逐条进行了批驳"。

8月19日，梦鸽来到公安部信访办公室上访，递交了相关材料，其中包括"关于对张某等人涉嫌介绍卖淫和敲诈勒索犯罪事实的控告函"、异地立案侦查的申请。

8月20日上午，李天一等涉嫌轮奸案在海淀法院召开第二次庭前会议，被告李天一的主辩律师陈枢坚持对李某某进行无罪辩护，称真理有时候掌握在少数人手中，"历史上很多冤假错案一开始作无罪辩护看上去都是荒唐甚至错误的，但真理有时候掌握在少数人手中"。对于梦鸽的信访行为，他认为对方有这个权利自己也同意。

8月28日、29日，李某某等五人涉轮奸案连审两天。29日晚庭审完毕后，海淀法院召开新闻通报会。通告中称有四名被告作有罪辩护，其中三名被告当庭道歉。同犯张某甚至当庭向法院交10万元赔偿款，而李天一也被同犯供出是首个强奸者。五人中仅李天一方坚持无罪辩护。法院宣布将择期宣判。

9月26日，北京海淀法院将对李某某等五人强奸一案进行公开宣判。当日上午9时30分公开宣判被告人李某某、王某、魏某某（兄）、张某某、魏某某（弟）强奸一案。被告人李某某犯强奸罪，被判处有期徒刑十年。

10月11日，北京市第一中级人民法院发布消息称，李某某等五人强奸案中的两名被告人提出上诉，法院决定予以立案受理。北京市一中院方面表示，一审宣判后，被告人李某某及其法定代理人、被告人王某提出上诉。经对一审法院移送的李某某等五人强奸案的上诉材料和相关卷宗进行审查，一中院认为，移送的上诉材料齐全，符合法律规定的二审案件受理条件。11日下午，该院决定予以立案受理。

10月28日，北京市第一中级人民法院发布消息，该院将于10月31日依法不公开开庭审理李某某等五人强奸上诉一案。31日，北京市第一中级人民法院宣布，原定今日李某某等五人轮奸案二审开庭延期。延期理由是上诉人一方在法院确定并通知开庭日期后，更换辩护律师，新更换的辩护律师申请延期审理。

讨论题：

1. 名人危机公关应遵循哪些基本原则？

2. 该事件当事人及家属对事件的处理是否妥当？

本章小结

危机管理是社会组织为应对各种危机情境所进行的规划决策、动态调整、化解处理及员工培训等活动过程，其目的在于消除或降低危机所带来的威胁和损失。通常可将危机管理分为两大部分：危机爆发前的预计、预防管理和危机爆发后的应急善后管理。

危机管理是专门的管理科学，它是为了应对突发的危机事件，抗拒突发的灾难事变，尽量使损害降至最低点而事先建立的防范、处理体系和对应的措施。对一个企业而言，可以称之为企业危机的事项是指当企业面临与社会大众或顾客有密切关系且后果严重的重大事故，为了应付危机的出现而在企业内预先建立防范和处理这些重大事故的体制和措施，称为企业的危机管理。

习　题

一、辨析题

危机背后是机会。

二、问答题

1. 危机的特点是什么？

2. 危机管理的两大基本行为是什么？

3. 简述危机管理的原则和五种态度。

4. 如何在危机后重塑组织形象？

三、实训题

名牌牙膏企业危机处理

[实训目的]

通过实训，达到掌握公共关系危机预防分析并能制订相应应急计划，公共关系危机协调技巧；掌握公共关系危机处理中与媒体的关系等能力。

[情景设计]

某地有位消费者在购买使用了一种名牌牙膏后，引起牙龈出血和面颊肿痛等现象，于是诉诸当地的报社。当地几家新闻机构都播发、转载了这一消息，一时间舆论哗然，造成该牙膏的销售下降。据传这位消费者还要求厂家赔偿药费和精神损失费。假如你是这家企业的秘书，请制订一份简要的危机处理方案。

[实训要求与内容]

1. 如果你作为本项目情景中的危机处理小组成员，针对社会舆论，你将向领导提出什

公共关系:理论、实务与案例

么建议?

2.结合本项目情景模拟一次应对媒体的采访活动。一部分同学扮演记者,一位同学扮演公众的态度设计提问。

3.请每位学生根据情景内容制订一份简要的危机处理方案。

[效果评价]

教师教学点评、打分,将评价结果填入表8-2中。

表8-2 "名牌牙膏企业危机处理"计划实施评价表

专业		班级		学号		姓名	
考评内容	"名牌牙膏企业危机处理"计划实施						
考评标准		项目内容				分值	评分
	准备环节	项目设计是否科学				15	
		任务分配是否合理				5	
		是否熟悉案例				5	
	实施环节	计划实施是否客观				10	
		对危机的分析是否全面				10	
		危机处理方案是否可行				30	
	能力测试	沟通协调技巧				5	
		团队合作精神				10	
		应变能力				10	
总　　计						100	

拓展分析

观看电影《危机公关》,分析影片中的危机处理方法是否符合科学公关的要求。

第 **9** 章

公共关系礼仪

本章知识点：礼仪的内涵、应酬交际礼仪、个人礼仪、位次礼仪等。

案例导读

中国第一夫人的"礼仪外交"

习近平主席出访俄罗斯、南非等四国，夫人彭丽媛随行，并参加了一系列公益和慈善活动，她亲和、亲民的形象获得了国际舆论的广泛好评。总体而言，"女性魅力""气质绝佳""搭配得体"是对其的肯定，国际媒体也以"魅力攻势""展示中国软实力"等词来评价彭丽媛的首次亮相。她将真实、美丽、善良、雍容、睿智、贤淑等一切代表中国女性的美好词汇直观地通过其举手投足展现在全世界面前，赢得世人的尊重和爱戴，通过其独特而又闪亮的女性魅力开拓新的外交风格。

中国第一夫人彭丽媛在国际舞台展现的是东方女性美丽、端庄、温柔体贴的特质，也体现出中国彭丽媛亲民的形象。这些带有公益性和个人特色的活动同样为习近平主席的这次出访加分添彩，展现了开放包容的中国女性魅力。

近百年来，随着中国国际地位的提升和综合国力的增强，中国女性在社会中扮演的角色从过去"三从四德"的形象蜕变成为自尊、自立、自信、自强的现代女性。现代女性更注重内外兼修之美，倡导美丽生活，提升文化品位，塑造女性形象，把女性传统美德与现代价值取向统一起来，张扬魅力与个性，做到自立、自信、自强、自爱的精神风貌和智慧。

彭丽媛对中国有十分正面的意义，中国需要女性楷模。

（资料来源：百度 http://tieba.baidu.com/p/2744731486,2013.12.6）

启发总结：彭丽媛的优雅亮相不仅受到各国媒体的广泛关注，也成为中国形象礼仪界热议的话题。

第一节　应酬交际礼仪

公共关系活动是与人打交道的工作，应酬交际是公共关系人员的必修课，需要掌握的礼仪主要有见面礼仪、拜访与接待礼仪、舞会礼仪、宴请礼仪、通信礼仪等。

一、见面礼仪

(一)介绍

在与陌生人交往时,由于互相不认识,需要介绍。介绍可分自我介绍和为他人介绍两种。自我介绍时,如果是在公务场所,需介绍自己的姓名、单位(第一次介绍时需介绍单位全称)、部门、职位;为他人介绍时,要先了解双方是否有结识的愿望,不要贸然行事。为他人介绍时要有礼貌地以手示意,而不要用手指指点点;介绍也有先后之别,应把身份低、年纪轻的介绍给身份高、年纪大的,把男子介绍给妇女。介绍时,除妇女和年长者外,一般应起立;但在宴会桌上、会谈桌上可不必起立,被介绍者只要微笑点头有所表示即可。

(二)握手

握手在大多数国家都是见面和离别时的礼节。在交际场合中,握手是司空见惯的事情。一般在相互介绍和会面时握手。遇见朋友先打招呼,然后相互握手,寒暄致意。关系亲近的则边握手边问候,甚至两人的双手长时间地握在一起。在一般情况下,握一下即可,不必用力。但年轻者对年长者、身份低者对身份高者则应稍稍欠身,双手握住对方的手,以示尊敬。男子与妇女握手时,往往只握一下妇女的手指部分。

握手也有先后顺序,应由主人、年长者、身份高者、妇女先伸手,客人、年轻者、身份低者见面先问候,待对方伸手再握。多人同时握手致意不要交叉,待别人握完再伸手。男子在握手前应先脱下手套摘下帽子。握手时双目注视对方微笑致意,不要看着第三者握手。

军人戴军帽与对方握手时,应先行举手礼,然后再握手。

(三)递接名片

名片是一个人身份的象征,当前已成为人们在社交场合的重要工具,名片虽小,但在与客户沟通过程中的作用不容忽视。如果不注意名片礼仪,不仅没有起到"自我延伸"的作用,反而阻挡了与客户的交流。在使用名片的过程中一定要注意礼节。

1.名片的递送

(1)观察意愿。递送名片要在双方均有结识意愿并想保持联系的前提下进行。不要乱发名片,可以用"认识你很高兴"等一些谦语体现出来,如果在对方没有意愿的情况下递送名片,有故意炫耀之嫌。

(2)抓准时机。发送名片要把握适宜时机,一般选在初识之际或分别之时,切忌在用餐、运动、娱乐之时发送名片。

(3)讲究顺序。客先主后;身份低者先,身份高者后;当与多人交换名片时,应依照职位高低的顺序,由尊到卑,或由近及远,依次进行,切勿跳跃式地进行,以免被对方误认为厚此薄彼。

(4)提前暗示。递上名片前,应当先向接受名片者打个招呼,令对方有所准备。既可先作一下自我介绍,也可以说声"对不起,请稍候"、"可否交换一下名片"之类的提示语。

(5)递送有礼。递交名片,上体前倾15°左右,以双手或右手持握名片,举至胸前,用拇指和食指执名片两角,让文字正面朝向对方,递交时要目光注视对方,微笑致意,可顺带一句"请多多关照"。

2. 名片的接收

(1)态度谦和。当对方递名片时,不论有多忙,都应立即放下手中的事,并起身站立相迎,面带微笑,用双手接住名片的下方两角。

(2)快速阅读。接过名片后,先向对方致谢,然后花 30 秒时间认真阅读名片内容,遇有显示对方荣耀的职务、头衔可轻读出声,以示敬仰。有看不懂的地方,应当面讨教。

(3)精心存放。接到他人名片后,切勿将其随意乱丢乱放、乱揉乱折,而应将其谨慎地置于名片夹、公文包、办公桌或上衣口袋之内,且应与本人名片区别放置。

(4)有来有往。接受了他人的名片后,一般应当即刻回给对方一张自己的名片。没有名片、名片用完了或者忘了带名片时,应向对方作出合理解释并致以歉意,切莫毫无反应。

3. 索要名片

(1)交易法。这是一种很常见的方法,就是先把自己的名片递给对方,可以说"李先生,这是我的名片",根据礼节上"有来有往"的原则,对方也会回递一张。

(2)谦恭法。当对方与自己的地位有落差时,可以用激将法,但是一定要注意说话语气,要做到委婉、谦虚,可以说:"尊敬的李先生,很高兴认识您,不知道能不能有幸跟您交换一下名片。"出于礼貌,对方会递送名片。

(3)联络法。联络法就是以保持联络为由,索要对方名片,可以说:"认识你很高兴,不知道怎么跟你联系比较方便?"对方明白用意,会递送名片。

见面礼仪还有很多,如致意礼、拱手礼、鞠躬礼、拥抱礼、亲吻礼、合十礼等。

二、拜访礼仪

(一)拜访前的相邀礼仪

不论因公还是因私而访,都要事前与被访者电话联系。联系的内容主要有四点:

(1)自报家门(姓名、单位、部门、职务)。

(2)询问被访者是否在单位(家),是否有时间或何时有时间。

(3)提出访问的内容(有事相访或礼节性拜访),使对方有所准备。

(4)在对方同意的情况下定下具体拜访的时间、地点,注意要避开吃饭和休息、特别是午睡的时间。最后,对对方表示感谢。

(二)拜访中的举止礼仪

(1)要守时守约。

(2)讲究敲门的艺术。要用食指敲门,力度适中,间隔有序地敲三下,等待回音。如无应声,可稍加力度,再敲三下,如有应声,再侧身隐立于右门框一侧,待门开时再向前迈半步,与主人相对。

(3)主人不让座不能随便坐下。如果主人是年长者或上级,主人不坐,自己不能先坐。主人让座之后,要口称"谢谢",然后采用规矩的礼仪坐姿坐下。主人递上烟茶要双手接过并表示谢意。如果主人没有吸烟的习惯,要克制自己的烟瘾,尽量不吸,以示对主人习惯的尊重。主人献上果品,要等年长者或其他客人动手后,自己再取用。即使在最熟悉的朋友家里,也不要过于随便。

（4）跟主人谈话，语言要客气。

（5）谈话时间不宜过长。起身告辞时，要向主人表示"打扰"之歉意。出门后，回身主动伸手与主人握别，说："请留步。"待主人留步后，走几步，再回首挥手致意："再见。"

三、接待礼仪

迎来送往，是社会交往接待活动中最基本的形式和重要环节，是表达主人情谊、体现礼貌素养的重要方面。尤其是迎接，是给客人良好第一印象的最重要工作。给对方留下好的第一印象，就为下一步深入接触打下了基础。迎接客人要有周密的部署，应注意以下事项：

（1）对前来访问、洽谈业务、参加会议的外国或外地客人，应首先了解对方到达的车次、航班，安排与客人身份、职务相当的人员前去迎接。若因某种原因，相应身份的主人不能前往，前去迎接的主人应向客人作出礼貌的解释。

（2）主人到车站、机场去迎接客人，应提前到达，恭候客人的到来，决不能迟到让客人久等。客人看到有人来迎接，内心必定感到非常高兴；若迎接来迟，必定会给客人心里留下阴影，事后无论怎样解释，都无法消除这种失职和不守信誉的印象。

（3）接到客人后，应首先问候"一路辛苦了"、"欢迎您来到我们这个美丽的城市"、"欢迎您来到我们公司"等等。然后向对方作自我介绍，如果有名片，可送予对方，注意送名片的礼仪。

（4）迎接客人应提前为客人准备好交通工具，不要等到客人到了才匆匆忙忙准备交通工具，那样会因让客人久等而误事。

（5）主人应提前为客人准备好住宿，帮客人办理好一切手续并将客人领进房间，同时向客人介绍住处的服务、设施，将活动的计划、日程安排交给客人，并把准备好的地图或旅游图、名胜古迹等介绍材料送给客人。

（6）将客人送到住处后，主人不要立即离去，应稍作停留，陪客人热情交谈，谈话内容要让客人感到满意，比如客人参与活动的背景材料、当地风土人情、有特点的自然景观、特产、物价等。考虑到客人一路旅途劳累，主人不宜久留，应让客人早些休息。分手时将下次联系的时间、地点、方式等告诉客人。

接待客人要注意以下几点：

（1）客人要找的负责人不在时，要明确告诉对方负责人到何处去了，以及何时回本单位；请客人留下电话、地址，明确是由客人再次来单位，还是我方负责人到对方单位去。

（2）客人到来时，我方负责人由于种种原因不能马上接见，要向客人说明等待理由与等待时间，若客人愿意等待，应该向客人提供饮料、杂志，如果可能，应该时常为客人换饮料。

（3）接待人员带领客人到达目的地，应该有正确的引导方法和引导姿势。

①在走廊的引导方法。接待人员在客人二三步之前，配合步调，让客人走在内侧。

②在楼梯的引导方法。当引导客人上楼时，应该让客人走在前面，接待人员走在后面；若是下楼时，应该由接待人员走在前面，客人在后面。上下楼梯时，接待人员应该注意客人的安全。

③在电梯的引导方法。引导客人乘坐电梯时，接待人员先进入电梯，等客人进入后关

闭电梯门,到达时接待人员按"开"的按钮,让客人先走出电梯。

④在客厅的引导方法。当客人走入客厅时,接待人员用手指示,请客人坐下,看到客人坐下后,才能行点头礼后离开。如客人错坐下座,应请客人改坐上座(一般靠近门的一方为下座)。

(4)诚心诚意地奉茶。我国人民习惯以茶水招待客人,在招待尊贵客人时,茶具要特别讲究,倒茶有许多规矩,递茶也有许多讲究。

四、舞会礼仪

(1)参加舞会的服装要整洁、大方,仪表要修饰。女子可以化淡妆,穿得漂亮些。男子也应适当讲究,一般穿西服,显得大方、文雅。头发要梳整齐。检查一下口腔、身上无蒜味、酒气,洒些香水是相宜的。

(2)进入舞场,要先坐下来,观察一下全场情况,适应一下气氛。没有带舞伴的,更应当坐下来,慢慢地寻找合适的伴舞对象,最好邀请没有带舞伴的人,如果有熟悉的人伴舞当然更好了。国外正式的舞会,第一支舞曲,都是由高位开始,主人夫妇、主宾夫妇首先共舞,第二场主宾夫妇交换共舞,第三场才开始自由邀舞。

(3)邀舞一般都是男子邀请女子共舞,邀人跳舞时应彬彬有礼,姿态端庄。走至女方面前,微笑点头,以右手掌心向上往舞池示意,并说:"可以和你跳个舞吗?"或"可以吗?"对方同意后即可共同步入舞池。如果对方婉言谢绝,也不必介意,更不应勉强。女士被人邀舞是对自己的尊重,一般不应拒绝。确实不想跳时,应当有礼貌地婉言谢绝:"对不起,我想休息一下。"对方走后,一曲未终不应再与别人共舞。

(4)进入舞池后,就可跟随舞曲曲式和节奏起舞。姿态要端正,身体要正直、平稳,切勿轻浮,但也不要过分严肃,双方眼睛自然平视,目光从对方右上方穿过。

(5)一曲终了,男子要对女舞伴致意,并把女舞伴送回原来的位置。

(6)出席舞会,在时间上不像出席会议那样有整齐划一的要求,相对来说比较自由灵活,允许晚去一会儿,也可以中途退场等,这些都应当视为正常现象。

五、赴宴的礼仪

(1)应邀。受邀者在接到邀请后,能否出席应尽早答复对方。若接受邀请则不宜随意改动,万一因故不能应邀出席,须向邀请者深致歉意。

(2)掌握出席时间。宾客一般宜略早一些到达或是准点到达,过早、过迟到场或者无故提前退场等都被视作不恭和失礼之举。

(3)抵达。如主人恭迎,则应趋前向主人握手、问好、致意,随主人或迎宾人员引导,步入休息厅或宴会厅。如果单独到达,则先到衣帽间挂大衣和帽子,然后前往主人的迎宾处,向主人问好。如是节日庆祝活动,应表示祝贺。

(4)入座。一般由侍者或女主人(主人)引导客人入席。各人应按座位上的姓名卡入座,不可随意乱坐。坐姿要端正、自然。

(5)交谈。参加任何宴会,无论处于何种地位,都少不了与同桌人交谈,特别是左右座。如互相不认识,可先作自我介绍。

（6）进餐。入座后，不可玩桌上的酒杯、盘碗、刀叉、筷子等餐具。主人招呼即可以进餐。西餐进食，正确的做法是取得食品，即可开始食用，因为人手一份，不需等待。取菜时一次不要取太多，需增加时，待侍者送上再取。进食时要文雅，吃东西时应闭着嘴细嚼慢咽，尽量不发出声音；喝汤时不要啜，汤菜太热，可待稍凉后再食用，忌用嘴吹去热气；嘴内有食物时切勿说话；吃剩的菜、用过的餐具、牙签及骨刺等都要放入骨盘内，忌随意乱扔；剔牙时，要用手或餐巾遮口。

（7）餐具的使用。餐具的使用要得法。中餐的餐具主要是碗、盘、筷，西餐则是刀、叉、盘子。通常宴请外国人吃中餐，亦以中餐西吃为多，既摆碗筷，又设刀叉。刀叉的使用是右手持刀，左手持叉，将食物切成小块，然后用叉送入嘴内。欧洲人使用时不换手，即从切割到送食均以左手持叉。美国人则在切割后把刀放下，右手持叉送食入口。就餐时按刀叉顺序由外往里取用。每道菜吃完后，将刀叉并拢平排放盘内，以示吃完。如未吃完，则摆成八字或交叉摆，刀口应向内。吃鸡、龙虾时，经主人示意，可以用手撕开吃，也可用刀叉把肉割下，切成小块吃。除喝汤外，不用汤匙进食。汤用深盘或用小碗盛放，喝时用汤匙由内往外舀起送入嘴，即将喝尽，可将盘向外略托起。

（8）宽衣。宴请过程中，无论天气如何炎热，均不得当众解开纽扣、拉松领带、脱下衣服。

六、电话礼仪

电话被现代人公认为便利的通信工具，在日常工作中，使用电话的语言很关键，它直接影响着一个公司的声誉；在日常生活中，人们通过电话也能粗略判断对方的人品、性格。因而，掌握正确的、礼貌待人的接打电话方法是非常必要的。

（一）接电话

接听电话不可太随便，得讲究必要的礼仪和一定的技巧，以免生出误会。无论是打电话还是接电话，我们都应做到语调热情、大方自然、声量适中、表达清楚、简明扼要、文明礼貌。

1. 及时接电话

一般来说，在办公室里，电话铃响 2～3 声接听比较合适，6 声后就应道歉："对不起，让你久等了。"如果受话人正在做一件要紧的事情不能及时接听，代接的人应为其做好解释。如果既不及时接电话，又不道歉，甚至极不耐烦，就是极不礼貌的行为。尽快接听电话会给对方留下好印象，让对方觉得自己被看重。

2. 确认对方

对方打来电话，一般会自己主动介绍。如果没有介绍或者你没有听清楚，就应该主动问："请问您是哪位？我能为您做什么？您找哪位？"接到对方打来的电话，您拿起听筒应首先自我介绍："你好！我是某某某。"如果对方找的人在旁边，您应说："请稍等。"然后用手掩住话筒，轻声招呼你的同事接电话。如果对方找的人不在，您应该告诉对方，并且问："需要留言吗？我一定转告。"

3. 微笑通话

当您拿起电话听筒的时候，一定要面带笑容。不要以为笑容只能表现在脸上，它也会藏在声音里。亲切、温情的声音会使对方马上对我们产生良好的印象。如果绷着脸，声音会变得冷冰冰。

4.准备记录

用左手接听电话,右手准备纸笔,便于随时记录有用信息。

(二)打电话

打电话时,需注意以下几点:

(1)选好时间。打电话时,如非重要事情,应尽量避开受话人休息、用餐的时间,而且最好别在节假日打扰对方。

(2)掌握通话时间。打电话前,最好先想好要讲的内容,以便节约通话时间,不要现想现说或"煲电话粥",通常一次通话不应长于3分钟,即所谓的"3分钟原则"。

(3)用语规范。通话之初,应先作自我介绍,不要让对方"猜一猜"。请受话人找人或代转时,应说"劳驾"或"麻烦您",不要认为这是理所应当的。

(4)接、打电话时不能叼着香烟、嚼着口香糖;说话时,声音不宜过大或过小,吐字要清晰,保证对方能听明白。

(三)手机使用注意事项

在手机越来越普及的今天,我们在使用手机时,应遵循以下几点原则:

(1)注意手机使用场所。有些地方是不允许使用手机的,如医院、机场、加油站、影剧院等。

(2)在保证手机畅通的情况下不妨碍他人。在开会、乘火车等公共场所,使用手机不能影响他人。

(3)当不使用手机时,请锁住手机按钮,以防意外拨打诸如119、110、120等特殊电话号码。

第二节　公关人员个人礼仪

从表面上看,个人礼仪仅涉及个人穿着打扮、举手投足之类无关宏旨的小节小事,但小节之处显精神,举止言谈见文化。特别是就公共关系人员而言,个人礼仪不仅事及个人,而且事关全局。

一、仪容仪表礼仪

仪容,通常是指人的外观、外貌。其中的重点,则是指人的容貌。在人际交往中,每个人的仪容都会引起交往对象的特别关注,并将影响到对方对自己的整体评价。在个人的仪表问题之中,仪容是重点之中的重点。

仪表是综合人的外表,它包括人的形体、容貌、健康状况、姿态、举止、服饰、风度等方面,是人举止风度的外在体现。风度是指举止行为、待人接物时,一个人的德才学识等各方面的内在修养的外在表现。风度是构成仪表的核心要素。

(一)仪容的修饰

为了维护自我形象,有必要修饰仪容。在仪容的修饰方面要注意五点事项:其一,仪容要干净,要勤洗澡、勤洗脸,脖颈、手都应要干干净净,并经常注意去除眼角、口角及鼻孔的分泌物。要换衣服,消除身体异味,有狐臭要搽药品或及早治疗。其二,仪容应当整洁。整洁,即整齐、洁净、清爽。要使仪容整洁,重在重视持之以恒,这一条与自我形象的优劣关系极大。其三,仪容应当卫生。讲究卫生,是公民的义务,注意口腔卫生,早晚刷牙,饭后漱口,不能当着客人面嚼口香糖;指甲要常剪,头发按时理,不得蓬头垢面,体味熏人,这是每个人都应当自觉做好的。其四,仪容应当简约。仪容既要修饰,又忌讳标新立异,简练、朴素最好。其五,仪容应当端庄。仪容庄重大方、斯文雅致,不仅会给人以美感,而且易于使自己赢得他人的信任。相形之下,将仪容修饰得花里胡哨、轻浮怪诞,是得不偿失的。

(二)体态礼仪

体态又称举止,是指人的行为动作和表情,日常生活中的站、坐、走的姿态,一举手一投足、一颦一笑都可以称为举止。体态与人的风度密切相关,是构成人们特有风度的主要方面。体态是一种不说话的"语言",是内涵极为丰富的语言。举止的高雅得体与否,直接反映出人的内在素养;举止的规范到位与否,直接影响他人对你的印象和评价。

1. 站姿

站立是人们生活交往中的一种最基本的举止,是一种静态的身体造型。优美而典雅的造型,是优雅举止的基础。男士要求"站如松",刚毅洒脱;女士则应秀雅优美,亭亭玉立。

标准的站姿是:(1)头正,双目平视,嘴唇微闭,下颌微收,面容平和自然。(2)双肩放松,稍向下沉,人有向上的感觉。(3)躯干挺直,挺胸,收腹,立腰。(4)双臂自然下垂于身体两侧,中指贴拢裤缝,两手自然放松。(5)双腿立直、并拢,脚跟相靠,两脚尖张开约60°,身体重心落于两脚正中。

2. 坐姿

坐是举止的主要内容之一,无论是伏案学习、参加会议,还是会客交谈、娱乐休息都离不开坐。坐姿要求"坐如钟",指人的坐姿像座钟般端直,当然这里的端直是指上体的端直。优美的坐姿让人觉得安详、舒适、端正、舒展大方。

正确的坐姿:(1)入座时要轻、稳、缓。走到座位前,转身后轻稳地坐下。女子入座时,若是裙装,应用手将裙子稍稍拢一下,不要坐下后再拉拽衣裙。正式场合一般从椅子的左边入座,离座时也要从椅子左边离开。(2)神态从容自如(嘴唇微闭,下颌微收,面容平和自然)。(3)双肩平正放松,两臂自然弯曲放在腿上,亦可放在椅子或是沙发扶手上,以自然得体为宜,掌心向下。(4)坐在椅子上,要立腰、挺胸,上体自然挺直。(5)双膝自然并拢,双腿正放或侧放,双脚并拢或交叠或成小"V"字形。男士两膝间可分开一拳左右的距离,双脚可取小八字步或稍分开以显自然洒脱之美,但不可尽情打开腿脚,那样会显得粗俗和傲慢。(6)坐在椅子上,应至少坐满椅子的2/3,宽座沙发则至少坐1/2。落座后至少10分钟左右时间不要靠椅背。时间久了,可轻靠椅背。(7)谈话时应根据交谈者方位,将上体、双膝侧转向交谈者,上身仍保持挺直,不要出现自卑、恭维、讨好的姿态。(8)离座时,要自然稳当,右脚向后收半步,而后站起。

3. 走姿

走姿又称步态。走姿要求"行如风",是指人行走时,如风行水上,有一种轻快自然的美。走姿的基本要求应是从容、平稳的,应走出直线。具体要求:(1)双目向前平视,微收下颌,面容平和自然,不左顾右盼,不回头张望,不盯住行人乱打量。(2)双肩平稳,肩峰稍后张,大臂带动小臂前后自然摆动,肩勿摇晃;前摆时,手不要超衣扣垂直线,肘关节微屈约 30°,掌心向内,勿甩小臂,后摆时勿甩手腕。(3)上身自然挺拔,头正肩平、挺胸收腹、收臀立腰,重心稍向前倾。(4)注意步位。行走时,男士走平行步,女式则应走一字步。(5)行走时不可把手插进衣服口袋里,尤其不可插在裤袋里。

(三)手势和表情

1.手势

手势是人们交往时不可缺少的动作,是最有表现力的一种"体态语言",手势表现的含义非常丰富,表达的感情也非常微妙复杂。如招手致意、挥手告别、拍手称赞、拱手致谢、举手赞同、摆手拒绝,手抚是爱、手指是怒、手搂是亲、手捧是敬、手遮是羞等等。手势的含义,或是发出信息,或是表示喜恶表达感情,能够恰当地运用手势表情达意,会为交际形象增辉。

2.表情

表情是人内心的情感在面部、声音或身体姿态上的表现。这里着重介绍面部表情中的目光和微笑。

(1)目光

眼睛是人体传递信息最有效的器官,它能表达出人们最细微、最精妙的内心情思,从一个人的眼睛中,往往能看到他的整个内心世界。一个良好的交际形象,目光是坦然、亲切、和蔼、有神的。特别是在与人交谈时,应该是注视对方,不应该目光躲闪或游移不定。在整个谈话过程中,目光与对方接触累计应达到全部交谈过程的 50%～70%。人际交往中诸如呆滞的、漠然的、疲倦的、冰冷的、惊慌的、敌视的、轻蔑的、左顾右盼的目光都是应该避免的,更不要对人上下打量或挤眉弄眼。

(2)微笑

微笑是指不露牙齿,嘴角略提起的笑。几乎没有人不会微笑,但有相当多的人不善于利用微笑。微笑是社交场合中最富吸引力、最令人愉悦、也最有价值的面部表情。它可以与语言和动作相互配合起互补作用,它不但表现着人际交往中友善、诚信、谦恭、和谐、融洽等最美好的感情因素,而且反映出交往人的自信、涵养与和睦的人际关系及健康的心理。不仅能传递和表达友好、和善,而且还能表达歉意、谅解。因此微笑在社交、生活、工作中都有非常深刻的内涵。

二、服饰礼仪

服饰礼仪是人们在交往过程中为了相互表示尊重与友好,达到交往的和谐而体现在服饰上的一种行为规范。

(一)着装的 TPO 原则

TPO 是英文 Time、Place、Object 三个词首字母的缩写。T 代表时间、季节、时令、时代;P 代表地点、场合、职位;O 代表目的、对象。着装的 TPO 原则是世界通行的着装打扮的最基本的原则。它要求人们的服饰应力求和谐,以和谐为美。着装要与时间、季节相吻合,符合时令;要与所处场合环境,与不同国家、区域、民族的不同习俗相吻合;符合着装人的身份;要根据不同的交往目的、交往对象选择服饰,给人留下良好的印象。根据 TPO 原则,着装时应注意以下几个问题:

1. 着装应与自身条件相适应

选择服装首先应该与自己的年龄、身份、体形、肤色、性格和谐统一。年长者、身份地位高者，选择服装款式不宜太新潮，款式简单而面料质地则应讲究些才与身份年龄相吻合；青少年着装则着重体现青春气息，朴素、整洁为宜，清新、活泼最好。形体条件对服装款式的选择也有很大影响。身材矮胖、颈粗圆脸形者，宜穿深色低"V"字形领或大"U"形领套装，浅色高领服装则不适合；而身材瘦长、颈细长、长脸形者宜穿浅色、高领或圆形领服装；方脸形者则宜穿小圆领或双翻领服装。身材匀称、形体条件好、肤色也好的人，着装范围则较广。

2. 着装应与职业、场合、交往目的和对象相协调

着装要与职业、场合相宜，这是不可忽视的原则。工作时间着装应遵循端庄、整洁、稳重、美观、和谐的原则，能给人以愉悦感和庄重感。从一个单位职工的着装和精神面貌，便能体现这个单位的工作作风和发展前景。现在越来越多的组织、企业、机关、学校开始重视统一着装，是很有积极意义的举措，这不仅给了着装者自豪，同时又多了自觉和约束，成为一个组织、一个单位的标志和象征。

着装应与场合、环境相适应。在正式社交场合，着装宜庄重大方，不宜过于浮华。参加晚会或喜庆场合，服饰则可明亮、艳丽些。节假日休闲时间着装应随意、轻便些，西装革履则显得拘谨而不适宜。在家庭生活中，着休闲装、便装更益于与家人之间沟通感情，营造轻松、愉悦、温馨的氛围，但不能穿睡衣拖鞋到大街上去购物或散步。

着装应与交往对象、目的相适应。与外宾、少数民族相处，更要特别尊重他们的习俗禁忌。

总之，着装最基本的原则是体现"和谐美"，上下装呼应和谐，饰物与服装色彩相配和谐，与身份、年龄、职业、肤色、体形和谐，与时令、季节、环境和谐等。

（二）穿着西装的礼仪

西装的款式现可分为欧式、英式、美式和日式四大流派。

欧式：领形狭长，胸部收紧突出，袖拢与垫肩较高，造型优雅，为双排扣。

英式：与欧式相仿，但垫肩较薄，后背开衩，绅士味道很足。

美式：领形较宽大，垫肩较适中，胸部不过分收紧，两侧开衩，风格自然。

日式：外观略呈"H"形，领形较窄、较短，垫肩不高，多不开衩，为单排两粒扣。

不管是哪种流派，其主要的区别在于领口、纽扣和开衩。在选择西装时，要充分考虑到自己的身高、体形，选择合适的款式。

西装以其设计美观、线条简洁流畅、立体感强、适应性广泛等特点而越来越受到人们的青睐，几乎成为世界性通用的服装，可谓男女老少皆宜。西装七分在做，三分在穿。西装的选择和搭配是很有讲究的。选择西装既要考虑颜色、尺码、价格、面料和做工，又不可忽视外形线条和比例。西装不一定必须料子讲究高档，但必须裁剪合体、整洁笔挺。选择色彩较暗、沉稳且无明显花纹图案，但面料高档些的单色西服套装，适用场合广泛，穿用时间长，利用率较高。穿着西装应遵循以下礼仪原则：（1）西服套装上下装颜色应一致。在搭配上，西装、衬衣、领带其中应有两样为素色。（2）穿西服套装必须穿皮鞋，便鞋、布鞋和旅游鞋都不合适。（3）配西装的衬衣颜色应与西装颜色协调，不能是同一色，最好是白色

衬衣。正式场合男士不宜穿色彩鲜艳的格子或花色衬衣。衬衣袖口应长出西装袖口 1～2 厘米。穿西装在正式庄重场合必须打领带，其他场合不一定要打领带。打领带时衬衣领口扣子必须系好，不打领带时衬衣领口扣子应解开。(4)西装纽扣有单排、双排之分，纽扣系法有讲究。双排扣西装应把扣子都扣好。单排扣西装：一粒扣的，系上端庄，敞开潇洒；两粒扣的，只系上面一粒扣是洋气、正统，只系下面一粒是牛气、流气，全扣上是土气，都不系敞开是潇洒、帅气，即全扣和只扣第二粒都不合规范；三粒扣的，系上面两粒或只系中间一粒都合规范要求。(5)西装的上衣口袋和裤子口袋里不宜放太多的东西。穿西装时内衣不要穿太多，春秋季节只配一件衬衣最好，冬季衬衣里面也不要穿棉毛衫，可在衬衣外面穿一件羊毛衫。穿得过分臃肿会破坏西装的整体线条美。(6)领带的颜色、图案应与西装相协调，系领带时，领带的长度以触及皮带扣为宜，领带夹夹在衬衣第四、第五粒纽扣之间。(7)西装袖口的商标牌应摘掉，否则不符合西服穿着规范，高雅场合会贻笑大方。(8)注意西装的保养。

(三)女子服饰的选择与穿着

1.女子职业服装的选择与穿着

职业服是指上班族上班时穿的服装，根据工作性质可把职业服装分成两大类，即办公服和工作服。这里主要是指办公服。

办公服是指坐办公室的女士穿用的上班服装。选择办公服的原则就是高雅、整齐、大方、舒适、实用、挺括不起皱。女性办公服在款式上宜选用套装、套裙，颜色以素雅为好，如藏蓝、炭黑、烟灰、雪青、黄褐、茶褐、蓝灰、暗土黄、暗紫红等较冷的色彩，这些颜色会给人一种稳重、端庄、高雅无华之感；切忌选用大红大绿或太刺眼的颜色。

以两件套西装套裙为例，上衣与裙子可以是同一色，也可以采用上浅下深或上深下浅等两种不同的色彩，来使之形成对比。前者正统而庄重，后者则富有动感与韵律，二者各有千秋。另外，可以在上下一色的套裙上，以衬衫、装饰手帕、丝巾、胸花等不同色彩的衣饰来"画龙点睛"，或者把上衣的衣领、兜盖用与上装花色图案不同的裙子的面料来做，使衣裙的色彩"遥相呼应"，给人一种协调美。

从图案上讲，西装套裙讲究的是朴素、简洁。除素色面料外，各种或明或暗、或宽或窄的格子与条纹图案，以及规则的圆点所组成的图案的面料，大多数都可以选择。

从整体造型上讲，西装套裙是变化无穷的。但是，它的变化主要集中于长短与宽窄两个方面。在西装套裙中，上衣与裙子的长短没有明确的规定。但最好不要太长或太短，短了不雅，长了无神。据实践经验来看，上衣与裙子的造型，采用上长下短、上短下长都可以取得较好的效果。

2.女子鞋子的选择与穿着

穿一套西装套装或套裙绝不能配一双布鞋或球鞋，而应配皮鞋，深色套装套裙可以配黑色皮鞋。但随着人们穿着品位的提高，女士不同颜色不同款式的套装越来越多，因此，在选择套装时，最好也应选择与套装相配的皮鞋，比如：棕色套装最好选棕色或棕黑色皮鞋，这样上下呼应，有一种整体美感。再如：穿带花色的套裙，最好选择一双与裙子主色相应的皮鞋，这样，皮鞋与裙子的某一种颜色呼应，能产生高雅动人之感。相反，如皮鞋颜色与上下装的颜色反差太大，看起来会使人感觉不舒服。

3. 女子袜子的选择与穿着

在社交场合，女士如着裙装，必须穿适当的袜子，不穿袜子出现在社交场合是很不礼貌的。女士穿长裙子，可选择中长肉色袜子，如穿短裙或一步裙，应配穿连裤袜。总之，长筒袜的长度一定要高于裙子下部边缘，否则走起路来，露出一截光腿来很不雅观。袜子的颜色应与自己的肤色相配，一般以肉色长筒袜为宜。

三、语言交谈礼仪

语言交谈是公关活动中传播信息的重要手段。它以语言为媒介，使公关人员与公众得以沟通，实施公关活动。语言交谈中是否注意礼节，语言运用是否恰当，直接关系到信息沟通的效果。如何进行语言交谈，一直是古今中外人们谈论的一个重要话题。我国《论语》中说："言之不文，行之不远。"

（一）礼貌语言的运用

在任何社交场合，诚实和热情都是交谈的基础，只有开诚布公的谈话才能使人感到亲切自然，气氛才会融洽。要知道，与任何人进行面对面的交谈，都是一种对等关系。以礼待人，才能显示出自身的人格尊严，又可以满足对方的自尊需要。为此，交谈中要随时随地有意识地使用礼貌语言，这是文明人应当具备的基本素养。比如，"请"字最能体现对人的敬意，有事相托时，不要忘记说"请"字；接受别人的任何服务，感谢他人时，不要忘记说声"谢谢"；万不得已需暂时离去或打断对方，或自觉不周到处，应说"对不起"；人们见面时要互致问候与寒暄，如"你好！""早安""好久不见，近况如何？""认识您很高兴"……

（二）声音的讲究

交谈过程中，说话者的音质、语速和声调，也是传递信息的符号。同一句话，说时和缓或急促，柔声细语或高门大嗓，商量语气或颐指气使，面带笑容或板着面孔，效果大相径庭，要根据对象、场合进行调整。

首先，说话时必须发音正确、清晰易懂，否则由于口齿不清、发音不准，就会影响内容的表达。其次，说话的速度不宜太快，亦不宜太慢。说话太快会令人应接不暇，反应跟不上，而且自己也容易疲倦；说话太慢，也会使人着急，既浪费时间，也会使听的人不耐烦，甚至失去谈下去的兴趣。因此，谈话中，只有使自己谈话的速度适中，即每分钟讲120个字左右，才最适宜。最后要注意的是语调。在社交场合，为使自己的谈话引人注目，谈吐得体，一定要在声音的大小、轻松、高低、快慢上有所用心，这样才能收到好的效果。

（三）不良习惯的克服

有些人说话有一种不好的习惯，常常不知不觉地在谈话中插入一些毫无意义的口头禅。有的口头禅不伤大雅，听得多了充其量不过使人有点别扭。可有的口头禅却会说者无心，听者有意，使自己的谈话对象产生错觉，或者被自己所伤害。比如"知道不？""你懂吗？你……"，教训人的口气十分明显，而且还会令人感到暗含轻视的意思。"没什么了不起"，对谁都这么说的人，是不是有点目空一切？"是吗"则是典型的"怀疑一切"的态度，会使谈话对象的自尊深受伤害。以上这些口头禅最好是自觉地弃而不用。

（1）谈话时要正面视人。交谈中，目光注视对方是一种起码的礼貌，以表示对谈话的兴趣和对对方的尊重，同时也可以为愉快和谐的谈话气氛创造条件。

（2）谈话要尊重别人，调和意见，交谈过程中要常常说话，但不要说得太长。

（3）谈话要看对象交谈，不是一味地发泄自己的感情和情绪，而是一种合作的程序，所以必须考虑交际对象。

（4）谈话要看准时机，留有余地。"言贵精当，更贵适时"，不该说的时候说了，是操之过急；该说的时候没说，是坐失良机。把握住说话的适宜时机，是说话得体的重要因素。

（5）其他注意事项。在参与多人交谈时，应表现出对谈话内容兴趣很大，而不必介意其他无关大局的地方，比如对方有浓重的乡音、读错了字或记错了日期等，只要不妨碍交谈的进行，没有必要当面去指正。

（四）交谈中的聆听

交谈中要善于聆听，但有些人做不到这一点，他们听时心不在焉，或左顾右盼，或处理他事，或摆弄东西，或不时走动。这种方式最易伤人自尊心，使说者不愿再讲，更不愿讲心里话；也有的人，听时虽然很认真，却挑其毛病，或频加批判，或妄下判断，或发出争论，这种方式使人讲话时不得不十分小心，担惊受怕，不敢吐露真情，从而影响交谈的正常和深入进行。这两种听的方式都不利于交谈的进行。其实最好的听的方式，是要站在对方的立场去听，去认识，去理解，去记忆，因为这种听话的方式，既能使听者集中注意力全神贯注地听，又能较好地理解说话者的原意，使对方受到尊敬和鼓舞，愿意讲真话，说实话，并发展彼此友好的往来关系。

聆听时要注意谈话者的神态、表情等非语言传播手段，这些往往会透露出话外之意，不仅如此，还要多注意自己的"身体语言"。在他人讲话时，应尽可能地以柔和的目光注视着对方，以便与对方进行心灵上的交流与沟通，这样做会使对方感受到无声的鼓励或赞许，可以赢得其好感。当然，善于聆听的人光会用眼神还远远不够，还要学会用声音、动作去呼应，也就是说要随着说话的人情绪的变化而辅以相应的表情。身体稍稍倾向于说话人，面带微笑。在说话者谈到要点或是其观点需要得到理解和支持时，应适时适量地点点头，或是简洁地表明一下自己的态度。同时，还可以通过一些简短的插话和提问，暗示对方对他的话确实感兴趣，或启发对方，以引起感兴趣的话题。

最后需要强调指出的是，人们在交谈、交往中由于所处的不同社会角色地位，而形成的交谈双方的不同关系往往会影响倾听。一般来说，在交谈双方社会地位相同时，双方之间能以完全平等的态度进行交谈，在这种情况下，比较容易倾听对方的谈话。在交谈双方社会地位不相同时，往往有两种情况：一是听者的社会地位高于谈话者，比如上级对下级，师长对晚辈、学生等。在这种情况下，听者一定要特别注意听的诚意与态度。通常属下找领导谈话，一定有其原因，领导必须以关心、真诚的态度认真地听，即使对方发牢骚、抱怨，也不要冷淡待人，更不能责备。了解了对方的真实愿望、意见、想法后，可据此作出确切的判断，给予合情合理的答复。二是听者的社会地位低于谈话者。比如下级对上级，晚辈、学生对师长等。在这种情况下，一般人都会认真地听，有时可能还要在本上记几句。遇有不懂之处，可请对方作适当的重复与解释。切忌唯唯诺诺，点头哈腰，显出一副卑躬屈膝的样子。因为谈话双方无论在社会地位上相差多么悬殊，在人格上都是完全平等的。保持平等的态度才能使谈话顺利进行，从而建立较好的关系。

(五)交谈中的提问

谈话过程中,不仅要注意倾听,还要善于提问。恰当的提问可从对方那里了解到自己不熟悉的情况,或将对方的思路引导到某个要点上,有时还可以打破冷场,避免僵局。

提问既然是为使交谈有效、深入地进行下去,就要注意内容,不要问对方难以应付的问题,如超乎对方知识水平的学问或技术问题等,也不应询问人们难以启齿的隐私以及大家都忌讳的问题等等。

如果提出的问题对方一时回答不上来,或不愿回答,不宜生硬地追问或跳跃式地乱问,要善于调整话题。如果对方是因为羞怯而不爱说话,那就应当问点无关的事,比如问问他工作或学习的情况,等紧张的气氛缓和了,再把话题引入正轨。

第三节　位次礼仪

在公关活动中涉及很多位次的排列,诸如乘车、开会、宴请、会客、谈判、签字等。

位次排列主要表现为两个问题:前后左右谁高谁低? 前后左右如何确定?

在国际交往中安排位次,不仅要强调这两项,而且还要讲究以下五个具体的操作技巧:

第一,居中为上。即中央高于两侧。

第二,前方为上。即前方高于后方。

第三,以右为上。即国际交往惯例,以右为高。

第四,以远为上。即以门为参照物,在室内活动,离门越远,位置越高。

第五,面门为上。即在室内就座时,面对房间正门的位置居上。因为面对正门,视野开阔。

这五个技巧是通行的惯例,是国际交往中位次排列必须遵守的可操作性技巧。当然,在实际工作中会遇到一些特殊情况,那就应具体情况具体对待。

一、乘车时的位次排列

乘车是公关活动中最普遍的一种交通方式,在这方面所体现出的礼仪也是非常重要的。因此,我们在安排乘车位次时,要遵循不同的位次排列。

当乘坐轿车时,国际交往礼仪一般按照司机的不同身份来分别定义不同的位次顺序(见图 9-1)。司机的身份主要有两种,即轿车的主人和专职司机。

(1)由主人驾驶轿车时,一般前排座为上、后排座为下,以右为尊。

(2)由专职司机驾驶轿车时,通常仍讲究右尊左卑,但一般以后排为上、前排为下。

(3)重要客人:接待高级领导、高级将领、重要企业家时,轿车的上座是司机后面的座位。

(4)上下车位次。乘坐轿车时,按照惯例,应当请位尊者先上车,最后下车。位卑者应当最后上车,最先下车。在轿车抵达目的地时,若有专人恭候,并负责拉开轿车的车门,这时位尊者可以率先下车。

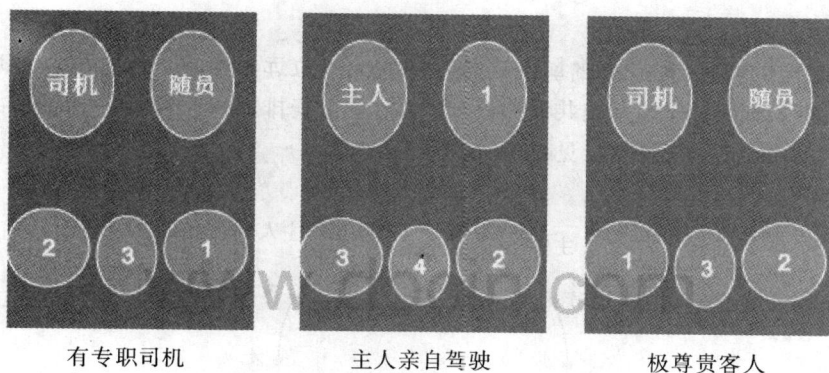

| 有专职司机 | 主人亲自驾驶 | 极尊贵客人 |

图 9-1　乘车位次排列

二、宴会中的位次排列

(一)桌次

按照惯例,桌次的主次以离主桌位置的远近而论,一般来说右高左低。桌数较多时,要摆放桌次牌。中餐餐桌通常采用圆形桌。常见的有小型桌次排列和大型桌次排列。

1. 小型桌次排列(见图 9-2)

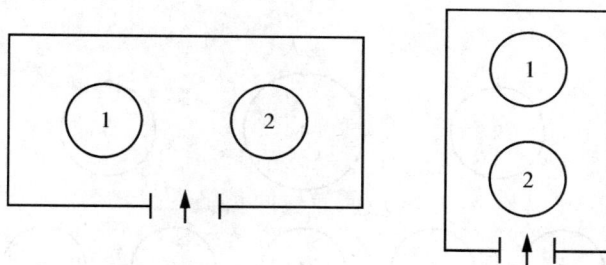

图 9-2　小型桌次排列

2. 大型桌次排列(见图 9-3)

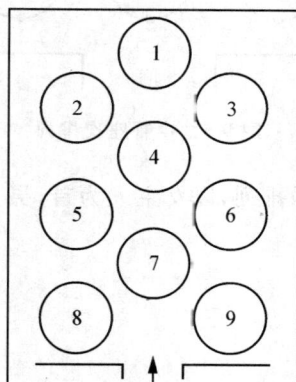

图 9-3　大型桌次排列

公共关系:理论、实务与案例

（二）座次

按照我国的习惯,同一桌的座次高低以离主人座位远近而定。以右为尊,即主宾坐在主人的右侧。如果有双方夫妇共同出席,通常把女士安排在一起,即男主人的右侧是男主宾,女主人的右侧是主宾夫人(见图 9-4)。

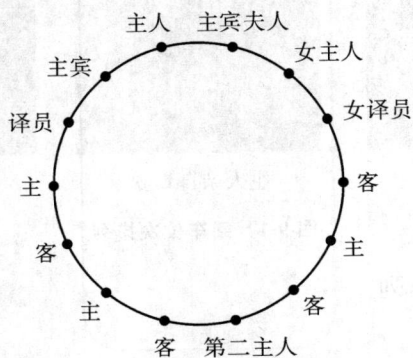

图 9-4　中餐座次排列

如果桌数较多,各桌的第一陪同人员应尽量面朝主桌的第一主人,也可以与主人的位置相同(见图 9-5)。

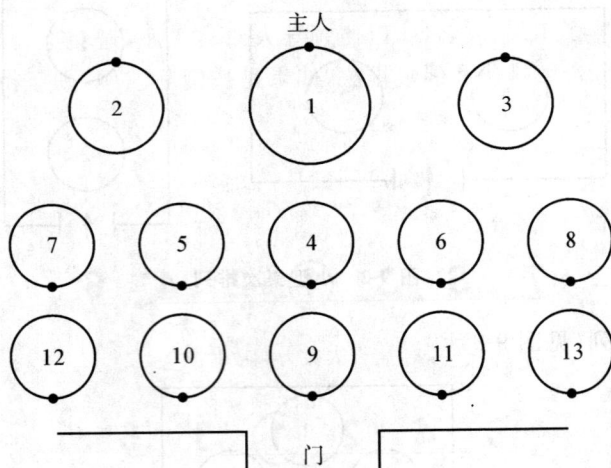

图 9-5　中餐座次排列

西方国家的习惯是男女穿插排列,以女主人为首,男主宾坐在女主人右侧,女主宾坐在男主人的右侧(见图 9-6)。

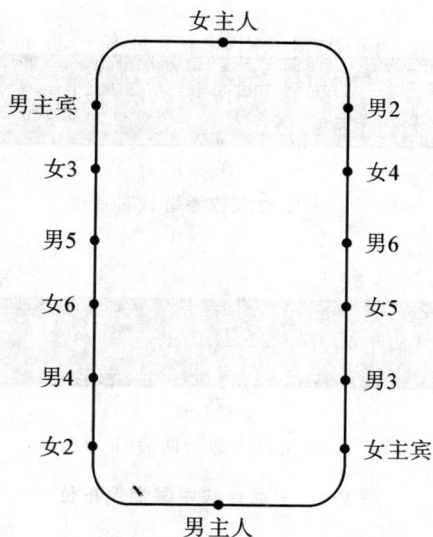

图 9-6 · 西餐座次排列

三、会议主席台位次排列

会议主席台必须排座次、放名签,以便领导人对号入座,避免上台之后互相谦让。会议主席台位次排列分奇数排法和偶数排法,如果是按国际惯例,则坚持以右为尊的原则,如图 9-7 所示。

（一）按国际惯例排列

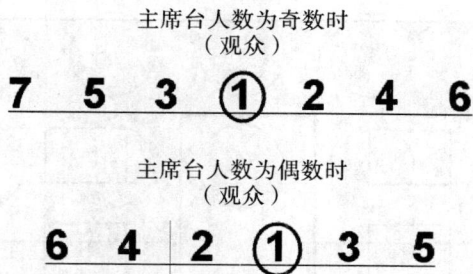

主席台人数为奇数时
（观众）

7 5 3 ① 2 4 6

主席台人数为偶数时
（观众）

6 4 2 ① 3 5

图 9-7 主席台按国际惯例排位

（二）按中国惯例排列

如果按中国惯例,则坚持以左为上的原则。在我国的政务活动中,根据我国中央办公厅掌握的原则:当主席台的领导同志人数为奇数时,1号首长居中,2号首长排在1号首长左边,3号首长排右边,其他依次排列;当领导同志人数为偶数时,1号首长排在居中座位的左边,2号首长排右边,其他依次排列。如图 9-8 所示。

公共关系：理论、实务与案例

（观众）

主席台人数为奇数时

（观众）

主席台人数为偶数时

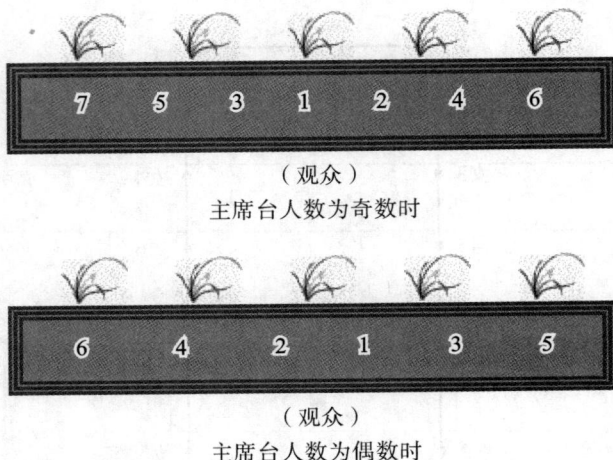

图 9-8　主席台按中国惯例排位

四、会客时的位次排列

一般在国际交往中，和客人会面的时候，最讲究的位次是宾主面门而坐。重要的会客室、会议厅，一般宾主都是坐长沙发或小沙发，是并列面对着门的。不管面门还是不面门，会客的惯例是：客人居右，主人居左。会客的位次强调以右为上。不面对正门的情况下，一般是离房门越远的位置越高，以远为高。因为离门近的人受到的骚扰比较多，敲门要开，风吹开门要关，坐在内侧的人可避免骚扰。

会客室入座的礼仪如图 9-9、图 9-10 所示。

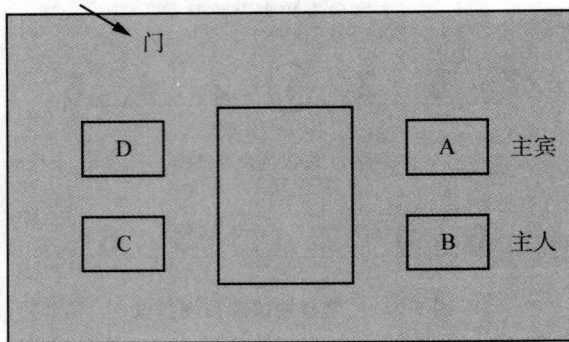

图 9-9　会客室位次排列

五、谈判时的位次排列

政府间交往，公司间签订条约、合约之前，通常都要进行谈判，就细节性问题进行认真磋商。谈判一般是双边的。一般的规则如面门为上、居中为上、以右为上在这儿行不通。谈判桌一般是在谈判厅里摆放的横桌。一般是客人面对门，主人背对门而坐的。

谈判厅与外宾会谈
A为主方，B为客方

| 客方译员 | 主方译员 |

| B3 | B2 | B1 | A1 | A2 | A3 |
| B4 | | | | | A4 |

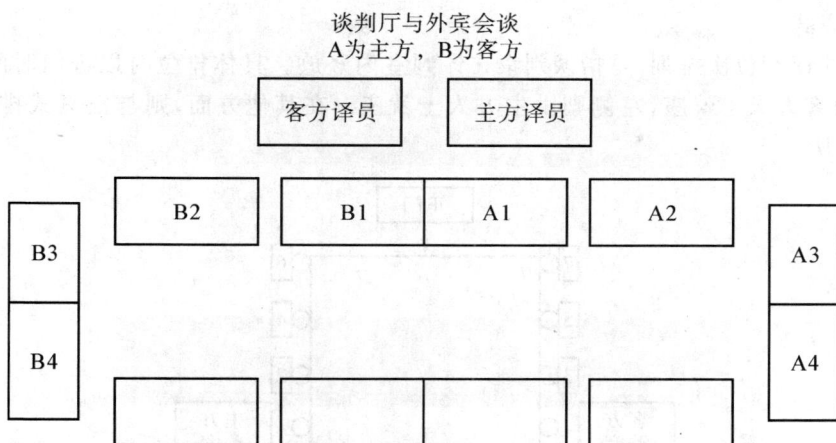

图 9-10　会客室位次排列

在正常的情况下，双方第一谈判手——主谈居中，二把手坐在主谈的左侧。因为国际谈判有时候需要翻译，存在跨语言沟通的问题。翻译一般坐在主谈的右侧。以右为上，这是对翻译的尊重。

举行正式谈判时，有关各方在谈判现场具体就座的位次，要求是非常严格的，礼仪性是很强的。从总体上讲，排列正式谈判的位次，可分为两种基本情况。

（一）双边谈判

双边谈判，指的是由两个方面的人士所举行的谈判。在一般性的谈判中，双边谈判最为多见。双边谈判的位次排列，主要有两种形式可供酌情选择。

1.横桌式

横桌式谈判位次排列，是指谈判桌在谈判室内横放，客方人员面门而坐，主方人员背门而坐。除双方主谈者居中就座外，各方的其他人士则应依其具体身份的高低，各自先右后左、自高而低地分别在己方一侧就座，如图 9-11 所示。双方主谈者的右侧之位，在国内谈判中可坐副手，而在涉外谈判中则应由译员就座。

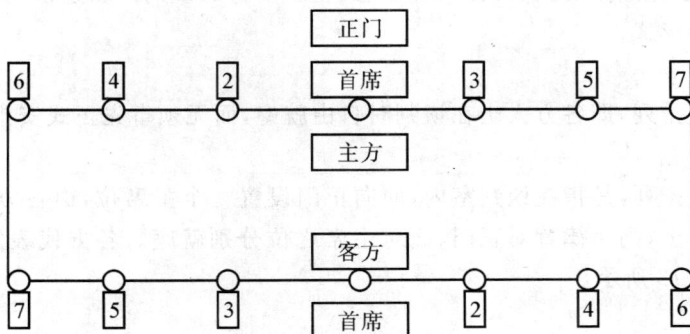

正门

| 6 | 4 | 2 | 首席 | 3 | 5 | 7 |

主方

客方

| 7 | 5 | 3 | 首席 | 2 | 4 | 6 |

图 9-11　横桌式谈判位次排列

2.竖桌式

竖桌式谈判位次排列，是指谈判桌在谈判室内竖放。具体排位时以进门时的方向为准，右侧由客方人士就座，左侧则由主方人士就座。在其他方面，则与横桌式排座相仿。如图 9-12 所示。

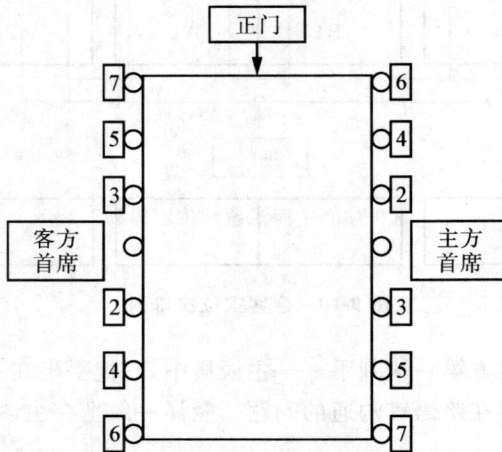

图 9-12　竖桌式谈判位次排列

归纳起来，双边谈判时位次排列有以下四个细节需要注意：

（1）举行双边谈判时，应使用长桌或椭圆形桌子，宾主应分坐于桌子两侧。

（2）如果谈判桌横放，面对正门的一方为上，应属于客方；背对正门的一方为下，应属于主方。

（3）如果谈判桌竖放，应以进门的方向为准，右侧为上，属于客方；左侧为下，属于主方。

（4）进行谈判时，各方的主谈人员应在自己一方居中而坐。

（二）多边谈判

多边谈判，在此是指由三方或三方以上人士所举行的谈判。多边谈判的位次排列，主要也可分为两种形式。

1.自由式

自由式位次排列，即各方人士在谈判时自由就座，而无须事先正式安排位次。

2.主席式

主席式位次排列，是指在谈判室内，面向正门设置一个主席位，由各方代表发言时使用。其他各方人士，则一律背对正门、面对主席之位分别就座。各方代表发言后，亦须下台就座。如图 9-13 所示。

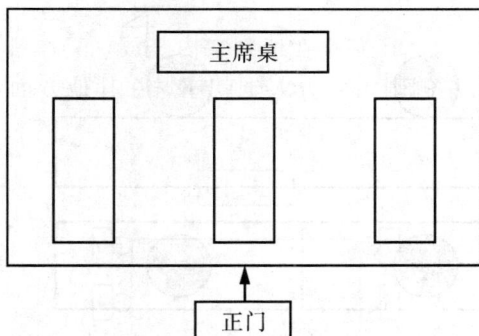

图 9-13 主席式谈判位次排列

六、签字仪式位次排列

签字仪式可分为双边签字仪式和多边签字仪式。签字仪式,通常是指订立合同、协议的各方在合同、协议正式签署时所正式举行的仪式。举行签字仪式,不仅是对谈判成果的一种公开化、固定化,也是有关各方对自己履行合同、协议所作出的一种正式承诺。

一般而言,举行签字仪式时,位次排列的具体方式共有三种基本形式,它们分别适用于不同的具体情况。

(一)并列式

并列式排座,是举行双边签字仪式时最常见的形式。它的基本做法是:签字桌在室内面门横放。双方出席仪式的全体人员在签字桌之后并排排列,双方签字人员居中面门而坐,客方居右,主方居左。如图 9-14 所示。

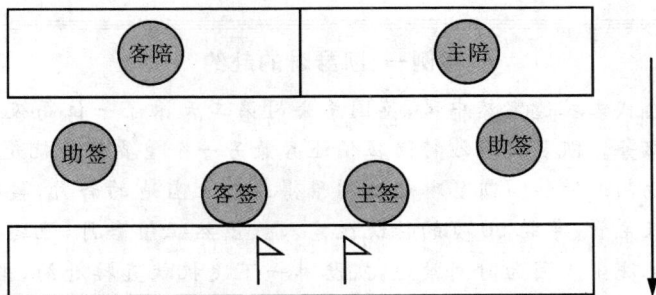

图 9-14 并列式签字仪式位次排列

(二)相对式

相对式签字仪式的排座,与并列式签字仪式的排座基本相同,如图 9-15 所示。二者之间的主要差别,只是相对式排座将双边参加签字仪式的随员席移至签字人的对面。

(三)主席式

主席式排座,主要适用于多边签字仪式。其特点是:签字桌仍须在室内横放,签字席

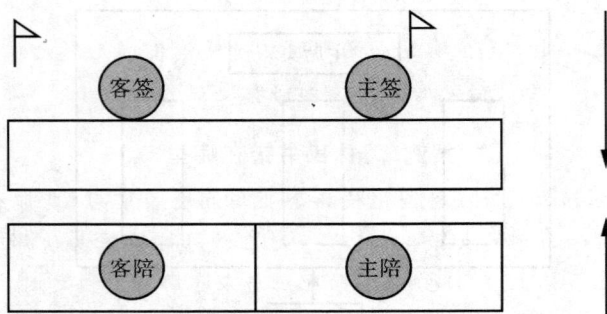

图 9-15   相对式签字仪式位次排列

设在桌后，面对正门，但只设一个，并且不固定其就座者。举行仪式时，所有各方人员，包括签字人在内，皆应背对正门、面向签字席就座。签字时，各方签字人应以规定的先后顺序依次走上签字席就座签字，然后退回原位就座。如图 9-16 所示。

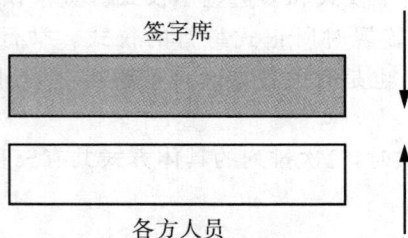

图 9-16   主席式签字仪式位次排列

案例讨论

案例一：凯瑟琳的赴约

某工厂的副总裁吉拉德突然中风，英国总公司第二天派了一位高级主管凯瑟琳直飞利雅得接替他的职务。凯瑟琳到沙特阿拉伯还身兼另一个重要任务就是要介绍公司的一项新产品并在当地制造销售。凯瑟琳赶到利雅得正赶上当地的斋月，接待他的贝格先生是沙特国籍的高级主管，年约 50 岁的传统生意人。虽然正值斋月，他还是尽地主之谊请凯瑟琳到他家为她洗尘；因为时间紧迫，凯瑟琳一下飞机就直接赴约，当时饥肠辘辘，心想，在飞机上没吃东西等一会到贝格家再好好吃一顿。

见面之后一切还好，虽然是在斋月，贝格先生仍为来客准备了吃的东西。凯瑟琳觉得饭菜非常合口于是大吃起来，然而她发觉主人却一口不吃就催促主人和她一起享用。狼吞虎咽间她问贝格是否可在饭后到她办公室谈公事，她说："我对你们的设施很好奇，而且还迫不及待地想介绍公司的新产品。"虽然凯瑟琳是个沉得住气的人，然而因为习惯偶尔会双脚交叠上下摇动脚尖，贝格一一看在眼里，在她上下摇动脚尖时他还看到凯瑟琳那双黑皮鞋的鞋底，顷刻间，刚见面的那股热忱消失得无影无踪。

（资料来源：百度 http://zhidao.baidu.com/question/549740248.html2013.5.12）

讨论题：

1. 为何在顷刻之间贝格先生刚见面的那股热情便消失得无影无踪？

2. 如果你是凯瑟琳，与贝格见面后应该如何表现？

案例二：林秘书错在哪里

应届大学毕业生小林近日在跨国化妆品企业华润公司实习，其职位是经理助理小刘的助理。小林是个时尚新潮的女孩，上班第一天在公司接待贸易伙伴时，她给客人端茶，手腕上的镯子磕碰在茶杯上叮当地响，刘助理正与来宾聊得愉快之时，听到叮叮当当的响声，抬头看时，发现小林今天穿着一身玫粉色的短裙套装，配着一双粉色的高跟鞋，带着大环形的耳环，刘助理皱了皱眉头。后来刘助理让小林先负责电话的接打工作。小林觉得这实在是太简单了。这不，电话铃响了。

小林拿起电话，声音圆润地说："你好，华润公司，请讲。"

"华润吗，你们王总在吗？我有要事找他。"电话里传来对方焦急的声音。

小林一看，王总正在办公室里看文件，立即说："王总在，你稍等。"小林放下话筒，走到王总身边，"王总，你的电话"。

"谁打的电话？"王总问。

"不知道，好像挺着急的，"小林答道。

只见王总一皱眉，拿起了话筒。不一会儿，小林听到王总在电话里和对方吵了起来。王总挂了电话后，生气地对小林说，以后有找我的电话先问问清楚。小林脸红了，但一副茫然样。

这时，电话铃又响了。小林拿起电话，没精打采地说："你好，华润公司，请讲。"

"请问刘助理在吗？"对方轻声地问到。

小林吸取刚才的教训，"请问你是哪位？"

"我是她的男朋友"。"哦，那请你稍等"。

小林想这个电话肯定要转给刘助理。她看到刘助理正在对面的办公室复印资料，于是大声喊道："刘助理，你男朋友的电话，快来接。"

只见刘助理一脸不高兴地匆匆赶来，边走边说："轻点，轻点，别大声嚷嚷。"

这时桌上的两部电话同时响了起来，小林拿起一部，没好气地说："你好，华润公司，请讲。"

"我是周洲，请转告刘助理，我明天9点下飞机，叫她派车来接，同时带上编号TG5193的那份合同，我有急用。千万别忘了。"这个电话的声音有些含糊不清。显然是用手机从远距离打来的。

另一部电话仍然在响。小林拿起电话："喂？"

"化工公司吗，我找李主任。"

"什么化工公司？"

"你们是生产肥料的嘉华化工公司吗？我找销售部李主任。"

"我们是华润公司，你打错了。"说完把电话重重地一挂。

没想到，接电话这么烦，小林刚想喘一口气，这时刘助理走过来问。

"小林，周副总有没有来过电话？"

"是叫周洲吗？刚来过。"小林想起了要通知刘助理的那个电话。

"他说了些什么？"刘助理问。

"他说要你接机，好像还要带份文件。"

"哪个航班，几点，哪份文件？"刘助理问道。

"这个，我记不清了，"小林红着脸低下了头……

（资料来：http://zhidao.baidu.com/question/687391502231947964.html 2013.12.15）

讨论题：

1.请指出小林存在哪些问题？

2.如果你是小林，你会如何处理？为什么？

本章小结

在公共关系活动中，公共关系人员要掌握很多礼仪知识，并遵守相关的礼仪规范。应酬交际是公共关系的日常活动，涉及的礼仪规范很多，从见面礼仪到拜访接待礼仪、舞会礼仪、赴宴礼仪、电话礼仪等，都要求公关人员悉数掌握；作为从事专业活动的公关人员，个人基本礼仪也是必须掌握的，这是对公关从业人员基本素质的要求；位次礼仪在公共关系活动中经常体现，不同场合的位次安排也直接体现了公关人员的能力，会影响公关活动效果。

习 题

一、辨析题

公共关系人员只要外部形象好就行，是否懂得礼仪规范并不重要。

二、问答题

1.公共关系人员应掌握哪些基本礼仪规范？

2.公共关系人员掌握位次礼仪的关键何在？

三、实训题

模拟谈判

[实训目的]

通过本次实训，使学生较全面地掌握公共关系谈判的相关知识，提高学生参与谈判的实践能力。

[实训要求]

1.将成员分成两个谈判小组（可以分别取合适的组织名称），确定各小组的首席谈判代表并明确其他各位代表的身份；

2.谈判的内容应与各小组所代表的组织业务有关；

3.时间控制在15～20分钟；

4.提交详细的模拟谈判策划书。

[效果评价]

教师教学点评、打分，评价表如表 9-1 所示。

表 9-1　"模拟谈判"实施评价表

专业		班级		学号		姓名	
考评内容	模拟谈判实施						
考评标准		项目内容				分值	评分
	准备环节	项目设计是否科学				15	
		选择内容是否合适				5	
		任务分配是否合理				5	
	实施环节	谈判环节是否完整				10	
		谈判形式是否规范				10	
		策划书是否完整、规范				30	
	能力测试	沟通协调技巧				5	
		团队合作精神				10	
		应变能力				10	
总　　计						100	

拓展分析

观看电影《公主日记》(1)，分析不同场合对礼仪规范的要求。

参考文献

[1]张践.公共关系学[M].中央广播电视大学出版社,2004.

[2]朱丽霞,万国邦,刘建秋.公共关系[M].中国方正出版社,2007.

[3]卡特利普,森特,汤宾.有效公共关系[M].中国财经出版社,1998.

[4]熊源伟.公共关系学[M].安徽人民出版社,1997.

[5]杨魁.现代公共关系学[M].中国工人出版社,1998.

[6]哈里森.公共关系学概论[M].第2版.经济科学出版社,2004.

[7]何修猛.现代广告学[M].复旦大学出版社,2002.

[8]宋宁.新闻传播学[M].新华出版社,2001.

[9]黎松峭.中外成功广告900例[M].广西民族出版社,1994.

[10]王长征.消费者行为学[M].武汉大学出版社,2003.

[11]邵喜武.公共关系学[M].教育科学出版社,2012.

[12]于朝晖,邵喜武.公共关系学[M].北京大学出版社,2008.

[13]杨俊,邵喜武.新型实用公关案例与训练[M].中国科技大学出版社,2010.

[14]杨俊,邵喜武.新型公共关系原理与实务[M].经济科学出版社,2010.

[15]阎照武,邱伟光.公共关系学[M].北京师范大学出版社,2011.

[16]李道平,等.公共关系学[M].高等教育出版社,2010.

[17]杨俊.新型实用公共关系教程[M].高等教育出版社,2008.

[18]林友华,杨俊.公关与礼仪[M].高等教育出版社,2008.

[19]中国国际公共关系协会.最佳公共关系案例[M].清华大学出版社,2007.

[20]弗兰克·詹夫金斯,徐百益.实用公共关系学[M].上海翻译出版公司,1988.

[21]陈先红.现代公共关系学[M].高等教育出版社,2009.

[22]陶应虎,顾晓燕.公共关系原理与实务[M].清华大学出版社,2006.

[23]胡锐.现代公共关系原理[M].浙江大学出版社,2003.

[24]王艺.公共关系学[M].暨南大学出版社,2007.

[25]熊源伟.公共关系学[M].安徽人民出版社,2003.

[26]李道平.公共关系学[M].经济科学出版社,2005.

[27]张弘,郭巧云.管理学[M].湖南大学出版社,2009.

[28]张玲莉.公共关系原理与实务[M].高等教育出版社,2007.

[29]吴勤堂.公共关系学[M].武汉大学出版社,2004.

[30]蒋楠.公共关系原理与实务[M].第二版.中国人民大学出版社,2010.

[31]周安华,苗晋平.公共关系理论、实务与技巧[M].第3版.中国人民大学出版社,2010.

[32]中国国际公共关系协会.最佳公共关系案例[M].清华大学出版社,2007.

[33]伦纳德·萨菲尔.强势公关[M].机械工业出版社,2002.

[34]杨俊.新型实用公关实践教程[M].电子工业出版社,2009.

[35]詹姆斯·格鲁尼格(Grunig J. E.),卫五名.卓越公共关系与传播管理[M].北京大学出版社,2008.

[36]胡百精.公共关系学[M].中国人民大学出版社,2008.

[37]迈克尔·莱文(Levine M.),庄晖,时启亮.品牌化世界:公共关系与品牌塑造[M].上海人民出版社,2008.

[38]奥蒂斯·巴斯金(Otis Baskin),克雷格·阿伦诺夫(Craig Aronoff),丹·拉铁摩尔(Dan Lattimore),孔祥军.公共关系:职业与实践(第4版)[M].中国人民大学出版社,2008.

[39]任正臣.公共关系学[M].北京大学出版社,2011.

[40]张岩松.现代公共关系案例教程[M].清华大学出版社,北京交通大学出版社,2011.

[41]唐雁凌,姜国刚.公共关系学[M].第2版.清华大学出版社,2011.

[42]李道平.公共关系学[M].第4版.经济科学出版社,2011.

[43]赵麟斌.危机公关(上)[M].北京大学出版社,2010.

[44]宋鲁禹.e时代的危机公关[M].中国纺织出版社,2010.

[45]邵华冬.企业公关危机管理研究[M].中国传媒大学出版社,2012.

[46]侯丽敏,唐振,冯丽云,孟繁荣.危机公关[M].经济管理出版社,2012.

[47]http://www.chinatat.com/new/184_292/2009a8a21_sync30252941571128900223079.shtml,职业培训教育网。

[48]http://abc.wm23.com/houyue/119095.html,网络营销教学网站。

[49]http://finance.sina.com.cn,中国公关网。

[50]http://bbs.hexun.com/post_94_2317190_1_d.html,和讯论坛。

[51]http://blog.sina.com.cn/starmoon2816,苏菲的博客。

[52]http://baike.baidu.com/view/1959763.htm,百度百科。

[53]http://www.gov.cn/ztzl/2005-10/28/content_85929.htm,中国政府门户网站。

[54]www.welcome.org.cn,中国礼仪网。

[55]http://sq.online.cq.cn/html/201131/205.html,重庆热线—双桥站。

[56]http://baike.baidu.com/view/481952.htm,百度百科。

[57]http://www.dgsply.cn/news_show.asp? id=137,东莞市尚派广告设计策划有限公司。

[58]http://cn.china.cn/frame/d743460,882f9e,d2125_8067.html,武汉鑫威体育设施工程有限公司。

[59] http://www.diyifanwen.com/qiuzhijiuzhi/jianliziliao/ziwojieshao/022441091125022441 52737941.htm,第一范文网。

[60]http://www.pmedu.net/html/70/n-39070-3.html,中国物业教育网。

[61]http://www.xuguoping.net/tag/％E8％A1％8C％E8％BF％9B％E4％BD％8D％E6％AC％A1％E7％A4％BC％E4％BB％AA/,徐果萍博客。

[62]http://www.sina.com.cn,财经时报。

[63]http://www.stuln.com/wenmingliyi/liyijiangtang/juhuiliyi/2011-12-19/Article_85825.shtml,辽宁大学生在线联盟。

[64]http://blog.sina.com.cn/yhong122,高级礼仪培训师晏红的博客。

[65]http://www.28gl.com/bbs/forum.php? mod＝viewthread＆tid＝34369。

[66]http://wiki.pinggu.org/doc-view-8108.html♯,人大经济论坛—经济百科。

[67]刘建芬,杨俊.公共关系理论与实务[M].厦门大学出版社,2012.

[68]朱臣等.公共关系学[M].中国传媒大学出版社,2011.

[69]曾琳智.新编公关案例教程[M].复旦大学出版社,2010.

[70]刘崇林.公共关系学[M].北京大学出版社,2012.

[71]邵继红.企业公共关系[M].武汉理工大学出版社,2010.

[72]http://www.chinapr.com.cn/,中国公关网

[73]江涓.国际金融报.2013年06月27日 第06版

[74]http://mil.xinjunshi.com/20140210/139042.html,环球新军事

图书在版编目(CIP)数据

公共关系:理论、实务与案例/刘建芬主编. —厦门:厦门大学出版社,2014.7(2018.1 重印)
市场营销核心课程规划教材
ISBN 978-7-5615-5109-7

Ⅰ.①公…　Ⅱ.①刘…　Ⅲ.①公共关系学-高等学校-教材　Ⅳ.①C912.3

中国版本图书馆 CIP 数据核字(2014)第 121301 号

厦门大学出版社出版发行

(地址:厦门市软件园二期望海路 39 号　邮编:361008)

http://www.xmupress.com

xmup @ public. xm. fj. cn

三明市华光印务有限公司印刷

2014 年 7 月第 1 版　2018 年 1 月第 3 次印刷

开本:787×1092　1/16　印张:15.25

字数:355 千字　印数:6 001～7 500 册

定价:32.00 元

本书如有印装质量问题请与承印厂调换